中国社会科学院创新工程学术出版资助项目

A LIBRARY OF
DOCTORAL DISSERTATIONS
IN SOCIAL SCIENCES IN CHINA

中国
社会科学
博士论文
文库

比较法视角下的 2005 年海牙选择法院协议公约研究

叶 斌 著

导师 韩德培

中国社会科学出版社

图书在版编目(CIP)数据

比较法视角下的2005年海牙选择法院协议公约研究／叶斌著．
—北京：中国社会科学出版社，2013.6
ISBN 978-7-5161-2790-2

Ⅰ.①比… Ⅱ.①叶… Ⅲ.①国际法—民事诉讼—研究—2005 Ⅳ.①D997.3

中国版本图书馆CIP数据核字（2013）第126156号

出 版 人	赵剑英
责任编辑	赵　丽
责任校对	张玉霞
责任印制	李　建

出　　版	中国社会科学出版社
社　　址	北京鼓楼西大街甲158号（邮编100720）
网　　址	http://www.csspw.cn
	中文域名：中国社科网　010-64070619
发 行 部	010-84083685
门 市 部	010-84029450
经　　销	新华书店及其他书店
印　　刷	北京市大兴区新魏印刷厂
装　　订	廊坊市广阳区广增装订厂
版　　次	2013年6月第1版
印　　次	2013年6月第1次印刷
开　　本	880×1230　1/32
印　　张	12.125
字　　数	311千字
定　　价	36.00元

凡购买中国社会科学出版社图书，如有质量问题请与本社联系调换
电话：010-64009791
版权所有　侵权必究

作者简介

叶 斌 中国社会科学院欧洲研究所欧盟法研究室副主任,助理研究员。1977年生,湖北仙桃人,祖籍汉阳。2004年9月至2006年6月就读于中南财经政法大学,获得法学硕士学位。2006年9月至2009年6月就读于武汉大学法学院,获得法学博士学位。2007年至2008年,受留学基金委联合培养博士生项目资助在法国巴黎第二大学学习交流。曾经在《中国国际私法与比较法年刊》、《美国国际法报告》(美国)、《欧洲研究》、《人民日报》、《人民法院报》等上发表论文或报告十余篇,合译专著一本。目前主要研究方向为国际法、欧盟法和中欧关系。

内容提要

2005年《选择法院协议公约》是海牙国际私法会议在国际民商事管辖权和外国判决承认与执行领域取得的最新和最重要成果。本书该公约进行了透析式的全面研究。作者对海牙判决公约的起草作了历史性的回顾，分析了原判决公约失败的原因和教训。作者分析了主要国家或地区的国际选择法院协议理论与实践。作者重点研究了中国在公约谈判中的主要关注点，专题分析了选择法院协议的效力和法律适用以及判决的承认与执行等问题。最后，作者提出"争议应在适当法院解决原则"、"保护被告抗辩权原则"、"司法的确定性原则"和"合理和公正判决的自由流动原则"四项管辖权原则，对公约进行全面考察，对我国是否加入公约提出了建议。

《中国社会科学博士论文文库》编辑委员会

主　　任　李铁映
副 主 任　汝　信　江蓝生　陈佳贵
委　　员　（按姓氏笔画为序）
　　　　　　　王洛林　王家福　王缉思
　　　　　　　冯广裕　任继愈　江蓝生
　　　　　　　汝　信　刘庆柱　刘树成
　　　　　　　李茂生　李铁映　杨　义
　　　　　　　何秉孟　邹东涛　余永定
　　　　　　　沈家煊　张树相　陈佳贵
　　　　　　　陈祖武　武　寅　郝时远
　　　　　　　信春鹰　黄宝生　黄浩涛
总 编 辑　赵剑英
学术秘书　冯广裕

总 序

在胡绳同志倡导和主持下,中国社会科学院组成编委会,从全国每年毕业并通过答辩的社会科学博士论文中遴选优秀者纳入《中国社会科学博士论文文库》,由中国社会科学出版社正式出版,这项工作已持续了12年。这12年所出版的论文,代表了这一时期中国社会科学各学科博士学位论文水平,较好地实现了本文库编辑出版的初衷。

编辑出版博士文库,既是培养社会科学各学科学术带头人的有效举措,又是一种重要的文化积累,很有意义。在到中国社会科学院之前,我就曾饶有兴趣地看过文库中的部分论文,到社科院以后,也一直关注和支持文库的出版。新旧世纪之交,原编委会主任胡绳同志仙逝,社科院希望我主持文库编委会的工作,我同意了。社会科学博士都是青年社会科学研究人员,青年是国家的未来,青年社科学者是我们社会科学的未来,我们有责任支持他们更快地成长。

每一个时代总有属于它们自己的问题,"问题就是时代的声音"(马克思语)。坚持理论联系实际,注意研究带全局性的战略问题,是我们党的优良传统。我希望包括博士在内的青年社会科学工作者继承和发扬这一优良传统,密切关注、深入研究 21 世纪初中国面临的重大时代问题。离开了时代性，脱离了社会潮流，社会科学研究的价值就要受到影响。我是鼓励青年人成名成家的，这是党的需要，国家的需要，人民的需要。但问题在于，什么是名呢？名，就是他的价值得到了社会的承认。如果没有得到社会、人民的承认，他的价值又表现在哪里呢？所以说，价值就在于对社会重大问题的回答和解决。一旦回答了时代性的重大问题，就必然会对社会产生巨大而深刻的影响，你也因此而实现了你的价值。在这方面年轻的博士有很大的优势：精力旺盛，思想敏捷，勤于学习，勇于创新。但青年学者要多向老一辈学者学习，博士尤其要很好地向导师学习，在导师的指导下，发挥自己的优势，研究重大问题，就有可能出好的成果，实现自己的价值。过去 12 年入选文库的论文，也说明了这一点。

什么是当前时代的重大问题呢？纵观当今世界，无外乎两种社会制度，一种是资本主义制度，一种是社会主义制度。所有的世界观问题、政治问题、理论问题都离不开对这两大制度的基本看法。对于社会主义，马克思主义者和资本主义世界的学者都有很多的研究和论述；对于资本主义，马克思主义者和资本主义世界的学者也有过很多研究和论述。面对这些众说纷纭的思潮和学说，我们应该如何认识？从基本倾向看，资本主义国家的学者、政治家论证的是资本主义的合理性和长期存在的"必然性"；中国的马克思主义者，中国的社会科学工作者，当然要向世界、向社会讲清楚，中国坚持走自己的路一定能实现现代化，中华民族一定能通过社会主义来实现全面的振兴。中国的问题只能由中国人用自己的理论来解决，让外国人来解决中国的问题，是行不通的。也许有的同志会说，马克思主义也是外来的。但是，要知道，马克思主义只是在中国化了以后才解决中国的问题的。如果没有马克思主义的普遍原理与中国革命和建设的实际相结合而形成的毛泽东思想、邓小平理论，马克思主义同样不能解决中国的问题。教条主义是不行的，东教条不行，西教条也不行，什么教条都不行。把学问、理论当教条，本身就是反科学的。

在21世纪，人类所面对的最重大的问题仍然是两大制度问题：这两大制度的前途、命运如何？资本主义会如何变化？社会主义怎么发展？中国特色的社会主义怎么发展？中国学者无论是研究资本主义，还是研究社会主义，最终总是要落脚到解决中国的现实与未来问题。我看中国的未来就是如何保持长期的稳定和发展。只要能长期稳定，就能长期发展；只要能长期发展，中国的社会主义现代化就能实现。

什么是21世纪的重大理论问题？我看还是马克思主义的发展问题。我们的理论是为中国的发展服务的，绝不是相反。解决中国问题的关键，取决于我们能否更好地坚持和发展马克思主义，特别是发展马克思主义。不能发展马克思主义也就不能坚持马克思主义。一切不发展的、僵化的东西都是坚持不住的，也不可能坚持住。坚持马克思主义，就是要随着实践，随着社会、经济各方面的发展，不断地发展马克思主义。马克思主义没有穷尽真理，也没有包揽一切答案。它所提供给我们的，更多的是认识世界、改造世界的世界观、方法论、价值观，是立场，是方法。我们必须学会运用科学的世界观来认识社会的发展,在实践中不断地丰富和发展马克思主义,只有发展马克思主义才能真正坚持马克思主义。我们年轻的社会科学博士们要以坚持和发展马克思主义为己任,在这方面多出精品力作。我们将优先出版这种成果。

2001 年 8 月 8 日于北戴河

目 录

序一 …………………………………………… 徐 宏(1)

序二 …………………………………………… 刘仁山(4)

ABSTRACT ………………………………………… (1)

引言 ……………………………………………………… (1)
  一 研究的目的与意义 ……………………………… (1)
  二 国内外研究现状 ………………………………… (3)
  三 本书的研究方法和创新点 ……………………… (7)

第一章 2005年海牙《选择法院协议公约》缔结背景 …… (10)
  第一节 海牙管辖权和判决公约起草前的背景 ………… (16)
    一 美国在缔结管辖权和判决公约方面的经验 ……… (16)
    二 欧洲在缔结管辖权和判决公约方面的经验 ……… (20)
  第二节 第一阶段:《民商事管辖权及判决公约草案》
         (1992—2001) ……………………………… (25)
    一 1992—1996年之间的准备工作 ………………… (25)
    二 1997—2001年之间的谈判 ……………………… (27)
  第三节 2001年判决公约草案流产的原因 ……………… (30)
    一 欧美管辖权理念之争 …………………………… (31)

二　双重公约与混合公约之争……………………（33）
　　三　法院与原告和被告的关系之争……………（37）
　　四　公约草案的妥协……………………………（40）
　第四节　第二阶段:《选择法院协议公约》的起草
　　　　　（2002—2005）………………………………（43）
　　一　海牙国际私法会议的政策转变……………（43）
　　二　公约起草和正式谈判………………………（44）
　小结………………………………………………………（45）

第二章　2005年海牙公约产生的制度背景……………（48）
　第一节　国际选择法院协议的一般理论……………（48）
　　一　立法政策……………………………………（50）
　　二　选择法院协议的内容………………………（51）
　　三　选择法院协议的有效性……………………（54）
　第二节　德国的协议管辖权理论与实践……………（56）
　　一　1877年《德国民事诉讼法典》……………（57）
　　二　1974年修订法案的背景……………………（57）
　　三　1974年修订法案……………………………（59）
　　四　小结…………………………………………（59）
　第三节　英国的协议管辖权理论与实践……………（61）
　　一　是否有利于管辖……………………………（61）
　　二　当事人应得到公正审判……………………（63）
　　三　是否违反强制性规则………………………（64）
　第四节　美国的协议管辖权理论与实践……………（67）
　　一　美国冲突法重述……………………………（67）
　　二　美国联邦最高法院的重要判例……………（70）
　第五节　欧盟《布鲁塞尔条例Ⅰ》及其第23条………（77）
　　一　当事人合意、协议的形式要件与实质要件………（79）

二　与合同履行地管辖的关系……………………………（83）
　　三　公司章程中的选择法院条款……………………………（84）
　　四　选择法院协议效力的法律适用问题……………………（85）
　　五　选择法院协议对合同第三人的影响……………………（86）
　　六　强制性规则………………………………………………（87）
　　七　保险合同、消费者合同和雇佣合同……………………（88）
　　八　选择法院协议与先受案原则……………………………（88）
　小结……………………………………………………………（90）

第三章　2005年海牙公约主要内容和相关争议问题………（92）
　第一节　2005年海牙公约的适用范围………………………（94）
　　一　案件的国际性……………………………………………（96）
　　二　"民事或商事"的含义……………………………………（98）
　　三　公约的非适用范围………………………………………（101）
　　四　与公约适用范围有关的其他问题………………………（114）
　第二节　2005年海牙公约关于协议管辖权的
　　　　　一般规则………………………………………………（118）
　　一　"排他性选择法院协议"的定义…………………………（118）
　　二　非排他性选择法院协议…………………………………（124）
　　三　选择法院协议的独立性…………………………………（125）
　　四　被选法院的管辖权………………………………………（126）
　　五　对其他法院管辖权的影响………………………………（128）
　第三节　案件争议与诉讼地的联系问题………………………（129）
　　一　不同观点…………………………………………………（130）
　　二　2005年海牙《选择法院协议公约》相关规则…………（133）
　　三　个人观点和建议…………………………………………（135）
　第四节　选择法院协议的形式要件……………………………（137）
　　一　公约的选择法院协议形式要件…………………………（138）

二　欧洲法院对选择法院协议形式要件的
　　　　严格解释 …………………………………（139）
　　三　美国法院的放任态度 …………………………（141）
　　四　如何避免中国当事人受格式合同中选择法院
　　　　条款的不利影响 …………………………………（142）
　第五节　选择法院协议的实质要件及其法律适用 ……（143）
　　一　关于选择法院协议实质要件的各国实践 ………（144）
　　二　起草公约时对实质要件和法律适用的讨论 ……（148）
　　三　2005年海牙《选择法院协议公约》的规定 ……（153）
　第六节　判决的承认与执行规则 …………………………（163）
　　一　承认与执行的根据 ……………………………（163）
　　二　公约第9条规定的一般拒绝理由 ………………（168）
　　三　先决问题（Preliminary questions）……………（175）
　　四　赔偿金问题（Damages）………………………（178）
　　五　应出示的文书 …………………………………（181）
　　六　程序问题 ………………………………………（182）
　　七　保险及再保险合同（Contracts of insurance and
　　　　reinsurance）……………………………………（184）
　　八　涉及承认与执行的声明条款（Declarations）……（185）
　　九　涉及法制不统一国家（non-unified legal
　　　　systems）…………………………………………（187）
　　十　2005年海牙公约与其他国际文件的关系 ………（189）
　小结 …………………………………………………………（191）

第四章　中国加入2005年海牙公约的可行性 ……………（195）
　第一节　中国需要什么样的公约——拟定的理论
　　　　模型 ……………………………………………（195）
　　一　问题的提出与研究方法 ………………………（195）

二　模型的参照物 …………………………………… (197)
　　三　为考察海牙公约而使用的理论模型 …………… (200)
第二节　争议应在适当法院解决之考察 ………………… (202)
　　一　保护弱方当事人原则 …………………………… (203)
　　二　当事人意思自治原则 …………………………… (212)
　　三　合理的法院管理原则 …………………………… (217)
第三节　保护被告抗辩权之考察 ………………………… (224)
　　一　2005年海牙公约的间接和较低保护 …………… (225)
　　二　2005年海牙公约间接和较低保护的潜在影响 … (226)
第四节　司法的确定性之考察 …………………………… (227)
　　一　2005年海牙公约适用的确定性考察 …………… (228)
　　二　选择法院协议机制的确定性考察 ……………… (235)
　　三　判决的司法确定性考察 ………………………… (247)
第五节　合理和公正判决的自由流动之考察 …………… (249)
　　一　尊重外国法院的判决 …………………………… (251)
　　二　关于承认与执行程序 …………………………… (254)
第六节　考察结论和建议 ………………………………… (255)
　　一　考察结论 ………………………………………… (255)
　　二　加入2005年海牙《选择法院协议公约》和
　　　　完善中国立法的建议 …………………………… (259)

结论 ……………………………………………………… (272)

附录　公约资料 ………………………………………… (276)

参考文献 ………………………………………………… (326)

后记 ……………………………………………………… (356)

序 一

作为一名长期工作在外交条法战线，特别是与海牙国际私法会议和管辖权公约有着不解之缘的实务工作者，我十分欣喜地看到叶斌博士的《比较法视角下的2005年海牙选择法院协议公约研究》一书出版。

我从1989年起作为中国代表参加海牙国际私法会议，见证了在海牙国际私法会议这个国际舞台上，中国从一名旁观者迅速成为一个重要的参与者的历程。在参加海牙会议之初，我国代表一般都是"多听少说"，重在了解和借鉴外国经验。随着我国对外开放扩大，我国与国际社会的联系日益密切，利益交织日益突出，我国在国际私法领域的地位和影响力也迅速提升。近些年来，我国不仅多次担任海牙国际私法会议主席团成员，而且在各类核心起草小组、工作组等磋商中都有中国专家参与。尤其是在本书的研究对象——海牙《选择法院协议公约》的起草期间，欧盟和美国分别要求与我国就谈判走向等重大政策性问题进行专门磋商。海牙国际私法会议秘书长范鲁先生、副秘书长邓肯先生先后访华，与我国有关部门和国际私法学者进行了面对面的交流。现在，海牙国际私法会议已在中国香港设立亚太地区的唯一办事处，为中国与海牙国际私法会议的关系树立了一个新的里程碑，同时也标志着中国在国际私法领域的国际影响正日益扩大。

中国参与海牙选择法院协议公约的谈判方式，反映了政府部门转变执政理念，与学术界和实务界合力进行公约谈判的新思路。外交部条法司曾多次就公约草案征求各有关部门、学术研究机构和律师界的意见，并向大型企业征集调查问卷的答复和数据，2004年和2005年还分别在赤峰和武汉举行了包括主管部门和专家学者参加的公约谈判对案研究会。我国多位著名国际私法学者，如李浩培、费宗祎、黄进、肖永平、郭玉军、徐国建等以专家身份亲赴海牙参加了有关会议，在国际舞台上展现了中国学者的风采。由于政府部门与学术界和实务界在参加公约谈判中形成了合力，使我们在参加海牙会议时，能够比较准确地把握理论与实践、具体条文与国家利益、国内法规定与国际趋势等各方面的关系，既立足现实，又着眼长远；既维护国家利益，又树立了良好的国际形象。

从1992年建立工作组磋商民商事管辖权及判决执行公约开始，中国代表就开始参加公约的所有起草和谈判过程。在长达十三年的公约起草过程中，中国外交部前后派出的代表多达近一百人次，先后派出的外交人员也换了好几批。我国香港和澳门特区政府首次派出了代表参加海牙国际私法会议活动。我从1996年开始参加起草民商事管辖权和判决问题的特委会会议。2000年和2001年，我和朱祖寿大使先后当选为海牙国际私法会议总务及政策特委会副主席。与会代表原计划达成解决大多数民商事管辖权冲突的管辖权和判决公约，尽管在2001年组成了一个草案和一个临时文本，但是由于分歧严重，公约谈判一度陷入停滞。2001年之后，海牙会议调整了公约走向，将大公约的范围缩小到容易达成一致的选择法院协议上，2005年6月达成了《选择法院协议公约》。公约的最终达成是来之不易的。

尽管管辖权和判决公约计划最后缩小到选择法院协议上，但是2005年《选择法院协议公约》的意义是不能小视的。这部公约是目前唯一一部具有国际意义的解决法院管辖权冲突的多边条约。鉴于各国代表在起草过程中提供了丰富的意见，墨西哥已经正式成为缔约国，美国、欧盟也都已经递交了签字文书，待公约生效之后，它很有可能成为具有相当影响的国际条约之一。

叶斌博士这本对2005年海牙管辖权公约的研究专著，论证思路清晰、文献阅读丰富、分析适当，有助于深化学术界和实务部门对相关国际私法制度和海牙公约规则的理解。他注意吸收中国代表在海牙公约谈判中的意见和关注点，对相关议题进行了专题性的深入讨论，反映出了中国视角和关切。他提出的四个管辖权原则，以此来分析海牙公约的得失，是一种有益的尝试。他就中国对公约可采用的态度提出的意见，是具有建设性的。

我本人长期从事司法协助这个领域的实务工作，我很高兴看到叶斌博士将海牙选择法院协议公约作为他的博士选题。在他进入社科院欧洲所工作，开始着手论文修订时，我特意召集了几位参加海牙后期谈判的代表与之座谈。得知本书付梓之时，我已从外交部条法司调任中国驻巴巴多斯大使一职。在粉色海滩，面对着蔚蓝色的大海，满怀兴趣地阅读叶斌博士的书稿，思绪万千！期待他能时刻从国家利益出发，在学术道路上有更多、更好的成就，为中国对外交往和法学研究贡献更多的智慧。

徐　宏
于巴巴多斯
2013年5月

序 二

于国际民商事活动的主体而言，无论是在参与民商事活动过程中，还是在民商事争议发生后，对于可能或已经产生的争议之解决，到底是寻求诉讼途径还是寻求仲裁途径，一直是甚为困难的抉择。由于仲裁对争议的解决所具有的效率和专业上的优势，加之在大部分情况下，仲裁裁决的承认和执行由 1958 年纽约《承认及执行外国仲裁裁决公约》所提供的保障，就使得国际民商事诉讼往往面临尴尬境地。这既有各国在国际民商事管辖依据方面即所谓直接管辖权上冲突的原因，也有各国在国际民商事判决承认与执行方面即所谓间接管辖权上冲突的原因。

即使如此，国际民商事诉讼并没有而且也不可能为国际商事仲裁所取代。而协调各国在国际民商事管辖权上的冲突，并籍此构建公平和谐的国际民商事秩序，一直是国际社会努力的方向。海牙国际私法会议作为以统一国际私法为己任的当今全球最大的政府间国际组织，在这方面的努力及成效，无疑是最为显著的。尽管海牙 1965 年《选择法院公约》、1971 年《外国民商事判决承认和执行公约》、以及 2001 年《民商事管辖权及判决公约（草案）》虽然未尽人意，但这些公约及公约草案所产生的积极的示范性效果是毋庸置疑的。以这些工作为基础，海牙 2005 年《选择法院协议公约》的通过和生效，初步改变了国际民商事诉讼缺乏国际法保障的局面。作为国际私法统一化运动中一项非常重要的成果，公约在选择法院协议的效力、法律适用和判决的承认与执行方面，都作出了明确规定。目前，对公约可能具有的积极效果之肯定，至少有这样几点是可以讲的：第一，与海牙国际私法会议之前通过的相关公约及公约草案相比，本公约实质上是不同法系及主要发达国家在民商事管辖权和判决承认与执行问题上所达成的重大妥协。无论在立法理念还是立法技术上，都有值得称道的进步性；第二，相信公约对于国际民商事诉讼结果之预见性的提高，将会起到甚为积极的作用；第三，由于美国和欧盟已经向海牙国际私法会议提交了签署文件，公约的效力将是前述相关公约无法比拟的。

呈现在读者诸君面前的这本《比较法视角下的2005年海牙选择法院协议公约研究》，是叶斌博士在他的博士学位论文基础上修改而成的。叶斌在中南财经政法大学读硕士期间，我曾指导他对该公约的判决与承认机制进行研究，他以此为题完成了硕士学位论文。随后，他考入武汉大学，师从我国国际私法泰斗韩德培先生攻读博士学位。在原硕士研究生期间研究的基础上，他仍将2005年海牙《选择法院协议公约》作为博士学位论文选题。在教育部联合培养项目的资助下，他曾前往法国巴黎第二大学学习，期间他收集了许多国内难以搜集到的资料。

作为他学术生涯起步的见证人，他在本书写作上所花费的大量心力我是知晓的。

与目前已经出版的相关专著相比，本书有以下几点应予特别肯定的地方：第一，在研究材料上，本书大量参考了公约的起草报告和会议谈判纪要，但是又没，有拘泥于此，而是在其研究基础之上，提出了新观察和新观点。本书一开始就回顾了早期海牙判决公约的得失和经验，解答了原先没有被明确回答的问题，这对于理解当下国际私法统一化运动和研究2005年海牙公约本身都是非常有益的；第二，本书的比较方法运用恰当，视角鲜明。作者从欧盟、美国、英国、法国和德国的协议管辖权入手，综合分析各国相关法律和实践的差异性，使读者得以全面理解协议管辖权这一制度。对于海牙公约的内容，本书没有只拘泥于公约解释报告，而是在此基础上着重讨论中国政府在公约谈判过程中的多个关切点，诸如选择法院协议效力的法律适用、诉讼与法院的联系、公约与知识产权关系等。这既是本书中国视角的体现，也是作者立足于中国的研究态度之反映；第三，对于选择法院协议的效力，本书首次从协议的形式要件、实质要件和法律适用三个方面进行研究，较为透彻地对管辖权协议的契约性问题进行了阐述；第四，作者没有局限于一般的文本解释，而是在扎实和严谨的实证研究中抽象出理论观点，并且针对中国实际提出解决之道。

本书是叶斌博士向学界求教的第一本体现自己学术思想的著作。作为他曾经的硕士导师以及博士学位论文答辩的参与者，我很高兴得知本书获得中国社会科学院创新工程博士文库的资助，并欣然应允，为之写上我的几句读后感，以求教读者诸君。我也借此机会，期望叶斌博士今后能够静心体验学术的寂寞和快乐，继续向学界展示更多属于自己的东西。

刘仁山

中南财经政法大学教授、教务部部长

二〇一三年五月十三日于武昌晓南湖畔

ABSTRACT

The Hague Convention of 30 June 2005 on Choice of Court Agreements is the latest and most significant achievement in the field of international jurisdiction and recognition or enforcement of foreign judgments in civil and commercial matters hold by the Hague Conference on Private International Law. Since the huge Convention on Jurisdiction and Foreign Judgments in Civil and Commercial Matters was unattainable, the Hague Conferencehad to scale down the objective of convention to choice of court agreements in international business – to – business cases. The goal of the new Hague Convention is to improve the ability to efficiently resolve disputes and enforce judgments in international transactions. Like the New York Convention, the Hague Convention establishes rules for enforcing choice of court agreements, and rules for recognizing and enforcing the judgments issued by the chosen court, thus enhancing the predictability and certainty of results of litigation between international business – to – business parties who signed exclusive choice of court agreements. Furthermore, the Hague Convention provides the parties a reliable option instead of international arbitration to oversea litigation to resolve their disputes. The 2005 Hague Convention is quite likely to be the first widely accepted global multilateral treaty on international civil jurisdiction and recognition of foreign judgments.

On 26 September 2007, Mexico deposited its instrument of accession to the Hague Convention on Choice of Court Agreements. On 19 January 2009, the Hague Convention received its first signature from the Legal Adviser to the US Secretary of State. On 1 April 2009, the European Community also signed the Hauge Convention. If either the EC or USA ratifies it, or another Hague member accedes and ratifies it, then the Hague Convention will enter into force. We can anticipate optimistically that its effective date will not be far away.

As the third largest economy and the grand power intending to peaceful rise and participate rapidly in the globalization, China should not be passive to formulate the rules of the international games, especially for the movement of the unification of private international law. The aims of doing research on the Hague Convention on Choice of Court Agreement are not only for China's accession to the Convention, but also providing constructive suggestions to improve its rules of international choice of court agreement and recognition and enforcement of foreign judgments.

This dissertation is divided into four chapters. Chapter I of *The Conclusion of the Hague Convention* gives a historic review of its drafting and negotiation. Firstly, the author introduces the American unsuccessful experience in the UK/US Judgments Convention and the European successful convention, e. g. the Brussels Convention. Then the author reviews the two stages of drafting process, which help to understand the convention's context and subject issues. Lastly, the author analyzes the reasons for the failure of the previous huge convention, and concludes that the drafters must take full account the difference and diversity of economic development and legal traditions around the world. The Convention should seek a wise and exquisite balance amongst the principle which disputes should be decided by an appropriate court, the principle of the protection of the rights of the defence, the principle of legal certainty and the principle of free movement of reasonable and justice judgments.

Chapter II of *The International Theory and Practice on Choice of Court Agreement* discusses the international jurisdiction clause of several countries. First of all, the author explores the general theory of choice of court agreement. Then, the author compares the rules or cases in Germany, the United Kingdom, the United States and the EU Regulation. Through the detailed comparison, we can comprehend the divergence and disagreement amongst the civil - and common - law systems which will help us to understand the formation of the Hague Convention.

Chapter III of *The Major Issues of the Hague Convention on Choice of Court Agreement* covers the three key rules and major issues which Chinese scholars concerned. First of all, the author studies the scope of the Convention, which is the most massive provision in the Convention. Secondly, the author discusses the general rules of the jurisdiction of the Convention, mainly involving the jurisdiction of the chosen court and the obligation of other courts. Then, the author investigates three important problems relating to the jurisdiction, which are the connection between the dispute or the defendant and the chosen forum, its formal validity and its substantive validity and the applicable law. At the final section of the chapter, there is a detailed analysis of rules of the recognition and enforcement of the Convention.

Chapter IV of *The Feasibility of China's Accession to the Hague Convention* is the most significant part of the dissertation. The authors noted that the comparison the rules between the Convention and Chinese law, or the research only from the single perspective of substantive justice, can not provide strong and comprehensive evaluation for China's accession or not. The author points out that a convention which can satisfy the Chinese needs and accord with those Chinese interests should fully protect Chinese litigants and equally protect the interest of foreign parities. Learning from the four EU principles of jurisdiction, the author makes a theoretical model which can accord with China's economic development and judicial reality. The four hierarchy principles with Chinese characteristics are "the principle which disputes should be decided by an appropriate court", "the principle of the protection of the rights of the defence", "the principle of legal certainty" and "the principle of free movement of reasonable and justice judgments". After testing the Hague Convention under the four principles, the author concludes that the Convention takes the two principles of "free movement of judgments" and "the legal certainty" as its basic framework, emphasizes on "the principle which dispute should be resolved by an appropriate court", but for the protection of the weak party and the rights of the defence, the Hague provides an indirect protection which is lower than that of Brussels Regulation. Fortunately, such flaw can be remedied in as much as the Hague Convention allows the contracting states making a statement where the state has a strong interest in not applying the Convention to a specific matter. The author proposes China accede to the Hague Convention with making such statement to protect those weak parties. The author suggests the Chinese legislative to constitute concrete and exquisite regulations to implement the Convention and improve its rules relating to international choice of court agreements and recognition or enforcement of foreign judgments.

Key words: Choice of Court Agreement, Recognition or Enforcement of Foreign Judgments, The Hague Convention on Choice of Court Agreement of 2005, Private International Law, International Civil and Commercial Litigation

引 言

一 研究的目的与意义

(一) 理论意义

在典型的国际选择法院协议中,对于由合同引起的或与合同相关的未来任何争议,当事人同意由某国法院管辖,从而排除其他国家的法院的管辖权。与仲裁条款一样,选择法院协议可以最大限度地确保案件诉讼地的确定性,进而提高当事人对案件结果的可预见性。同时,当事人还可以通过选择双方都较为熟悉的法院,避免在陌生的或不方便的法院进行诉讼。另外,当事人预先选择法院也能起到降低管辖权冲突的作用,减少甚至避免平行诉讼与未决诉讼。

就管辖权而言,选择法院协议从当事人的角度来看,是为了便利诉讼及确保自身行为的法律效力,一定程度上提高判决的确定性、可预见性和一致性;而从法院的角度来看,是契约自由和私法自治在国际民事诉讼领域的自然延伸。这里不可避免地出现尊重当事人意思自治与维护法院地国的司法主权的冲突。就判决的承认与执行而言,为实现判决的自由流动,也会发生保障当事人的利益与维护法院地国的司法主权的冲突。

2005年6月30日,海牙国际私法会议通过了一项关于国际民商事管辖权与判决承认与执行的多边条约——《选择法院协议公约》。该公约是海牙国际私法会议十多年努力的成果,是在目标宏大的民商事管辖权及外国判决公约流产的情况下,各国与会代表争取共识、缩小争议的产物。在管辖权规则和判决承认与执行方面，此前取得实际成果的仅有欧洲国家间的1968年《布鲁塞尔公约》和1988年《卢加诺公约》以及1979年美洲国家间的《美洲国家间关于外国判决和仲裁裁决的域外有效性公约》，这些公约仅为区域性公约，尚无这一领域内的全球性公约。

为了解决前述管辖权冲突与判决的承认与执行问题，海牙公约明确规定了选择法院协议与缔约国其他管辖权规则的关系，给了排他性的国际选择法院协议明确定义，穷竭性地规定了选择法院协议的形式要件，规定选择法院协议实质效力的法律适用问题，并且穷竭性地规定了拒绝承认与执行的理由等。由于海牙公约反映了世界各国在管辖权和判决承认与执行上的最新协调意志，研究本公约可以深化对这一领域理论的研究，为中国的国际民事管辖权制度提供有益的借鉴。

（二）实践意义

中国目前尚未与任何国家签订民商事管辖权和判决与承认方面的国际公约，在国际民商诉讼上缺乏国际法上的保障。不仅如此，中国法律对于涉外协议管辖权和判决的规定也十分简单。但是值得一提的是，中国代表积极参与了2005年海牙公约的起草工作，对公约的起草提出了中国的建议，并在会议的最终文件上签了字。因此，有必要对中国加入公约的必要性和可行性进行讨论和研究，为完善中国的国际民事诉讼规则提供借鉴。

另外，2008年7月3日最高人民法院公布了《关于内地与香港特别行政区法院相互认可和执行当事人协议管辖的民商事案件判决的安排》[①]，该安排主要借鉴了海牙公约，对海牙公约的

[①] 2006年6月12日最高人民法院审判委员会第1390次会议通过，法释〔2008〕9号。

研究也将有助于对《香港与内地协议管辖安排》的理解和实践。

二 国内外研究现状

公约产生只有数年的时间，国内外直接研究公约的论文已有不少陆续发表，但除少数作专题研究外，多为介绍性的简评。

在公约通过之前，《中国国际私法与比较法年刊》陆续刊登了中国谈判代表徐宏、郭晓梅、胡斌、孙昂、田妮和孙劲等人关于海牙公约起草进展的跟踪报道文章，[1] 时任海牙国际私法会议秘书长汉斯·范·鲁先生还专门向中国学者介绍了判决公约的宏大目标[2]。在对公约草案进行专题性的学术讨论方面，沈涓对判决公约草案与中国相关法律作了比较研究[3]，肖永平和何其生对公约草案进行了综合分析和评价，[4] 曾涛评析了草案对判决承认

---

[1] 徐宏：《海牙国际私法会议讨论制订民商事管辖权和相互执行判决的新公约》，《中国国际法年刊》1996年卷，法律出版社1997年版；徐宏、郭晓梅：《海牙国际私法会议关于民商事管辖权和判决承认与执行问题特委会会议情况》，《中国国际私法与比较法年刊》创刊号，法律出版社1998年版；胡斌、孙昂：《海牙"国际民商事管辖权和判决的承认与执行"特委会1998年会议情况》，《中国国际私法与比较法年刊》1999年卷，法律出版社1999年版；胡斌、田妮：《十字路口的海牙管辖权公约》，《中国国际私法与比较法年刊》2002年卷，法律出版社2002年版；孙劲：《迈向关于外国判决承认与执行的新公约——海牙民事管辖和外国判决公约草案的新发展》，《中国国际私法与比较法年刊》2003年卷，法律出版社2003年版。

[2] [荷]汉斯·范·鲁：《迈向一个关于民商事件国际管辖权及外国判决效力的世界性公约》，粟烟涛译，黄进校，《中国国际私法与比较法年刊》2000年卷，法律出版社2000年版。

[3] 沈涓：《存异以求同 他石可攻玉——海牙〈民商事管辖权和外国判决公约〉（草案）与中国相关法律之比较研究》，《中国国际私法与比较法年刊》2001年卷，法律出版社2001年版。

[4] 肖永平、何其生：《对海牙〈民商事管辖权和外国判决公约〉（草案）的分析》，《中国国际私法与比较法年刊》2001年卷，法律出版社2001年版。

和执行条件的发展①,何其生讨论了公约草案的相关知识产权问题②。在专著方面,主要有李广辉的《〈民商事管辖权及外国判决公约〉研究》。在公约通过之后,2005年中国国际私法年会会议论文中有孙劲的《海牙〈选择法院协议公约〉评介》,徐国建的《建立国际统一的管辖权和判决承认与执行制度》以及宋连斌、孙劲与徐国建三位学者的三种公约中文翻译稿。最高人民法院民四庭高晓力法官的《海牙国际私法会议〈选择法院协议公约〉与对我国涉外民商事审判的影响》③则从公约对实践的影响角度进行了综合分析。涂广建在2007年第55期《美国比较法杂志》发表英文论文,④从公约与中国相关制度是否存在冲突出发,认为中国能够且应该加入该公约。王吉文博士则从赔偿金的角度讨论了公约相关条款。⑤作者本人也从公约的适用范围、判例承认与执行的理由、选择法院协议中的法律冲突和法律适用问题等多个角度,对公约进行了分析和讨论。⑥此后,又有多篇专门研究公约和协议管辖权的学术论文面世。

---

① 曾涛:《外国法院判决承认和执行条件领域的新发展》,《法治论丛》2003年第4期。

② 何其生:《海牙〈排他性法院选择协议公约(草案)〉有关知识产权问题的建议》,《武汉大学学报》(哲学社会科学版)2005年第1期。

③ 高晓力:《海牙国际私法会议〈选择法院协议公约〉与对我国涉外民商事审判的影响》,《人民司法》2006年第3期。

④ Guangjian Tu, "The Hague Choice of Court Convention – A Chinese Perspective", *American Journal of Comparative Law*, Vol. 55, No. 2, 2007, pp. 347-365.

⑤ 王吉文:《损害赔偿判决承认与执行的一种新机制——2005年海牙〈选择法院协议公约〉第11条评析》,《安徽大学法律评论》2008年第1期。

⑥ 叶斌:《2005年海牙〈选择法院协议公约〉适用范围之评析》,《华中农业大学学报》(社会科学版)2006年第2期;叶斌:《2005年〈选择法院协议公约〉拒绝承认与执行外国判决的理由》,《河北法学》2009年第4期;叶斌:《我国涉外选择法院协议制度的完善》,《人民法院报》2009年4月9日;叶斌:《国际选择法院协议效力的法律冲突与法律适用——海牙"被选法院地法"规则的优与劣》,《中国国际私法与比较法年刊》2010年卷,北京大学出版社2011年版,第99—121页。

国外对 2005 年海牙公约进行研究的论文逐渐增多[1],目前收集到的资料除去海牙国际私法会议网站上公布的约 30 个预备文件之外,海牙国际私法会议常务委员会第一秘书安德丽雅·舒尔茨(Andrea Schulz)于 2006 年发表《2005 年 6 月 30 日海牙选择法院协议公约》一文,认为该公约将会成为国际民事诉讼统一化的重要里程碑。[2]《荷兰国际法评论》2004 年第 3 期刊载英国东安格利亚大学 T. T. 阿文德的《以仲裁角度看海牙判决公约草案》,此文是从仲裁的视角对公约草案进行比较和评价的。[3] 另外,美国学者罗纳德·A. 布兰德(Ronald A. Brand)于 2004 年发表《全球性的选择法院协议公约》[4] 并且于 2005 年 7 月在美国国际法学会网页发表《新的海牙选择法院协议公约》[5],彼得·D. 特洛波夫(Peter D. Trooboff)也于 2004 年 1 月发表《选择法院条款》[6] 的短文,这些文章正值条约谈判期间或者签署初期,主要是对公约进行报道和简评。加拿大学者杰弗里·塔尔皮斯(Jeffrey Talpis)等人则以《从大象到老鼠》[7] 为题对公

---

[1] 海牙国际私法网站(www.hcch.net)专门开辟了对 2005 年《选择法院协议公约》进行研究的学术成果目录。

[2] Andrea Schulz, "The Hague Convention of 30 June 2005 on Choice of Court Agreements", *European Journal of Law Reform*, Vol. 8, No. 2, 2006, pp. 77 – 92.

[3] T. T. Arvind, "The Draft Hague Judgments Convention: Some Perspectives from Arbitration", *Netherlands International Law Review*, Vol. 51, No. 3, 2004, pp. 337 – 362.

[4] Ronald A. Brand, "A Global Convention on Choice of Court Agreements", *ILSA Journal of International & Comparative Law*, Vol. 10, No. 2, 2004, pp. 345 – 351.

[5] Ronald A. Brand, "The New Hague Convention on Choice of Court Agreements", *ASIL Insights*, Vol. 10, July 26, 2005, p. 5, available at: http://www.asil.org/insights/2005/07/insights050726.html.

[6] Peter D. Trooboff, "Choice – of – Court Clauses", *National Law Journal*, January 19, 2004.

[7] Jeffrey Talpis and Nick Krnjevic, "The Hague Convention on Choice of Court Agreements of June 30, 2005: The Elephant that Gave Birth to a Mouse", *Southwestern Journal of Law and Trade in the Americas*, Vol. 13, No. 1, 2006, pp. 1 – 35.

约表达了谨慎的欢迎。墨西哥学者的《墨西哥眼中的海牙选择法院协议公约》① 分析了公约草案与墨西哥法的潜在冲突。法国著名国际私法学者伯纳德·奥迪教授（Bernard Audit）于2008年发表《对2005年6月30日海牙〈选择法院协议公约〉的观察》②，认为海牙公约尽管存在着缺陷，例如选择法院协议的形式要件过于谨慎，但加入公约将有助于判决的承认与执行。另外，美国学者罗纳德·A. 布兰德（Ronald A. Brand）与斯科特·R. 雅布隆斯基（Scott R. Jablonski）合著的《不方便法院原则——历史、全球实践和海牙选择法院协议公约的未来》③，认为海牙公约厘清了不方便法院原则与关于选择法院协议之间的关系，有助于减少平行诉讼。英国王室法律顾问戴维·约瑟夫（David Joseph Q. C.）的专著《管辖权协议与仲裁协议及其执行》④，则全面比较了英国仲裁法与《布鲁塞尔条例I》和2005年海牙《选择法院协议公约》。

目前，中国学者对2005年海牙公约的研究逐渐深入，已有两本专著出版。中国学者王吉文的《2005年海牙〈选择法院协议公约〉研究》⑤ 对海牙公约作了解释性的评述，讨论了公约对中国

---

① Emilio Gonzalez de Castilla del Valle, "The Hague Convention on Choice of Court Agreements of June 30, 2005: A Mexican View", *Southwestern Journal of Law and Trade in the Americas*, Vol. 13, No. 1, 2006, pp. 37 – 62.

② Bernard Audit, " Observations sur la convention de la Haye du 30 juin 2005 relative aux accords d'élection de for", Hélène Gaudemet – Tallon éd., *Vers de nouveaux équilibres entre ordres juridiques. Liber Amicorum Hélène Gaudemet – Tallon*, Paris : Dalloz, 2008, p. 171.

③ Ronald A. Brand and Scott R. Jablonski, *Forum Non Conveniens: History, Global Practice, and Future under the Hague Convention on Choice of Court Agreements*, Oxford University Press, 2007.

④ David Joseph Q. C., *Jurisdiction and Arbitration Agreements and Their Enforcement*, 1st ed., London: Sweet & Maxwell, 2005.

⑤ 王吉文：《2005年海牙〈选择法院协议公约〉研究》，东南大学出版社2008年版。

的潜在影响。中国台湾地区学者陈隆修教授的《2005年海牙法院选择公约评析》①，该书以作者提出的"实体方法学说"为纲，以追求个案正义为目的，全书的论述颇具英伦风格，对2005年海牙公约作了全面批判。这种批判的态度能促使我们带着更为谨慎的精神进行公约研究，提醒我们重视案件的实质正义。

本书提供了不同的视角和研究方式，运用比较研究和历史方式，对2005年海牙《选择法院协议公约》的主要内容和主要关注点进行全面考察，在借鉴欧盟司法经验的基础之上，对中国是否加入公约做可行性论证，为完善中国相关涉外民事诉讼规则提出建议。

三 本书的研究方法和创新点

（一）研究方法

1. 历史研究方法

2005年海牙《选择法院协议公约》是在目标宏大的民商事管辖权及外国判决公约流产的情况下，各国与会代表争取共识、缩小争议的产物。在该公约产生前，曾有多个草案和解释报告。由于起草时间长，各国学者对公约草案提出了很多批评。本书通过历史比较方法，透过对学者的争议来分析草案与最后文本的差异，以此对公约进行深入的研究。

2. 案例分析法

本书结合具体的案例，通过案例分析研究2005年海牙《选择法院协议公约》。美国、英国、法国、德国等国及欧洲法院有很多关于选择法院协议和判决承认与执行的案例，这些案例与

---

① 陈隆修：《2005年海牙法院选择公约评析》，台北五南图书出版公司2009年版。

2005年海牙《选择法院协议公约》做比较，有助于理解国际选择法院协议及判决的承认与执行。

3. 比较分析法

比较法是国际私法研究的一种基本方法，本书主要比较2005年海牙公约与《布鲁塞尔条例Ⅰ》和主要国家的立法和实践，同时也与1958年《纽约公约》的相关规则比较。通过比较公约与欧盟和各国在解决选择法院协议管辖权和判决承认与执行上的不同原则和规则，才可能对海牙公约有深入的了解。同时，通过对各国立法和司法实践以及各种学者的观点异同的比较分析，也可以发现各规则的优缺点，为法律文化的交流和法律移植提供素材，以便为中国的国际私法立法、实践和研究提供帮助。

4. 理论构建主义方法

理论构建主义的方法是本书在研究中国加入2005年海牙《选择法院协议公约》的可行性时所用的主要方法。对于中国是否加入该公约，本书的研究路径是首先建立一个理想化的公约理论模型，试图采用理性主义方法抽象地提出符合中国利益的，契合中国经济水平、法治发展和社会现实的原则，随后作者运用这四项原则来对公约进行鸟瞰式的考察。

（二）创新点

本书采取不同的研究角度和研究方法，对2005年海牙《选择法院协议公约》研究提出新的论证和观点：

（1）本书历史性地回顾了2005年海牙《选择法院协议公约》酝酿、准备和起草的背景和过程，对公约的缘起和谈判过程进行梳理和总结。作者特别考察了2001年海牙判决公约草案流产的原因，这有助于了解统一国际民事诉讼规则的困难和教训，而且有助于较为全面地掌握2005年海牙《选择法院协议公约》的历史脉络和其中的争议内容。

（2）本书较为全面地比较研究了有关国际选择法院协议的不同理论与实践，专题性地对德国、英国、美国和欧盟规则进行了研究。通过对各国国际选择法院协议制度理论和实践的探讨，可为后续研究海牙公约的具体规则提供参照，这有助于了解2005年海牙《选择法院协议公约》规则的形成过程，以及它对各国规则所做的协调与统一。

（3）本书比较充分地考虑到中国在参与海牙公约谈判中的主要关注点，对其进行重点讨论和研究。这些关注点包括2005年海牙《选择法院协议公约》的适用范围、案件争议与诉讼地的联系问题、选择法院协议的形式要件、实质要件和法律适用问题以及判决的承认与执行中的诸多问题等。通过对这些关注点进行专门研究，为中国加入海牙公约的可行性作前提论证。

（4）本书试图运用理论建构主义方法来研究中国加入2005年海牙《选择法院协议公约》的可行性。作者提出，符合中国要求的公约应该能"充分保护中国当事人的利益和平等保护外国当事人的权利"。在借鉴欧盟原则的基础之上，本书提出符合中国要求的四项原则，运用这些原则对海牙公约进行鸟瞰式的考察。这种研究方法从整体的和理论的高度对公约作全面透析，试图避免无的放矢，防止仅从单一价值取向出发，从而为中国是否加入公约以及如何加入公约提供较为充分的论证。尽管本书认为中国应该并且可以加入2005年海牙《选择法院协议公约》，但是建议对公约提出几项保留，除对专属管辖权提出保留外，还要对未经实际协商的选择法院协议提出保留。另外作者还对实施公约与完善中国国际选择法院制度提出建议。

1789年7月14日，法国国王路易十六上床就寝前在其日记中写道："7月14日，星期二，无事。"当晚，巴士底监狱被攻占的消息传到凡尔赛宫，侍衣大臣不得不唤醒国王。

路易十六质问道："怎么，造反了吗？"

"不，陛下，是一场革命。"

第 一 章

2005年海牙《选择法院协议公约》缔结背景

2005年6月30日，海牙国际私法会议（Hague Conference on Private International Law, HCCH）[①] 第二十次大会的与会代表

[①] 有关海牙国际私法会议（HCCH）的发展历程，可参见 Kurt Lipstein, "One Hundred Years of Hague Conferences on Private International Law", *International and Comparative Law Quarterly*, Vol. 42, No. 3, 1993, pp. 553-653；或参见卢峻、方之寅《国际私法统一化运动的发展和趋向》，《政治与法律》1986年第1期。海牙国际私法会议与中国的关系，参见韩德培《海牙国际私法会议与中国》，《武汉大学学报》（社会科学版）1993年第3期，《法学评论》1993年第4期转载；李双元主编《中国与国际私法统一化进程》，武汉大学出版社1993年版；徐宏《海牙国际私法会议讨论制订民商事管辖权和相互执行判决的新公约》，《中国国际法年刊》1996年卷，法律出版社1997年版；袁泉《论海牙国际私法会议与荷兰国际私法》，《法学评论》1998年第2期；赵健、孙晓虹、张茂《国际民事诉讼法统一化运动评述》，《法学评论》1998年第3期；[荷]汉斯·范·鲁《海牙国际私法会议的回顾与展望》，余菲译，《研究生法学》1999年第3期；田妮《面向21世纪的海牙国际私法会议》，《中国国际私法与比较法年刊》2001年卷，法律出版社2001年版；陈卫佐《海牙国际私法会议对21世纪国际私法新发展的贡献》，《法学》2007年第11期；徐宏《中国参加海牙国际私法会议二十年回顾》，《武大国际法评论》2008年第2期；田立晓《海牙国际私法会议及其公约的发展趋势》，《政法论坛》2009年第3期。

在荷兰海牙的和平宫通过了一个全新的多边条约——《选择法院协议公约》[①]。这个公约的起草和磋商经历了约13年的时间，磋商过程充满争论、质疑、批评和妥协，期间起起落落，曾一度陷入困顿，最后终于形成现在的公约文本。在这十余年间，公约的倡导人和起草人前仆后继，令人歆歆。

2005年海牙《选择法院协议公约》是第一个全球性的民商事管辖权和判决公约，它的诞生对于国际民事诉讼规则究竟是一场渐进式的改革，还是一场暴风骤雨般的革命，现在还殊难断言。但是其影响已经略显端倪，它作为国际民事诉讼法上里程碑式的国际公约，将是难以质疑的事实。

相对于1958年6月10日联合国国际商事仲裁会议《承认及执行外国仲裁裁决公约》（以下简称《纽约公约》）[②]而言，有学者称2005年海牙《选择法院协议公约》为"海牙诉讼公约"。[③] 与《纽约公约》相对应，新的海牙《选择法院协议公约》确立了承认与执行当事人双方约定诉讼法院的争议解决方式，就法院的选择、其他法院的义务和承认及执行法院判决，制

[①] See "Convention of 30 June 2005 on Choice of Court Agreements adopted by the Twentieth Session and Explanatory Report by Trevor Hartley & Masato Dogauchi", HCCH Publications, 2007, available at http://www.hcch.net/upload/expl37e.pdf. 2005年《选择法院协议公约》也被译为《协议选择法院公约》、《法院选择公约》、《合意管辖公约》。本书在该公约名前标注2005年，是为了与1965年11月25日海牙《选择法院公约》相区别，尽管两公约名并不完全相同。为行文的方便，有时简称其为2005年海牙公约、2005年公约或本公约。本书附录2005年《选择法院协议公约》的英文版和中文译文。

[②] 1958年《纽约公约》的中文文本见："全国人民代表大会常务委员会关于我国加入《承认及执行外国仲裁裁决公约》的决定"，1986年12月2日通过，《中华人民共和国国务院公报》1987年第7期，第243—248页。

[③] Ronald A. Brand, "The New Hague Convention on Choice of Court Agreements", ASIL Insights, Vol. 10, July 26, 2005, p. 5.

订了明确、详尽的规则。《纽约公约》得到140多个国家的加入,[①] 而全球尚没有与之匹配的承认和执行外国法院判决的国际公约。正如美国学者所言,如果2005年海牙《选择法院协议公约》能像《纽约公约》那样被广泛接受,当事人签订国际商事合同时将会在仲裁和诉讼之间得到更为平衡的选择。[②]

2005年海牙《选择法院协议公约》是在目标宏大的《民商事管辖权及外国判决公约》流产的情况下,海牙国际私法会议的与会代表逐步缩小范围,争取最大共识的产物。

在美国代表团的倡议下,海牙国际私法会议于1992年开始研究起草"管辖权公约"。1996年,海牙国际私法会议成立特别委员会,由其专门着手起草公约草案,目的是在民商事诉讼的管辖权和判决承认与执行方面制定全球性的统一规则,这一提议被接受并列入第十九次海牙外交会议的日程。美国代表建议,该公约采取所谓的"混合公约"构架,其包括三层含义:其一,公约中同时规定直接的管辖权规则和判决的承认与执行规则,即包括直接管辖权和间接管辖权依据;其二,在管辖权规则中除公约允许的管辖权依据(白色清单)和禁止的管辖权依据(黑色清单)外,又允许存在国内法管辖权依据(灰色区域);其三,不同的管辖权依据在判决的承认与执行方面,效力各不相同,依白色清单作出的判决应得到承认与执行,以黑色清单为基础作出的判决不能得到缔约国承认与执行,而灰色区域的判决由缔约国依

---

① 截止到2012年12月30日,1958年《纽约公约》的成员国数量为148个,参见联合国官方网站链接: http://treaties.un.org/pages/ViewDetails.aspx?src=TREATY&mtdsg_no=XXII-1&chapter=22&lang=en。

② Ronald A. Brand, "The New Hague Convention on Choice of Court Agreements", *ASIL Insights*, Vol. 10, July 26, 2005. Also see Louise Ellen Teitz, "The Hague Choice of Court Convention: Validating Party Autonomy and Providing an Alternative to Arbitration", *American Journal of Comparative Law*, Vol. 53, No. 3, 2005, pp. 543–558.

本国法自行决定。①

1999年10月30日,在欧美立场严重对立的情况下,在经过五次会议后,起草公约的特别委员会通过投票表决的方式,勉强达成了供外交大会审议的《民商事管辖及外国判决公约(草案)》(1999年草案)②。但是,美国代表认为,公约草案并未实际采用其建议的"混合"模式,并且批评投票表决方式没有尊重不同法律传统的现实差异,从而明确向海牙国际私法会议秘书长表示反对该草案。

在2001年6月举行的第十九次外交会议上,欧美双方在法律规则上分歧加深,各方在绝大多数条款上无法取得协商一致,最后勉强产生了替代1999年草案的"临时文本"③。由于临时文本中有太多的不确定条款,使大判决公约的前景陷入困境。④

---

① 参见胡斌、田妮《十字路口的海牙管辖权公约》,《中国国际私法与比较法年刊》2002年卷,法律出版社2002年版,第542页。

② "Preliminary Draft Convention on Jurisdiction and Foreign Judgments in Civil and Commercial Matters adopted by the Special Commission and Report by Peter Nygh and Fausto Pocar", Preliminary Document No. 11 of August 2000, available at http://www.hcch.net/upload/wop/jdgmpd11.pdf. 该草案的解释报告简称为"Nygh/Pocar Report (August 2000)"。本书附录海牙判决公约起草过程中全部预备文件的清单,这些文件均公布于海牙国际私法会议官方网站(www.hcch.net)。

③ The Permanent Bureau and the Co-reporters, "Summary of the Outcome of the Discussion in Commission II of the First Part of the Diplomatic Conference (6-20 June 2001) – Interim Text", available at http://www.hcch.net/upload/wop/jdgm2001draft_e.pdf.

④ 从2010年起,海牙国际私法会议又开始考虑重启"判决公约计划"。2012年4月,新成立的专家组达成了工作方式上的初步意向,但尚未就未来公约的走向形成实质性意见,参见 Council on General Affairs and Policy of the Conference (17-20 April 2012), "Conclusions and Recommendations of the Expert Group on Possible Future Work on Cross-border Litigation in Civil and Commercial Matters", *The Hague*, 12-14 April 2012, Work. Doc. No. 2 of April 2012, available at http://www.hcch.net/upload/gaf2012wd2e.pdf. 有关海牙国际私法会议判决公约项目的新动向,参见 HCCH, "The Judgments Project – Recent Developments", http://www.hcch.net/index_en.php? act = text.display&tid = 150。

为了不使数年的努力白费，海牙国际私法会议总务及政策特别委员会最终不得不就公约的基本走向作出政策选择。其策略是回避矛盾，缩小公约管辖权依据的范围，只将能够协商一致的条款纳入公约。① 为了取得进展，海牙国际私法会议总务与政策委员会于2002年4月开会决定，新的起草工作将以商事案件中的选择法院协议（choice of court agreements in business-to-business cases）、应诉管辖（submission）、被告所在地法院管辖（defendant's forum）、反诉（counterclaims）、信托（trust）和人身伤害侵权（physical torts）等管辖权依据的核心部分为工作起点。

在三次会议之后，非正式工作组建议排除其他部分而将目标缩小为商事案件中的选择法院协议。该建议得到成员国的积极响应，2003年12月，特别委员会开会决定讨论由非正式工作组准备的草案。这次会议产生了一个新的草案文本，即《关于排他性选择法院协议的草案》（2003年公约草案）②，公布为第49号工作文件，该草案的解释报告公布为2004年3月第25号预备文件③。2004年4月又产生了修订后的草案文本《关于排他性选择法院协议的公约草案》（2004年公约草案）④，公布为第110号

---

① 孙劲：《迈向关于外国判决承认与执行的新公约》，《中国国际私法与比较法年刊》2003年卷，法律出版社2003年版，第568页。

② Drafting Committee, "Draft on Exclusive Choice of Court Agreements", WORK. DOC. No. 49 E (Revised) of December 2003, available at http://www.hcch.net/upload/wop/workdoc49e.pdf.

③ Masato Dogauchi and Trevor C. Hartley, "Explanatory Report on Preliminary Draft Convention on Exclusive Choice of Court Agreements", Preliminary Document No. 25 of March 2004, available at http://www.hcch.net/upload/wop/jdgm_pd25e.pdf. 该解释报告简称为"Dogauchi / Hartley Report (March 2004)"。

④ Drafting Committee, "Draft on Exclusive Choice of Court Agreements", WORK. DOC. No. 110 E (Revised) of May 2004, available at http://www.hcch.net/upload/wop/jdgm_wd110_e.pdf.

工作文件（修订版），该草案的解释报告为 2004 年 12 月第 26 号预备文件①。2005 年 6 月，第二十次外交会议经一系列讨论后最终产生公约最终文本。2007 年，海牙国际私法会议公布了公约正式文本和解释报告。②

在公约的起草过程中，中国代表团提出了很多建议性意见，③并且香港和澳门地区也派出政府律师，以中国代表团成员的身份出席了有关会议。④2005 年海牙《选择法院协议公约》在吸取判决公约草案失败的经验之上，注意在具体的规则上达成妥协，尊重不同法系和国家的司法传统。由于公约设置了便于各国加入的声明条款和只需两个国家（或组织）批准或加入便可生效的条款，这使得公约易于生效，也容易被广泛接受。

对于 2005 年海牙《选择法院协议公约》的生效，不少国家或组织充满期望。2007 年 9 月 26 日，墨西哥最先向海牙会议提交加入公约的文件。2009 年 1 月 19 日，美国代表在海牙国际私法会议的公约签字文件上签字，待美国履行国内批准程序。2009 年 4 月 1 日，欧共体代表在海牙签署 2005 年海牙《选择法院协

---

① Masato Dogauchi and Trevor C. Hartley, "Explanatory Report on Preliminary Draft Convention on Exclusive Choice of Court Agreements", Preliminary Document No. 26 of December 2004, available at http：//www. hcch. net/upload/wop/jdgm_ pd26e. pdf. 为与 2004 年 3 月的报告相区别，该解释报告简称为 "Dogauchi / Hartley Report（Dec. 2004）"。

② "Convention of 30 June 2005 on Choice of Court Agreements adopted by the Twentieth Session and Explanatory Report by Trevor Hartley & Masato Dogauchi", HCCH Publications, 2007, available at http：//www. hcch. net/upload/expl37e. pdf. 2005 年海牙《选择法院协议公约》的解释报告简称为 "Hartley / Dogauchi Report（2007）"。

③ 参见孙劲《海牙〈选择法院协议公约〉评介》，《2005 年中国国际私法学会年会论文集》。

④ See Hague Conference on Private International Law, Proceedings of the Twentieth Session 14 to 30 June 2005, Tome III, Choice of Court, Intersentia 2010, p. 376. 也参见香港律政司国际法律科《关于选择专审法院协议的海牙公约初稿的最新进展》，2005 年 3 月，http：//www. doj. gov. hk/chi/public/pdf/draft_ hague_ conventionc. pdf.

议公约》。① 目前，阿根廷、澳大利亚和加拿大也在积极参与加入公约的工作。国际商会等国际机构也敦促各国政府尽快批准海牙《选择法院协议公约》。② 此外，海牙公约为《关于内地与香港特别行政区法院相互认可和执行当事人协议管辖的民商事案件判决的安排》③ 提供了模板，它的影响力已经开始显示出来。

诚如参与会议的中国代表所言："国际经济一体化必然导致私法规范和司法制度的一体化，海牙选择法院协议公约正是适应这种要求适时制定的国际公约，它是会获得国际社会接受，从而成为国际社会私法统一的一个重要的国际文件。"④ 2005 年海牙《选择法院协议公约》将会促进打破各国管辖权依据纷繁复杂、任意扩张的现状，将国际民商事管辖权和判决承认与执行纳入国际协商的统一道路之上。

第一节　海牙管辖权和判决公约起草前的背景

一　美国在缔结管辖权和判决公约方面的经验

法院作出的判决，可以被其他法院承认与执行，曾被认为是

---

① Council Decision 2009/397/EC of 26 February 2009 on the signing on behalf of the European Community of the Convention on Choice of Court Agreements, OJ L 133, 29.5.2009. Also see "European Community Signs Hague Choice of Court Convention", http://www.hcch.net/index_ en.php? act = events.details&year = 2009&varevent = 163.《里斯本条约》于 2009 年 12 月 1 日生效之后，欧洲联盟取得法律人格，并完全取代欧洲共同体。可参见叶斌《欧盟国际私法的新发展：权能扩张与欧洲化》，《欧洲研究》2010 年第 5 期。

② "ICC Urges Governments to Ratify Hague Choice of Court Convention", Paris, 18 October 2007, http://www.iccwbo.org/News/Articles/2007/ICC - urges - governments - to - ratify - Hague - Choice - of - Court - Convention.

③ 2006 年 6 月 12 日最高人民法院审判委员会第 1390 次会议通过，法释 [2008] 9 号。

④ 徐国建：《建立国际统一的管辖权和判决承认与执行制度——海牙〈选择法院协议公约〉述评》，《时代法学》2005 年第 5 期。

"革命性"的思想。这种革命性思想可追溯到美国宪法的缔造者们为了其国家统一而作的关于判决的安排。美国宪法以"充分诚信条款"来保证州与州之间判决的相互执行,但是该条款只限于美国姐妹州之间,并不适用于美国判决在美国国外和外国判决在美国的承认与执行。

对于美国内部各州商业的融合,"充分诚信条款"可以满足这种要求,但是当美国作为国际主要商业力量时,却遭遇国际案件判决承认与执行的障碍。与欧洲和拉丁美洲国家相反,美国很少运用缔结条约的方式来解决承认与执行外国判决的问题,即使在美国与各国签订双边友好通商通航条约之时。早在1874年,美国国务院曾拒绝在国际私法和判决的承认与执行领域运用缔结条约的权利。[①] 之所以这样,是因为美国的联邦司法制度,各州对控制司法的实施历来十分敏感。

但是二战以后,对于诸如承认与执行外国判决方面的联邦管制,美国的态度开始明显转变。1964年10月15日,美国成为海牙国际私法会议的成员,其后美国批准了很多重要的海牙公约。1970年,美国破天荒地迈出了加入多边国际裁决承认公约的重要一步,批准了1958年联合国《承认及执行外国仲裁裁决公约》(《纽约公约》)。

寻求在外国申请执行由美国法院作出的判决,由于不受任何国际条约的约束,由此产生的结果在美国当事人眼里,是一种"两输"的境地。

一般来说,美国依"礼让原则"而非"互惠原则"执行外

[①] David Luther Woodward, "Reciprocal Recognition and Enforcement of Civil Judgments in the United States, the United Kingdom and the European Economic Community", *North Carolina Journal of International Law and Commercial Regulation*, Vol. 8, No. 3, 1983, p. 310.

国判决。① 在 1895 年的"希尔顿诉盖约特案"(Hilton v. Guyot)中,美国联邦最高法院列举了决定承认与执行外国判决的因素:(1) 在外国法院,被告是否获得充分和公平的诉讼机会;(2) 审理过程是否符合适当程序;(3) 被告是否自愿出庭或被适当地传唤;(4) 该国司法制度是否给予外国人公平待遇;(5) 是否有证据表明该法院或该国司法制度存在歧视;(6) 该判决的取得是否是因为欺诈;(7) 执行判决的法院不应对案件的实质内容进行审查。②

但是美国法院作出的判决在外国法院则常常被拒绝,而且理由甚多,例如对于美国陪审团作出的高额赔偿金裁决。事实上,在美国法院的外国被告通常是像德国大众或日本三菱这样的国际性企业,他们在美国有足够的财产来执行美国法院自己作出的判决。即使对于中型外国企业,由于它们通常在美国设有公开账户或拥有其他财产,使美国判决的胜诉方受偿也没有太大的问题。因此,美国判决在外国的承认与执行,常常针对的是外国小型企业或者个人被告。③ 由于美国判决一般难以在其他国家得到执行,在这种情况下,律师会建议当事人直接到美国以外的国家诉讼,以免在美国国内诉讼浪费时间和金钱。并且,即使美国判决符合该国的公共政策,有些国家也会对判决做实质审查,在这种情况下这些国家不过是执行自己法院重新作出的判决而已。

除此之外,其他国家的某些管辖权规则被美国认为是过度和不合理的。例如法国依原告的国籍实施管辖和德国依被告财产取

---

① Matthew H. Adler and Michele Crimaldi Zarychta, "The Hague Convention on Choice of Court Agreements: The United States Joins the Judgments Enforcement Band", *Northwestern Journal of International Law & Business*, Vol. 27, No. 1, Fall 2006, pp. 3 – 4.

② Hilton v. Guyot, 159 U. S. 113, 202 – 203 (1895).

③ Friedrich K. Juenger, "A Hague Judgments Convention?", *Brooklyn Journal of International Law*, Vol. 24, No.1, 1998, p. 114.

得管辖的依据。美国学者指责这些管辖权依据严重违背国际礼让。对于1968年《布鲁塞尔公约》禁止使用成员国对成员国居民使用过度管辖权规则,但第4条第1款又规定可对成员国之外的当事人行使,有美国学者讥讽其为"欧洲沙文主义",[1] 还有学者认为《布鲁塞尔公约》的过度管辖权规则有可能严重影响美国海外财产的利益。[2]

因此,到20世纪70年代时,执行外国裁决方面存在两种不和谐,一种存在于美国和非美国诉讼之间,另一种则是存在于仲裁与诉讼之间。这些差异促使美国政府采取措施进行弥合。在多边层面,美国于1971年参与《承认与执行外国民商事判决公约》的谈判,但该公约仅三国批准而未生效。

在双边层面,1976年10月,美国主动向英国提出缔约建议,缔结两国之间相互承认与执行民事判决的条约。美国试图通过这一双边条约来为美国联邦法院和各州法院确立统一的承认与执行英国判决的规则,同时也力图消除1968年《布鲁塞尔公约》对包括美国在内的非成员国的不利,甚至歧视待遇。[3]

由于美国法院作出的赔偿金数额有时非常巨大,远远高于英国法院在相同情况下所作的赔偿金数额,这使得英国方面对此心存疑虑。尽管美国试图解除英国对美国惩罚性和多重性赔偿金的担心,同意修改条约草案而不适用于惩罚性或多重性赔偿金程度的判决,但是英国制造业和保险业仍不愿意接受美国严格产品责任,并且英国对反垄断案件的相关判决亦不放心。1980年英国

---

[1] Friedrich K. Juenger, "A Hague Judgments Convention?", *Brooklyn Journal of International Law*, Vol. 24, No. 1, 1998, p. 115.

[2] Russell J. Weintraub, "How Substantial is Our Need for a Judgments-Recognition Convention and What Should We Bargain Away to Get It?", *Brooklyn Journal of International Law*, Vol. 24, No. 1, 1998, pp. 172–173.

[3] 参见孙劲《美国的外国法院判决承认与执行制度研究》,中国人民公安大学出版社2003年版,第279—293页。

退出谈判,条约以失败告终。① 这个结果对美国打击不小,打破了美国希望突破欧共体公约歧视规则的愿望。一位美国学者一针见血地指出,大部分对美国管辖权的攻击其实并不是出于管辖权本身,而是担心美国民事诉讼中的其他规则,如陪审团、证据开示、集团诉讼、胜诉后付给律师的酬金、有利于原告的美国实体法和美国法院使用的同样有利于原告的选择法律规则。② 另一位美国学者则不无遗憾地抱怨:"他们宁愿跟认识的魔鬼打交道,也不愿意尝试新的。"③

二 欧洲在缔结管辖权和判决公约方面的经验

与美国不同,欧洲和拉丁美洲将国际公约作为其承认与执行外国判决的重要法律渊源。早在20世纪30年代,民法法系国家如法国,普通法系国家如英国,就缔约了一系列关于承认与执行外国判决的双边条约。第二次世界大战结束以后,欧洲国家首次开始着手缔结判决承认与执行方面的多边公约。

1971年2月1日,海牙国际私法会议完成了《外国民商事判决承认和执行公约》(1971年《海牙判决公约》)的起草工

---

① See Peter M. North, "The Draft U. K. /U. S. Judgments Conventions: A British Viewpoint", *Northwestern Journal of International Law & Business*, Vol. 1, No. 1, 1979, p. 223; Peter Hay and Robert J. Walker, "The Proposed Recognition – of – Judgments Convention between the United States and the United Kingdom", *Texas International Law Journal*, Vol. 11, No. 3, 1976, pp. 421 – 459; Arthur T. von Mehren, "Recognition and Enforcement of Sister – state Judgments: Reflections on General Theory and Current Practice in the European Economic Community and the United States", *Columbia Law Review*, Vol. 81, No. 5, 1981, p. 1060.

② Linda Silberman, "Comparative Jurisdiction in the International Context: Will the Proposed Hague Judgments Convention be Stalled?", *DePaul Law Review*, Vol. 52, No. 2, 2002, pp. 319 – 320.

③ Arthur Taylor von Mehren, "Recognition and Enforcement of Foreign Judgments: A New Approach for the Hague Conference?", *Law and Contemporary Problems*, Vol. 57, No. 3, 1994, p. 274.

作，该公约结合了双边和多边因素，以多边磋商达成，尽管已经生效，但还需要通过双边补充协议才能使其发生实际效力。①1971年"海牙判决公约"因加入国家极少而失败，其主要原因除了其生效条件严苛之外，还要归因于受到1968年9月27日通过并于1973年2月1日生效的《关于民商事裁判管辖权及判决执行的布鲁塞尔公约》(Brussels Convention，简称《布鲁塞尔公约》)② 的影响。

由于当时的欧洲经济共同体（EEC）希望促成成员国之间判决承认与执行的便利，它们在共同体法律之外以《布鲁塞尔公约》这种国际条约的形式为欧共体六国设定义务。③ 随着欧共体成员国数量的增加④及其重要性的增强，1968年《布鲁塞尔公约》的适用范围和法律意义也随之扩大。

到20世纪80年代，欧洲经济和政治的一体化速度加快，原本不是欧共体的欧洲国家开始将欧共体国家作为一个整体而与之缔结承认与执行条约。尽管这些国家分别与欧共体成员国之间存在着双边条约，⑤ 但是他们仍希望通过普遍性地接受承认与执行的体制来创造所谓的"欧洲司法区域"，从而简化和加速判决的承认与执行。由于欧洲自由贸易联盟（EFTA）的某些成员国无法接受有关

---

① 1971年《外国民商事判决承认和执行公约》及其《附加议定书》的缔约国只有阿尔巴尼亚、塞浦路斯、荷兰、葡萄牙和科威特，尽管条约于1979年8月20日生效，但根据其第21条和第22条，因缔结国未缔结双边补充协定而未实际生效。中文译文参见中华人民共和国外交部条约法律司编：《海牙国际私法会议公约集》，法律出版社2012年版，第61—69页。

② Convention de Bruxelles de 1968 concernant la compétence judiciaire et l'exécution des décisions en matière civile et commerciale, O. J. L 299, 31.12.1972, pp. 32 – 45.

③ 当时欧洲经济共同体六国为比利时、法国、联邦德国、意大利、卢森堡和荷兰。

④ 1978年丹麦、爱尔兰和英国加入欧共体，希腊于1982年加入，1989年西班牙和葡萄牙加入。

⑤ 这些双边条约的清单，可见于1988年《卢迦诺公约》。

欧洲法院享有公约解释权的规定,他们主张起草一份与《布鲁塞尔公约》平行的公约。1988年9月16日,欧洲共同体和欧洲自由贸易联盟的成员国达成《民商事管辖权与判决执行的卢迦诺公约》(Lugano Convention,简称《卢迦诺公约》)[1],其规则几乎照搬《布鲁塞尔公约》。[2] 由此,欧洲大部分国家的承认与执行判决问题实际受《布鲁塞尔公约》或《卢迦诺公约》相似规则的调整,从而在欧洲建立起关于管辖权和承认与执行判决的统一体制。

1997年10月2日通过并于1999年5月1日生效的《阿姆斯特丹条约》,修改了1992年《欧洲联盟条约》(《马斯特里赫特条约》)中涉及国际私法事项的相关条款,欧共体明确取得了在民事司法合作领域的立法权能。自此,欧盟国际私法不再以国际条约方式取得,而是采取欧共体立法方式,欧盟理事会应直接制定涉及民事领域司法合作的措施。[3] 2000年12月22日,欧盟理事会通过了《关于民商事管辖权及判决承认与执行的2001/44号条例》(Brussels I Regulation,简称《布鲁塞尔条例I》或《理事会2001/44号条例》)[4],它将《布鲁塞尔公约》转化为欧盟的二

---

[1] Convention on Jurisdiction and the Enforcement of Judgments in Civil and Commercial Matters – Done at Lugano on 16 September 1988, O. J. L 319, 25. 11. 1988, pp. 9 – 48.

[2] 当然,《卢迦诺公约》并没有就欧共体成员国之间的内部关系问题取代《布鲁塞尔公约》,《卢迦诺公约》适用于欧共体国家和欧洲自由贸易联盟国家之间的关系,以及欧洲自由贸易联盟内部国家之间的关系。并且,对这两个公约的解释和适用有时是不一致的,因为根据《卢迦诺公约》,欧共体以外的各国法院不受欧洲法院对《布鲁塞尔公约》解释的约束。

[3] 参见粟烟涛《欧盟国际私法统一化进程的新突破——阿姆斯特丹条约相关规定评析》,《华中科技大学学报(社会科学版)》2003年第5期。《里斯本条约》于2009年12月1日生效之后,欧洲联盟取得法律人格,并完全取代欧洲共同体。有关《里斯本条约》对欧盟国际私法领域的影响,可参见叶斌《欧盟国际私法的新发展:权能扩张与欧洲化》,《欧洲研究》2010年第5期。

[4] Council Regulation (EC) No 44/2001 of 22 December 2000 on jurisdiction and the recognition and enforcement of judgments in civil and commercial matters, O. J. L 12, 16. 1. 2001, pp. 1 – 23.

级立法,同时做了部分修订和补充,该条例已于 2002 年 3 月 1 日生效。① 2007 年 10 月 30 日,欧共体与丹麦和三个欧洲自由贸易联盟的成员国(冰岛、挪威和瑞士)签署了新的卢迦洛公约(简称 2007 年《卢迦诺公约》),一旦生效将代替 1988 年《卢迦诺公约》。②

对于《布鲁塞尔公约》,成员国同意在公约中规定近乎自动地承认与执行其他成员国法院作出的判决,这一规定类似美国宪法的"充分诚信条款"。为了实现这种想法,《布鲁塞尔公约》采取"双重公约"模式,规定管辖权依据的同时,也规定判决的承认与执行制度,从而确保判决的约束力。《布鲁塞尔公约》的成员国之所以能够相互承认对方的判决,因为他们认为公约将管辖权依据限制在适当的范围。③ 欧洲一体化进程促使超国家的司法机构——欧洲法院,凌驾于各成员国法院之上,不禁使人联想到 200 多年前促使美国司法制度统一的马歇尔法院(Marshall Court)。

《布鲁塞尔公约》的管辖权依据遵循民法法系传统,被告的住所地是通常的诉讼所地。但是,公约在侵权和合同案件中规定类似美国长臂的管辖权规则,这能使那些弱势的原告,例如消费者,可以在其住所地起诉。另外,公约认可了选择法院协议的效力。公约同意各国对不动产及类似权利的专属管辖。对于禁止的

---

① 丹麦选择性退出欧盟民事司法合作,因此不适用《布鲁塞尔条例I》。《布鲁塞尔条例I》是对《布鲁塞尔公约》的继承,下文为行文方便,在未特别说明时以《布鲁塞尔公约》为两者的通称。有关《布鲁塞尔公约》和《布鲁塞尔条例I》的适用与评释,参见肖永平主编《欧盟统一国际私法研究》,武汉大学出版社 2002 年版。

② See "Strengthening Cooperation with Switzerland, Norway and Iceland: the Lugano Convention (2007)", http://europa.eu/legislation_summaries/justice_freedom_security/judicial_cooperation_in_civil_matters/l16029_en.htm.

③ Kevin M. Clermont, "An Introduction to the Hague Convention", in John J. Barceló III and Kevin M. Clermont eds., *A Global Law of Jurisdiction and Judgments: Lessons from The Hague*, The Hague, London, New York: Kluwer Law International, 2002, pp. 3–4.

管辖权依据，各国放弃过度管辖规则，例如法国放弃《法国民法典》第14条规定的依原告法国国籍实施的属人管辖权。

英国作为后加入布鲁塞尔管辖权体系的国家，放弃了"短暂过境管辖权"管辖（transient jurisdiction）。由于《布鲁塞尔公约》不仅禁止过度的管辖权规则，而且将允许的管辖权依据作为强制性规则，英国不得不放弃拒绝管辖权方面的自由裁量权。[①]

但是，《布鲁塞尔公约》公开歧视非成员国当事人，只适用于被告在成员国有住所的情形。举例来说，尽管对于法国居民起诉英国居民的案件，法国法院不能使用过度管辖权，但是对于法国居民起诉中国居民的案件却可以使用。另外，由此作出的法国判决可以在英国、德国和其他欧盟成员国承认与执行，只要那里有属于中国居民的可供执行的财产。

类似地，《布鲁塞尔公约》的承认与执行并不扩展适用于非成员国的判决。事实上，对于承认与执行非成员国特别是来自美国的判决，欧洲国家历来就相当地谨慎。再试举一例来说明《布鲁塞尔公约》对非成员国的不利影响。假设在伦敦有不动产的美国人撞伤在纽约旅行的法国人，法国人回法国后起诉美国肇事者，依《法国民法典》第14条法国法院可依原告的法国国籍实施属人管辖。由于被告在英国有可执行的财产，依《布鲁塞尔公约》，法国法院作出的判决可被英国法院承认与执行。相反，如果法国人撞伤在巴黎旅行的美国人，美国人不能回美国法院起诉法国肇事人，因为美国法不允许对此实施管辖。即使美国法院作出缺席判决，法国和英国也不会执行，因为该判决缺乏属人管辖权。尽管这个假设非常极端，但是它却反映了管辖权冲突造成的令人啼笑皆非的现实。

---

① 参见贺晓翊《英国的外国法院判决承认与执行制度研究》，法律出版社2008年版，第182—191页。

第二节 第一阶段:《民商事管辖权及判决公约草案》(1992—2001)

一 1992—1996 年之间的准备工作

促进产生海牙管辖权公约的设想,可追溯到已故哈佛大学法学院教授亚瑟·泰勒·冯·梅伦先生[①]的倡议。正是冯·梅伦教授提出,美国应该与各国特别是与欧洲缔结判决承认公约。[②] 经过最初的讨论,人们认为最好的方式是在海牙国际私法会议的框架内协商一个全球性的管辖权与判决公约。[③]

海牙国际私法会议自 1893 年成立的 100 余年来,一直致力于建立统一的国际私法实体和程序规则的多边公约。1992 年初,美国国务院在研究是否可能直接与"欧共体—欧洲自由贸易联盟"(EC‐EFTA)商谈关于承认与执行判决的公约之后,决定促成海牙国际私法会议来进行这项工作。对美国国务院而言,求诸海牙国际私法会议比与"欧共体—欧洲自由贸易联盟"谈判更有吸引力,不仅因为海牙国际私法会议秘书长对公约提议很有兴趣,海牙会议能提供卓越的公约准备工作和智力支持,更重要的是,在海牙会议的谈判中美国不用单独面对欧洲国家,即便美

[①] 亚瑟·泰勒·冯·梅伦(Arthur Taylor von Mehren),著名比较法与国际私法教授,美国哈佛大学斯托雷终身教授,1922 年 8 月 10 日生于美国明尼苏达州艾伯特利,2006 年 1 月 16 日辞世。冯·梅伦教授的生平和学术贡献,可参见陈卫佐《冯·梅伦对比较法和国际私法的贡献》,《比较法研究》2007 年第 6 期;甘勇《国际民事管辖权制度比较研究的大家力作:〈国际私法上裁判管辖权的比较研究〉》,《武汉大学学报》(哲学社会科学版)2012 年第 5 期。

[②] Arthur Taylor von Mehren, "Recognition and Enforcement of Foreign Judgments: A New Approach for the Hague Conference?", *Law and Contemporary Problems*, Vol. 57, No. 3, 1994, pp. 271 – 287.

[③] Hartley / Dogauchi Report (2007), p. 16.

国与其他一些国家的经济、政治、历史以及地缘上的融合可能不像与欧洲那样紧密。

1992年5月，美国国务院法律顾问艾德文·D.威廉森（Edwin D. Williamson）致函时任海牙国际私法会议秘书长乔治斯·德罗兹（Georges Droz），建议起草一部关于承认与执行外国判决的公约。[①] 1992年6月，参加海牙国际私法会议总务与政策特别委员会会议的美国代表提议，由海牙国际私法会议起草一部关于承认与执行外国判决的公约，该建议得到积极响应。经过慎重讨论，特别委员会决定由9个国家专家组成的小型工作组来考虑此事。1992年10月29日，工作组开会讨论美国代表的提议。工作组主要讨论了三个问题，其一，是否适合由海牙会议来实施这项工作；其二，如果由海牙会议来起草公约，只规定判决承认与执行的"单一公约"（single convention）与既规定管辖权又规定判决承认与执行的"双重公约"（double convention）各有什么优势；其三，美国提议的融合前两种公约形式的"混合公约"（mix convention）是否更好。

这个工作组的任务是辅助1993年4月的第17次海牙会议，决定是否以及采用什么样的公约形式来列入日后会议工作的日程。为对工作组施加影响，美国代表提交了一个文件，其中包括一个关于公约的纲要，阐明混合公约的框架形式。[②] 工作组最后

[①] "Letter from the Department of State to the Permanent Bureau dated 5 May 1992", available at http://www.state.gov/documents/organization/65973.pdf. See Peter H. Pfund, *Contributing to Progressive Development of Private International Law: The International Process and the United States Approach*, Recueil Des Cours, Tome 249, 1994, p. 83; Also see Ronald A. Brand, "Community Competence for Matters of Judicial Cooperation at the Hague Conference on Private International Law: A View from the United States", *Journal of Law and Commerce*, Vol. 21, No. 2, 2002, p. 192.

[②] Arthur Taylor von Mehren, "Recognition and Enforcement of Foreign Judgments: A New Approach for the Hague Conference?", *Law and Contemporary Problems*, Vol. 57, No. 3, 1994, p. 272.

认为,通过海牙会议来商议一个新的关于管辖权和判决承认与执行的综合公约。工作组表示优先选择混合方式的公约,认为尽管商讨这样一个公约不容易,但在技术上是可行的。

1993年,海牙国际私法会议第十七次外交大会正值海牙会议100年,会议初步决定将承认与执行外国民商事判决列入会议工作日程。① 1996年第十八次外交大会正式决定将其列入第十九次外交大会的议程。概言之,在1992—1996年的四年期间,海牙国际私法会议为判决公约项目进行的是一些准备性的工作。

二 1997—2001年之间的谈判

1997年,海牙国际私法会议秘书长根据1996年的决议召集特别委员会。该委员会在1997年6月至1999年10月间进行了五次会议。② 最后在1999年10月的会议上,特别委员会提交了"公约预备草案"并以多数票采纳(1999年草案)。该草案从结构到内容上,与1968年9月27日的《布鲁塞尔公约》和1988年9月16日的《卢迦诺公约》非常相似,都是关于民商事管辖权和判决的承认与执行。草案包括了被允许的管辖权依据,由此产生的判决可得益于公约的简化机制而被其他缔约国承认与执行。但是,与《布鲁塞尔公约》和《卢迦诺公约》所谓的"双重公约"不同,1999年公约草案允许缔约国继续采用其国内法上的管辖权依据,只要不被公约的"黑色清单"禁止即可,这些依据被称为"灰色区域管辖权"。由缔约国国内法管辖权依据而作出的判决,如果公

---

① The Permanent Bureau of Hague Conference on Private International Law, "Annotated Checklist of Issues to be Discussed at the Meeting of the Special Commission on Jurisdiction and Enforcement of Judgments", Preliminary Document No. 1 of May 1994, available at http://www.hcch.net/upload/wop/jdgm_ pd01 (1994).pdf, p. 1.

② Nygh / Pocar Report (August 2000), Preliminary Document No. 11 of August 2000, p. 26.

约既未规定又不加禁止,则在其他缔约国不适用公约的承认与执行规则,有关国家可依其国内法或承认或拒绝。

但是1999年公约草案遭到美国强烈批评。尽管公约草案采纳了美国代表提议的混合模式,但美国代表认为该草案仍旧是《布鲁塞尔公约》的翻版,对于法律传统和经济发展严重不平衡的世界各国而言,要达成全球性而非地区性公约,就不应该模仿政治和经济发展高度融合的《布鲁塞尔公约》模式。① 美国代表批评1999年公约草案没能反映各代表国的法律传统和司法实践,认为此草案无法得到美国的批准。

2000年2月美国国务院国际私法助理司法顾问杰弗里·科瓦(Jeffrey Kovar)致函海牙国际私法会议秘书长汉斯·范·鲁先生(Hans van Loon),明确指出美国政府不满意该草案。在这封信中,美国代表对该草案做了如下言辞激烈的批评:(1)草案从内容到形式上都更像《布鲁塞尔公约》和《卢迦诺公约》,认为地区性的公约不应成为全球性公约的模本;(2)《布鲁塞尔公约》的相关规则不能被美国接受,因为它违反了美国宪法关于正当程序的限制;(3)将全部管辖权依据归入白色清单或黑色清单,是对管辖权依据无谓地神圣化或妖魔化;(4)公约草案的规定涉及一些尚未确定的领域,如知识产权、电子商务和其他新技术在商业贸易中的使用。② 为了达成全球可接受的公约,美国建议采取协商一致的方式而不是以多数方式通过公约。

另外,由于20世纪90年代因特网的普及使全球电子商务变得

---

① Arthur Taylor von Mehren, "Drafting a Convention on International Jurisdiction and the Effects of Foreign Judgments Acceptable World-wide: Can the Hague Conference Project Succeed?", *American Journal of Comparative Law*, Vol. 49, No. 2, 2001, pp. 196–197.

② Ronald A. Brand, "Community Competence for Matters of Judicial Cooperation at the Hague Conference on Private International Law: A View from the United States", *Journal of Law and Commerce*, Vol. 21, No. 2, 2002, p. 197.

越来越普遍、越来越重要，人们开始怀疑那些在20世纪70年代起草并适用的来自《布鲁塞尔公约》的旧规则，即主要依据连结因素的所在地，如履行地、伤害地等，能否适用于信息可能被任何人接收的网络环境。而这个问题对于通过因特网实施的侵权案件特别重要，例如网上诽谤和网络中的知识产权侵权案件。网络侵权案件除去与侵权嫌疑人和受害人有关之外，还涉及第三方因特网服务提供者（ISP）。在参与海牙谈判的各国实体法中，因特网服务提供者的作用及其可能承担的义务尚未适当定义或规制，而因特网服务提供者们普遍担心在相差迥异的法律中承担责任，譬如面临不同的管辖权规则和可能的挑选法院等。除去电子商务的影响之外，有关的知识产权组织意识到海牙公约可能会对知识产权产生影响。[1]

海牙谈判与会者以需要更多的时间和研究来适当地处理新数字媒介带来的变化为由，于2000年4月决定暂停正式谈判而进行非正式的讨论，研究如何就包括知识产权和电子商务在内的具体议题达成一致意见。非正式讨论由加拿大、荷兰、苏格兰、瑞士和美国在2000年和2001年主持。[2] 其中，2001年1月的日内瓦会议专门讨论了知识产权问题。[3]

在非正式会议之后，代表们开始有信心可以就何时进行正式谈判达成一致意见。代表们同意下一步的工作应达成协商一致，

---

[1] See Rochelle Cooper Dreyfuss, "An Alert to the Intellectual Property Bar: The Hague Judgments Convention", *University of Illinois Law Review*, Vol. 2001, No. 1, 2001, pp. 421–456.

[2] See The Permanent Bureau of Hague Conference on Private International Law, "Informational Note on the Work of the Informal Meetings Held since October 1999 to Consider and Develop Drafts on Outstanding Items", Preliminary Document No. 15 of May 2001.

[3] See The Permanent Bureau of the Hague Conference on Private International Law, "Report of the Experts Meeting on the Intellectual Property Aspects of the Future Convention on Jurisdiction and Foreign Judgments in Civil and Commercial Matters, Geneva, 1 February 2001", Preliminary Document No. 13 of April 2001.

而不能根据投票进行。考虑到协商一致需要更多的时间,并且由于特别委员会在1999年10月终止工作而只余下正式步骤,代表们决定将外交会议分成两个部分。第一部分在2001年6月进行并产生一个临时文本①。

然而,由于这个临时文本用方括号附加了大量的替代性规则、相冲突的规则和未能达成一致的规则,这使得文本变得非常复杂,只要一个国家代表反对,就无法就临时文本达成一致意见。公约项目的起草工作遭遇重大障碍,陷入流产的困境。

第三节 2001年判决公约草案流产的原因

事实上,尽管判决公约由美国提议,但随着公约的起草,公约的谈判进展背离了美国代表的最初愿望。直接原因主要有二,其一,美国的扩张性管辖权依据和惩罚性赔偿受到其他国家强烈关注,成为众矢之的;其二,美国在海牙国际私法会议的谈判中并没有压倒性的谈判筹码。依美国国务院的观点,由于大多数发达国家作出的判决在美国执行并没有实质性的困难,这些国家自信能对美国采取实质性的制衡。② 美国代表不无委屈地称,相互

---

① The Permanent Bureau of Hague Conference on Private International Law and the Co-reporters, "Summary of the Outcome of the Discussion in Commission II of the First Part of the Diplomatic Conference (6-20 June 2001) – Interim Text". 有关海牙管辖权及外国判决公约的详细情况,可参见 Samuel P. Baumgartner, The Proposed Hague Convention on Jurisdiction and Foreign judgments: Trans-atlantic Lawmaking for Transnational Litigation, Mohr Siebeck, 2003; 或参见李广辉《〈民商事管辖权及外国判决公约〉研究》,中国法制出版社 2008 年版。

② "Statement of Jeffery P. Kovar, Assistant Legal Advisor for Private International Law, Department of State", Internet and Federal Court: Issues and Obstacles: Hearing before the Subcommittee on Courts and Intellectual Property of the Committee on the Judiciary, House of Representatives, 106th Cong., July 29, 2000, p. 55. Also see Sean D. Murphy (ed.), "Contemporary Practice of the United States Relating to International Law", American Journal of International Law, Vol. 95, No. 2, 2001, p. 420.

制衡的观念扭曲了谈判,欧盟和欧洲自由贸易联盟国家利用美国非互惠地承认与执行外国判决,将其作为谈判工具来限制美国的过度管辖权依据,从而使美国的目标落空。[1]

导致民商事管辖权和外国判决公约流产的原因很多,并且难以克服。不同的司法制度有自己独特的习惯、程序和规则。在过去十来年间,国际贸易与投资以及新技术的快速发展与传播,在诸如知识产权和电子商务等方面带来了暂时难以解决的经济、政治和法律问题。除去这些原因之外,公约的流产还有其他更深层次的原因。

一 欧美管辖权理念之争

冯·梅伦先生批评海牙会议特别委员会的工作从一开始就以地区性的公约为模板,认为这个地区性公约是在其司法传统和文化融合高度一致性的基础上产生的。《布鲁塞尔公约》的原始成员国——比利时、法国、联邦德国、意大利、卢森堡和荷兰,他们的经济和司法制度具有很多相同的地方。经济上,这六个国家致力于经济一体化;司法传统上,他们都大致延续"国际私法之父"萨维尼(Saviny 1779 – 1861)的"法律关系本座说",即分属于不同范畴的法律关系无论在何处提起诉讼,都应该受同一实体法调整。欧盟立法以及欧盟对国际私法规则的统一,如《合同债务法律适用的罗马公约》,更加强了这种趋势。其管辖权规则的设计是为了"判决的国际一致",通过确保"判决的自由流动"和提供可预见且易于执行的管辖权规则,来促进统一市场的作用。在这样的情况下,达成协商一致既必要又可行。略带指出的是,稍晚加入欧共体的英国、爱尔兰、丹麦等国为了从经济与政治联

---

[1] Matthew H. Adler and Michele Crimaldi Zarychta, "The Hague Convention on Choice of Court Agreements: The United States Joins the Judgments Enforcement Band", *Northwestern Journal of International Law & Business*, Vol. 27, No. 1, 2006, p. 7.

盟中获得利益而不得不一揽子地接受《布鲁塞尔公约》。

但是在全球范围内，海牙国际私法会议成员国的政治、法律与经济基础差别很大，要实现像欧盟这样的经济与政治一体化的基础，现在看来还是遥不可及的。美国学者批评海牙会议的特别委员会完全没有理解这一点，因为要达成一个全球接受的公约，对于一些根本问题，如管辖权规则应有利于原告还是被告，法官在管辖权和承认外国判决上可以有广泛还是很小的自由裁量权，必须折衷不同的法律规则。

对于法律判决在现代社会中的作用，美国与大多数欧洲国家的观点存在巨大的和根本性的分歧。一种看法认为，法院判决极大地促进公民社会的发展与调整，另一种看法认为，公民社会的发展问题最好交由其他非司法机制来解决。美国学者则认为，持前一种看法的社会比后一种社会赋予法院更有创造力的责任和更广泛的自由裁量权。

当然，欧美之间的分歧并非不可以通过妥协来弥合。例如1999年草案第33条，对于非补偿性的赔偿金（non-compensatory damages）判决，包括惩戒性或惩罚性的赔偿金（exemplary or punitive damages）在内，可以在相似或可比较的范围内得到承认与执行。① 2001年临时文本更进一步，明确表明成员国仍可以承认原法院做出的全部赔偿金。② 另外，尽管第18条"禁止的管辖权依据"（prohibited grounds of jurisdiction）并未取得会议的一致同意③，但是第2款的大部分规定仍可看作表现出相互妥协的姿态。例如在被禁止的管辖权中包括了三个过度的普通管辖

---

① See Nygh/Pocar Report (August 2000), Preliminary Document No. 11 of August 2000, p. 15, pp. 117-121.

② "Summary of the Outcome of the Discussion in Commission II of the First Part of the Diplomatic Conference (6-20 June 2001) – Interim Text", p. 26.

③ Ibid., pp. 16-17.

权,即财产无论其价值大小只要出现在一国就有管辖权(《德国民事诉讼法典》第 23 条①),因原告的国籍取得管辖权(《法国民法典》第 14 条②)以及美国和英国的短暂过境管辖权依据(transient or tag jurisdiction)。

在管辖权依据的要求上尽管作出了妥协,但在这一领域却引起另外的复杂问题。美国的管辖权理论和实践发展一直与欧洲的理论和实践保持平行,如第 6 条(合同)和第 14 条(多重被告,multiple defendants),依美国的观点不仅存在理论缺陷,而且在适用时会违反美国宪法。③ 并且很多美国法律工作者认为,缺乏一般经济活动管辖权依据是草案严重的甚至致命的缺陷。④ 另外,第 18 条(禁止的管辖权依据)第 1 款:"如果被告在缔约国拥有惯常居所,并且该国与争议没有实质的联系,缔约国国内法规定的管辖权规则被禁止适用",又被认为是对可允许的管辖权的过度限制。

二 双重公约与混合公约之争

美国学者批评《布鲁塞尔公约》在诸多方面都显然不适合作为特别委员会工作的范本,认为委员会一开始就不应该借鉴《布鲁塞尔公约》,而应该研究如何成为达到一个全球性的公约。

---

① Zivilpressordnung [ZPO] art. 23 (F. R. G.).

② C. Civ. Art 14 (Fr.).

③ See Ronald A. Brand, "Due Process, Jurisdiction and a Hague Judgment Convention", *University of Pittsburgh Law Review*, Vol. 60, No. 3, 1999, pp. 689 – 701.

④ See Andreas F. Lowenfeld, "Thoughts about a Multinational Judgments: A Reaction to the von Mehren Report", *Law and Contemporary Problems*, Vol. 57, No. 3, 1994, p. 296. 但有些美国学者希望删除海牙公约中的这一依据,见 Kevin M. Clermont, "Jurisdictional Salvation and the Hague Treaty", *Cornell Law Review*, Vol. 85, No. 1, 1999, pp. 114 – 115; Stephen B. Burbank, "Jurisdiction to Adjudicate: End of the Century or Beginning of the Millennium?", *Tulane Journal of International and Comparative Law*, Vol. 7, 1999, p. 119.

在最初的磋商中，美国代表反对使用《布鲁塞尔公约》的双重公约模式作为特别委员会工作的基础；相应地，美国代表建议更为灵活和开放的混合公约形式。依美国代表的观点，这样一个公约将比双重公约更可能被广泛接受。

而特别委员会的专家们显然更熟悉或者更愿意起草单一公约和双重公约。在国家或法域之间缺乏密切关系，特别是在经济、政治和法律方面缺乏联系时，或者相互之间存在司法不信任时，[①] 采取单一公约模式是适当的。单一公约只规定间接管辖权规则，无须缔约方相互依赖的基础，但其缺陷是缺乏中立的机构来处理各国对其公约义务的解释和适用。

而双重公约同时规定直接管辖权和间接管辖权，就管辖权而言，则分成两个部分，即必须的和禁止的管辖权依据，如《布鲁塞尔公约》和《卢迦诺公约》。双重公约的好处在于，将管辖权依据确定在各成员国可以控制的范围，各国不能依据其国内法上的管辖权规则实施管辖。如果相关国家有比较共同的司法传统和文化，如果各国之间存在高度的司法互信，如果经济和政治因素有利于成员国法律传统和文化的融合，双重公约是适当且可达成的。但是，如果相关国家之间法律传统和文化相去甚远，或者缺乏融合司法制度的迫切愿望或政治背景，双重公约模式就显得过于激进，而难以被各方接受。另外，《布鲁塞尔公约》存在欧洲法院这样的中立机构，可以保证成员国履行包括主张管辖权和承认与执行判决方面的义务，对于没有中立机构的国际社会而

---

① 值得一提的是，《关于内地与香港特别行政区法院相互认可和执行当事人协议管辖的民商事案件判决的安排》采取的就是单一模式，未明确规定直接管辖权问题。尽管大陆与香港两法域之间的经济关系密切，但是由于大陆与香港之间法律传统上的差异，历史上的政治隔绝加之司法互信的缺乏，采取单一模式显然只是现实和谨慎的政策选择。但这种保守性的安排，无疑是权宜之计，是否能有效地促进两地之间的经济发展和司法合作，仍有待观察。

言,以《布鲁塞尔公约》为范本也是有疑义的。综上所述,如果无法满足双重公约这些前提条件,必须另辟蹊径,采用别的方法。

诚然,从缔约国之间的政治法律与经济关系来看,单一公约和双重公约位于两个极端,而混合公约则居其中。混合公约可用于国家间政治和经济依存度相对低的情形,且不必存在具有强制力的超国家中立机构。从美国学者的角度来看,美国所倡导的混合公约模式,将管辖权分为三个部分:必须的、禁止的和可允许的,[1] 确实是注意到国际社会中存着的现实差异。依混合公约,缔约国法院可以自由地主张或者不去主张任何既不必须也不禁止的管辖权依据;并且,一国可自由地承认与执行或者拒绝以可允许管辖权依据作出的判决,而只须依本国法关于承认与执行判决的一般规则。

美国学者认为,混合公约的另一个好处是给原告提供参考依据,以采用什么样的管辖权更易于判决的承认与执行,从而可以鼓励原告及其律师采取可允许的管辖权依据,从而放弃灰色管辖权依据。如果判决需要在外国承认与执行,原告律师需要评估运用公约中的哪一种可接受的管辖权依据。而公约可以要求缔约国声明可以承认与执行的灰色管辖权,这样的规定可以使判决的承认与执行最大化。[2] 但是,这样的原因禁不住严格地推敲,因为双重公约同样可以给予原告信息,原告可以避免不受公约调整的管辖权依据,而去寻求公约的保障。

---

[1] Arthur Taylor von Mehren, "Enforcing Judgments Abroad: Reflections on the Design of Recognition Convention", *Brooklyn Journal of International Law*, Vol. 24, No. 1, 1998, p. 25.

[2] Linda Silberman, "Comparative Jurisdiction in the International Context: Will the Proposed Hague Judgments Convention be Stalled?", *DePaul Law Review*, Vol. 52, No. 2, 2002, p. 349.

冯·梅伦先生认为,如果特别委员会一开始就决定采用混合公约,即使无法协商一致地确定必须的和禁止的管辖权依据,却可以通过将无法确定的依据归入灰色区域而解决争议。灰色区域的某部分管辖权依据仍可能被广泛地承认与执行。这样,各国之间的尖锐分歧被排除在公约之外,而不必影响公约的可接受性。同时,随着经济与技术的发展,灰色区域的管辖权依据可在公约的框架内被接受。[1] 因此,混合公约的价值在于既不影响可被允许的管辖权规则,也不影响由这些管辖权规则而作出的判决的广泛效果。但是在1996年的报告中,在将管辖权和判决公约列入海牙会议的日程上时,报告认为:"赞成准备一个双重公约,像《布鲁塞尔公约》和《卢迦诺公约》那样,将公约的管辖权依据分成必须接受的和被禁止的。"[2] 直到1999年6月14日,在第四阶段会议闭幕前四天,特别委员会才接受混合公约模式。在特别委员会第65次全体会议上,在讨论草案第17条[3]时才最终解决这个根本问题,几个专家注意到,"对国内法上管辖权作出规定这件事情,意味着现在的磋商从双重公约转向混合公约。几位专家确信他们一直致力于双重公约,而另外的专家认为,只有混合公约才能实现一个全球性公约,只有意识到这一点才是现实的。"[4]

---

[1] Arthur Taylor von Mehren, "Drafting a Convention on International Jurisdiction and the Effects of Foreign Judgments Acceptable World – wide: Can the Hague Conference Project Succeed?", *American Journal of Comparative Law*, Vol. 49, No. 2, 2001, p. 199.

[2] Permanent Bureau of the Conference (ed.), *Proceedings of the Eighteenth Session* (1996), Tome I, *Miscellaneous Matters*, The Hague: SDU Publishers, 1999, p. 63.

[3] 该草案第17条规定,"根据第4、5、7、8和12条,公约不禁止缔约国适用其国内法上的管辖权规则,只要不被公约第18条禁止"。

[4] Arthur Taylor von Mehren, "Drafting a Convention on International Jurisdiction and the Effects of Foreign Judgments Acceptable World – wide: Can the Hague Conference Project Succeed?", *American Journal of Comparative Law*, Vol. 49, No. 2, 2001, p. 199.

尽管 1999 年 10 月的预备草案从技术上讲是混合公约，但实质上是作为双重公约起草的。参与公约谈判的国家中有 15 国是欧盟成员国，他们希望新的海牙公约与《布鲁塞尔公约》相似。[①] 美国学者批评，特别委员会顽固地坚持和渴望《布鲁塞尔公约》这个模板。确实，委员会的这个产物从理念到方法上更像一个结构紧密的双重公约，而不是自由松散的混合公约，这个草案勉强接受可允许的管辖权依据，同时不愿意给予其发展的灵活度和空间。更重要的是这个草案是多数国家代表同意的结果而不是协商一致的产物。冯·梅伦先生批评特别委员会的工作高估了海牙成员国之间存在高度的一致，而不顾使《布鲁塞尔公约》成功运转的经济、政治和机制上的不同基础，认为他们忽视了海牙公约应有的全球性背景。

美国学者对草案双重公约的批判，并非完全没有道理，甚至确实能够打动作者。但是，海牙公约起草的不可忽视的背景，正是美国司法制度自身的过度管辖权。双重公约的好处，就是扫除过度管辖权的空间，特别是美国的长臂管辖。美国主张的混合公约模式，不过是为了更多地保留自己的管辖权依据。美国学者所称的国际社会的法律多样性，实质上只是美国一家而已。

三 法院与原告和被告的关系之争

除了欧美之间对公约模式的争议之外，双方的对立还表现在处理管辖权的不同方法上。现在主要采取两种管辖权路径，一种着眼于法院与被告之间的联系，即一般管辖权，例如《布鲁塞尔条例 I》第 2 条关于被告住所的管辖依据。另一种则注重法院

[①] Ronald A. Brand, "Community Competence for Matters of Judicial Cooperation at the Hague Conference on Private International Law: A View from the United States", *Journal of Law and Commerce*, Vol. 21, No. 2, 2002, pp. 196 – 197.

和诉讼请求之间的联系,即所谓特殊管辖权。

《布鲁塞尔条例I》、海牙1999年草案和2001年草案都融合这两种管辖权规则。草案第3条(被告的惯常居所)和第9条(被告的分支机构、代理或设施)遵循第一种方法,要求法院与被告之间的关系。第4条(选择法院)也涉及法院和被告的关系,要求被告自愿接受法院的管辖。而第6条(合同)、第7条(消费者合同)、第8条(雇佣合同)、第10条(侵权或不法行为)、第11条(信托)和第12条(专属管辖)则遵循第二种方法,强调法院和诉讼请求之间的联系。

《布鲁塞尔条例I》和海牙草案的核心构架是一般管辖权,特殊管辖权是一般管辖权构架的例外,也就是所谓"原告就被告"管辖原则的例外规则。例如,欧洲法院在解释《布鲁塞尔公约》时认为,一般管辖权优先于特殊管辖权。[1]

美国学者认为,美国的管辖权规则着眼于法院与被告的关系,惊讶并且疑惑为什么《布鲁塞尔条例I》允许与被告毫无关系的特殊管辖权依据,呼吁海牙公约草案应该明确只规定与被告有关的一般管辖权依据。[2] 美国学者还认为,海牙草案的特殊管辖权规则可能违背美国宪法的正当程序条款,因为该条款要求被告与法院具有联系。[3] 例如,允许伤害实施地的侵权管辖依据可能违背正当程序条款,如果被告与该州没有足够的最低联系。

1999年草案第14条规定对多个被告(multiple defendants)

---

[1] Case C - 364/93 Marinari v. Lloyd's Bank plc and Zubaidi Trading Co [1995] E. C. R. 2719, 2739.

[2] Ronald A. Brand, "Community Competence for Matters of Judicial Cooperation at the Hague Conference on Private International Law: A View from the United States", *Journal of Law and Commerce*, Vol. 21, No. 2, 2002, pp. 199 - 203.

[3] Matthew H. Adler and Michele Crimaldi Zarychta, "The Hague Convention on Choice of Court Agreements: The United States Joins the Judgments Enforcement Band", *Northwestern Journal of International Law & Business*, Vol. 27, No. 1, 2006, p. 17.

的管辖权为白色清单管辖权,即可对在法院地有惯常居所的被告实施管辖。第 16 条则允许对请求补偿和分配责任的第三人被告实施管辖,如果法院对原诉讼请求有管辖权。美国反对这两个管辖权依据,认为它们不需要被告与法院的联系,从而违反美国宪法正当程序条款。由此,2001 年草案将这两个管辖依据移至灰色区域。①

1999 年草案第 6 条和第 10 条几乎照搬了《布鲁塞尔条例 I》第 5 条第 1 款和第 3 款。尽管美国的合同和侵权管辖规则与《布鲁塞尔条例 I》有相似之处,但美国的方法与大陆法系规则的最大不同之处在于,美国方法采取两个步骤,首先依该州的长臂规则判断法院是否有管辖权,如果有管辖权,则必须判断该管辖是否符合美国宪法的正当程序条款,即分析被告的活动与法院地是否有合理的联系。因此,美国的方法最终强调于法院与被告的关系。为了向美国妥协,2001 年 4 月爱丁堡会议中,代表们拟定新的第 6 条和第 10 条,融合了美国的"营业活动"(business activities)概念。但美国学者批评 2001 年 6 月的草案第 6 条和第 10 条将其略加修改后列入括号规则,认为这使得草案的确定性大打折扣。②

值得一提的是,美国管辖权规则的混乱,就连美国学者也早就非常不满。有学者认为,美国的管辖权规则,除了律师以外,正常智力的普通当事人根本不得其门而入。③ 另一位美国著名国

---

① Linda Silberman, "Comparative Jurisdiction in the International Context: Will the Proposed Hague Judgments Convention be Stalled?", *DePaul Law Review*, Vol. 52, No. 2, 2002, pp. 330 – 331.

② Ronald A. Brand, "Community Competence for Matters of Judicial Cooperation at the Hague Conference on Private International Law: A View from the United States", *Journal of Law and Commerce*, Vol. 21, No. 2, 2002, p. 205.

③ Stephen B. Burbank, "Jurisdiction to Adjudicate: End of the Century or Beginning of the Millennium?", *Tulane Journal of International and Comparative Law*, Vol. 7, 1999, p. 123.

际私法学者更是直言不讳地说,美国的管辖权"混乱不堪"(mess)。① 对于一般管辖权和特殊管辖权规则,美国学者也常常难以加以区分。因此,欧美在法院与原告的关系之争,反映出欧美在管辖权理论上方法的根本差异。

四 公约草案的妥协

在具体规定方面,除去侵权和合同管辖权依据的困难之外,对于某些禁止的管辖权依据欧美之间仍存在很大分歧。并且,赔偿金问题仍需要继续讨论,管辖权规则是否适用于消费者合同以及专属管辖权也存在分歧。

1999年草案第18条一定意义上反映了各国代表们的相互妥协,其中四个国家放弃了其国内法上的过度管辖权依据,即美国和英国放弃了"短暂过境管辖权",德国放弃单凭被告财产在法院地出现的事实就实施管辖的依据,法国放弃仅依原告国籍就取得管辖权的依据。

美国成功地将"经济活动管辖权规则"(doing business)一般管辖权依据从黑色清单中剔除,② 但未能将其列入白色清单。2001年草案将其列入括号,表示美国仍可以就其协商。

另一个被禁止的管辖权依据是"短暂到场"管辖权依据,该管辖权依据在美国和英国有很长的历史。早期曾作为美国最重要的管辖权依据,但现在并不常用,只是偶尔用于针对起诉在美

---

① Friedrich K. Juenger, "A Shoe Unfit for Globetrotting", *U. C. Davis Law Review*, Vol. 28, No. 3, 1995, p. 1027.

② 大陆法系学者和律师广泛反感经济活动管辖或最低联系管辖依据,一般认为该依据含糊而不可预见,因为原告可能以被告的实际到场、财产所有权或在法院从事商业为由,任意性地提起诉讼。由于从事经济活动管辖权规则在美国有很长的历史,美国代表认为至少应该将其列入灰色管辖区域,因为如果不允许实施这样的管辖依据,势必招致美国律师界的严厉批评。

国的外国人,尽管作出的判决不可能在外国承认与执行。[1] 该依据允许法院通过对被告传票而实施管辖,这个要求不讲求法院和诉讼请求的关系,也不讲求法院和被告的联系,而只要求被告在法院地出现时对其传票。欧盟一直反对暂时出现管辖依据,要求在海牙公约中加以禁止。美国同意将其在公约中禁止,[2] 但认为对于违反人权、战争罪犯和大屠杀的受益者起诉的特殊案件应该予以保留。美国人权顾问对1999年草案表示不满,认为没有对人权进行足够保护。2001年草案第18条第3款采纳了美国的意见,将违反人权案件的过境管辖依据移至灰色清单。

如果管辖权依据满足白色清单的要求,接下来的问题是法院是否必须实施管辖,或者可否以不方便法院或未决诉讼为由拒绝管辖。欧盟成员国希望排除不方便法院而仅允许以平行诉讼为由拒绝管辖,但美国认为应包括不方便法院的规定。大陆法系国家担心不方便法院原则的自由裁量权,因为不方便法院原则过于灵活。美国允许法院自由裁量,而大陆法系只允许在仲裁中自由裁量,而不愿意法官有太大的裁量权。尽管《布鲁塞尔条例I》不允许使用"不方便法院原则",但是允许平行诉讼,因为最先受案法院有权审理案件。

2001年草案第21条和第22条反映了各国在这个问题上的妥协,第21条涉及未决诉讼,第22条是修订版的不方便原则。第21条大体遵循《布鲁塞尔条例I》,要求后受案案件的法院中止诉讼。但公约草案的先受案原则并没有《布鲁塞尔条

---

[1] Kevin M. Clermont, "Jurisdictional Salvation and the Hague Treaty", *Cornell Law Review*, Vol. 85, No. 1, 1999, p. 112.
[2] 1987年《美国对外关系第三次重述》第321条Cmt. E认为,过境管辖权依据一般不被国际法接受。后来美国联邦最高法院在Burnham v. Super. Ct. 案 [495 U.S. 604, 607–608 (1990)] 认为,只在美国公民之间实施此管辖依据,而不适用于国际案件。

例 I》那么严格,而是融和了承认预期理论 (recognition prognosis)。① 其第 3 款规定,如果先受案法院不合理地拖延或者原告未推进诉讼,后受案法院可以继续审理。将先受案法院原则和承认预期理论融和,可以避免当事人采取拖延策略。第 7 款将未决诉讼与第 22 条不方便法院联系起来,允许后受案法院继续审理案件,如果先受案法院以其他法院更合适为由拒绝审理案件。

2001 年草案第 22 条规定有限的例外,允许法院在例外情况下拒绝管辖。依第 22 条,不方便法院规则被演变成四项例外:法院专属管辖权、案件有关的例外情况、法院明显不合适、其他法院明显合适。美国代表则建议法院必须考虑当事人依其惯常居所的不方便,包括证人和证据取得的地点、诉讼的时效问题和判决能否被承认与执行。② 特别委员会强调第 22 条不同于不方便法院原则,只有在其他法院接受管辖时才能适用。2001 年草案也采取更严格的标准,只有在法院明显不合适实施管辖,或者其他缔约国法院有管辖权且明显更为合适解决纠纷时,才可以拒绝管辖。这反映了大陆法系代表对该原则的妥协。

尽管公约未能就多数问题达成一致,但 2001 年临时文本还是在就实施管辖权的某些一般依据达成统一。这些管辖依据包括:(1) 当事人合意诉讼;(2) 被告人的惯常居所;(3) 人身伤害案件中,伤害实施地和发现伤害地,只要管辖权是合理的,并且被告在那里实施行为;(4) 被告有分支机构、代理或者设施时,如果该分支机构、代理或者设施从事的活动与诉讼

---

① 参见韩德培主编《国际私法专论》,武汉大学出版社 2004 年版,第 296—297 页。

② Ronald A. Brand, "Comparative Forum Non Conveniens and the Hague Convention on Jurisdiction and Judgments", *Texas International Law Journal*, Vol. 37, No. 3, 2002, p. 493.

请求有关;(5)原诉中的反诉,如果反诉存在可以独立起诉的理由。公约草案可为未来的谈判提供方便而有用的框架,其中很多规定几乎不需要任何修改,尽管另一些规定存在很大的争议。

第四节 第二阶段:《选择法院协议公约》的起草(2002—2005)

一 海牙国际私法会议的政策转变

2002年4月,海牙总务和政策特别委员会开会决定未来的工作。此时,一些代表仍对全球性的民商事公约有强烈意愿,而另一些代表则在2001年会议上表明无法在一定时间内就所有这些问题达成一致。鉴于已经在项目上花了很多时间和努力,与会代表试图进行调和,决定改变工作方式,要求海牙会议常设局成立非正式工作组,由其起草一个能够反映海牙会议成员国的司法传统,可作为日后工作磋商基础的文本。会议建议工作组采用"自下而上的方式",从先前争议最少的管辖权依据开始,即"商对商交易"(business-to-business transactions,B2B)中的国际选择法院协议。会议同时建议工作组继续考虑其他可能达成一致的管辖权依据,常设局列举了可能的备选清单,包括"一般被告所在地管辖"、"自愿出庭"、"反诉"、"分支机构"、"信托"和"人身伤害管辖"。

非正式小组由来自丹麦的阿兰·菲利普(Allan Philip)教授为主席,并包括了来自阿根廷、巴西、中国、埃及、欧共体、德国、意大利、日本、墨西哥、新西兰、俄罗斯、南非、西班牙、瑞士、英国和美国的代表。非正式小组处理"商对商"(B2B)案件中选择法院协议,以及"自愿出庭"、"反诉"和"一般被告所在地"管辖权依据。在2002年10月和2002年3月之间的三次会议中,① 非正式小组起草了关于"商对商"(B2B)案件中选择法院协议的文本,但未能就其他管辖权依据达成一致。

二 公约起草和正式谈判

2003年4月会议期间,非正式小组将这个草案提交给海牙会议总务和政策委员会。此次会议和海牙会议秘书长召集的进一步磋商表明,采用这个草案作为工作起点可以为特别委员会日后的工作提供足够的支持。2003年12月,特别委员会开会决定讨论由非正式工作组准备的草案。这次会议产生了一个新的草案文本,即《关于排他性选择法院协议的草案》(2003年公约草案)②,公布为第49号工作文件,该草案的解释报告公布为2004年3月第25号预备文件③。2004年3月美国国务院和美国专利和商标局主持非正式会议,讨论知识产权问题。2004年4月21日至27日产生了第二个《关于排他性选择法院协议公约草案》(2004年公约草案)④,公布为第110号工作文件(修订版),该

---

① 这三次会议的报告分别为 "Report on the first meeting of the Informal Working Group on the Judgments Project of October 2002", Prel. Doc. No. 20 of November 2002; "Report on the Second Meeting of the Informal Working Group on the Judgments Project of January 2003", Prel. Doc. No. 21 of January 2003; "Report on the work of the Informal Working Group on the Judgments Project, in particular on the preliminary text achieved at its third meeting of March 2003", Prel. Doc. No. 22 of June 2003。

② Drafting Committee, "Draft on Exclusive Choice of Court Agreements", WORK. DOC. No. 49 E (Revised) of December 2003, available at http://www.hcch.net/upload/wop/workdoc49e.pdf.

③ Masato Dogauchi and Trevor C. Hartley, "Explanatory Report on Preliminary Draft Convention on Exclusive Choice of Court Agreements", Preliminary Document No. 25 of March 2004, available at http://www.hcch.net/upload/wop/jdgm_pd25e.pdf. 该解释报告简称为 "Dogauchi / Hartley Report (March 2004)"。

④ Drafting Committee, "Draft on Exclusive Choice of Court Agreements", WORK. DOC. No. 110 E (Revised) of May 2004, available at http://www.hcch.net/upload/wop/jdgm_wd110_e.pdf.

草案的解释报告为2004年12月第26号预备文件①。

这个公约草案很多得到广泛支持。该文本本身与由日本学者道垣内正人（Masato Dogauchi）和英国学者特雷弗·哈特利（Trevor Hartley）联合所作的解释报告一起澄清了部分遗留问题。在2005年1月和4月期间，起草委员会开会为日后外交会议的讨论提供协助，为代表们提供可供选择的意见。

2005年6月外交会议召开，会议选举瑞士安德烈亚斯·布赫教授（Andreas Bucher）作为第2届委员会的主席，接替突然辞世的阿兰·菲利普教授。这届委员会最终完成了新公约的缔结工作。2005年6月30日，海牙国际私法会议第二十次外交会议一致同意批准《选择法院协议公约》②。

小　结

由于各国法律制度的理念和学说不同，起草目标宏大的管辖权和判决公约非常困难，很难说服法学家们为了妥协而对其理念和学说作出改变。事实上，起草一个可被广泛接受的管辖权和外国判决承认与执行公约，其难度之大、情况之复杂远远超过了海牙代表们的预期。不同法律和文化背景的法学家们共同起草这样一个公约，必须克服各国管辖权纷繁复杂的困难。同时，由于海牙国际私法会议达成的国际公约不存在像欧洲法院对《布鲁塞尔公约》进行权威解释和适用的类似机构，无法通过统一解释

---

① Masato Dogauchi and Trevor C. Hartley, "Explanatory Report on Preliminary Draft Convention on Exclusive Choice of Court Agreements", Preliminary Document No. 26 of December 2004, available at http://www.hcch.net/upload/wop/jdgm_pd26e.pdf. 为与2004年3月的报告相区别，该解释报告简称为"Dogauchi / Hartley Report (Dec. 2004)"。

② "Convention of 30 June 2005 on Choice of Court Agreements and Explanatory Report by Trevor Hartley & Masato Dogauchi", HCCH Publications, 2007, available at http://www.hcch.net/upload/expl37e.pdf.

和适用公约来约束所有缔约国的法院,[①] 在起草公约时就必须尽可能地涵盖所有与公约有关的问题。公约起草者必须考虑到这些问题。

要建立被全球接受的直接管辖权和间接管辖权规则,还必须在广泛协商一致的基础之上起草和协商公约。大公约草案谈判中,欧美在海牙谈判过程中的分歧显而易见。双方固执己见,妥协的程度是有限的。在特别委员会一系列会议上,欧盟成员国日益显示出集团投票的趋势,欧盟在谈判中的日渐强势,使美国代表越发感觉缺乏谈判的筹码,他们担心在谈判中失去主导地位,强烈要求与会代表应具有足够的代表性,呼吁代表们应具有折衷和协商一致的精神。美国学者认为,真正代表"混合"公约的妥协精神可以弥合美国和欧盟在观念和实践中起草公约的分歧。诚然,对于全球性的管辖权和判决公约而言,海牙公约应该比欧盟规则更加温和,而不应该只满足法学家们对于对称性和完备性的渴望。但是,美国学者所提出的"混合"公约是否能一揽子地解决所有问题,却是值得怀疑的。所谓的双重公约和混合公约之争只是表面问题,归根到底,不过是在约束各国的过度管辖权依据上讨价还价而已。美国学者强调的混合公约,正是为了保存其国内过度管辖权依据争取更多的空间。

对于是否能提起诉讼和判决能否被承认与执行,这样的公约应为原告和被告提供可信赖的、低费用的诉讼。公约应同时鼓励使用更有利于被告、有利于弱方当事人的管辖权依据,防止被告被过度的管辖权起诉。对于公约的起草,应当注重保护当事人的权利,考虑个案的正义。总而言之,被全球广泛接受的管辖权公

[①] 1997年特别委员会曾在某种程度上考虑是否设立像欧洲法院那样的公约解释机构,参见 Castherine Kessedjian, "Synthesis of the Work of the Special Commission of March 1998 on International Jurisdiction and the Effects of Foreign Judgments in Civil and Commercial Matters", Preliminary Document No. 9 of July 1998, p. 45, para. 118.

约，应在司法的确定性、判决的自由流动、法院的合理管辖和对被告的保护之间，寻求适当的平衡。

2005年海牙《选择法院协议公约》的起草经历了漫长的政治和法律讨论，尽管起起落落，一度停滞不前，但是经过不懈努力和妥协，最终还是达成了关于选择法院协议及其判决承认与执行的公约。对于公约的讨论、研究和磋商谈判共经历了约13年的时间。所谓十年磨一剑，2005年海牙《选择法院协议公约》来之不易。

第 二 章

2005年海牙公约产生的制度背景

第一节 国际选择法院协议的一般理论

"国际选择法院协议"（international choice of court agreement）指当事人以协议的方式选择诉讼法院，将已经发生或未来可能发生的争议指定给某国的法院管辖。这类关于管辖的合意有多种称法，最常见的术语为"管辖权条款"（jurisdiction clause）或者"选择法院条款"（forum selection clause）。① 1991年4月9日《中华人民共和国民事诉讼法》（2012年8月31日修订）第34条②和学理上

---

① 在严格意义上，"管辖权协议"或"协议管辖权"包括选择法院和选择仲裁这两种管辖权约定形式。由于仲裁这个术语相当固化，管辖权协议通常只指选择法院。为与海牙公约相一致，本书通常使用选择法院协议这个术语，并且不加区别地使用选择法院条款一语。

② 1991年4月9日《中华人民共和国民事诉讼法》（2007年10月28日修订版）第242条（协议管辖）规定，"涉外合同或者涉外财产权益纠纷的当事人，可以用书面协议选择与争议有实际联系的地点的法院管辖。选择中华人民共和国法院管辖的，不得违反本法关于级别管辖和专属管辖的规定"。2012年8月31日的修订案第四编"涉外民事诉讼程序的特别规定"下第二十四章"管辖"中删除了协议管辖和默示管辖。根据第259条，涉外协议管辖自此不再属于特别规定，与国内协议管辖合并为一条，即修订后的第34条："合同或者其他财产权益纠纷的当事人可以书面协议选择被告住所地、合同履行地、合同签订地、原告住所地、标的物所在地等与争议有实际联系的地点的人民法院管辖，但不得违反本法对级别管辖和专属管辖的规定。"

都将这种管辖权称为"协议管辖"[1],日本和中国台湾地区国际私法学者习惯称之为"合意管辖"[2]或者"管辖同意条款"[3]。

选择法院协议,无论是国际协议还是国内协议,这种为了确定在何处进行诉讼的契约,是现代最为重要的管辖权机制之一。[4] 从当事人的角度而言,如果法院承认这种协议,当事人在事先知道在哪里提起诉讼之后,可以提前计划合同条款,确定合同事项的实现,确保当事人依照协议采取的各种行为因法院对案件的有效管辖而取得法律上的确定性。与默示协议管辖不同,选择法院协议一般订立于诉讼开始之前。[5]

从法院的角度而言,协议管辖权是"契约自由"和"私法自治"从私法向国际民事诉讼领域的自然延伸。同时,协议管辖作为当事人的一项程序权利,又是"处分原则"在民事诉讼中的体现,也是现代各国民事诉讼立法中普遍规定的一种管辖制度。

管辖权协议,包括选择法院协议和仲裁协议,都具有两个功能,其一为指定管辖权功能,称为管辖权条款的延展性(*Prorogation*),或者"管辖权的自愿延伸"(*prorogation volontaire de juridiction*),其二为排除管辖权功能,或称管辖权条款的减损性(*Dero-*

---

[1] 韩德培主编:《国际私法(第二版)》,高等教育出版社、北京大学出版社版 2007 年版,第 471－472 页、第 478—479 页。

[2] 可参见本间靖规、中野俊一郎、酒井一《国际民事手续法》,有斐阁 2005 年版,第 67—69 页;木棚照一、松冈博、渡边惺之《国际私法概论(第 5 版)》,有斐阁 2007 年版,第 306—307 页,第 311—312 页。中国台湾学者观点,可参见许耀明《国际私法新议题与欧盟国际私法》,台北元照出版公司 2009 年版,第 124 页。

[3] 陈隆修:《2005 年海牙法院选择公约评析》,台北五南图书出版公司 2009 年版,第 3 页。

[4] 选择法院协议分为国际选择法院协议与国内选择法院协议两类,2005 年海牙《选择法院协议公约》仅处理国际选择法院协议。本书未特别说明时,一般只在国际选择法院协议的意义使用该术语。

[5] Bernard Audit, *Droit international privé*, 4e éd., Paris: Economica, 2003, p. 322.

gation)。当事人在有管辖权的数个法院中进行选择,例如选择其中的主合同履行地法院,在这种情况下,当事人的合意就排除了其他有管辖资格的法院的管辖权。另一方面,选择法院协议同样也可以指定原本没有管辖权的法院,该法院由此取得管辖资格。

一 立法政策

早在19世纪德国法就认为,只要符合普通合同法原则,排他性选择法院协议在原则上是可执行的。[1] 而普通法系国家如美国,直到20世纪初仍认为选择法院协议"剥夺"(oust)了美国法院的管辖权,原则上是不可执行的。[2]

一些国家的司法制度对当事人以协议选择诉讼法院表现出不信任的态度,特别是对于法院自己的管辖权被排除,这种观念阻碍了管辖权协议的运用。但是,选择法院协议的益处是显而易见的,它可以提高国际民商事诉讼的确定性,避免当事人在不同的国家诉讼。国际选择法院协议可以填补各国际民事管辖权规范的缺漏,消除其中的不确定性,为当事人带来司法确定性和可预见性。但与此同时,国际选择法院协议所蕴含的法律规避的风险也是显而易见的。无论管辖权选择出现在争议发生以前或以后,当事人都可能借选择一个和案件毫无关联但对己有利的法院实施管辖权规避和法律规避。[3]

人们担心在未经协商的协议中加入选择法院协议,因为这种

---

[1] Arthur Taylor von Mehren, *Theory and Practice of Adjudicatory Authority in Private International Law*: *A Comparative Study of the Doctrine, Policies and Practices of Common - and Civil - Law Systems*, General Course on Private International Law (1996), Collected Courses of the Hague Academy of International Law, Vol. 295, Martinus Nijhoff Publishers, 2003, p. 257.

[2] "Recent Case Notes: Contracts - Illegality - Ousting Court's Jurisdiction", *Yale Law Journal*, Vol. 28, 1918, p. 191.

[3] 粟烟涛:《冲突法上的法律规避》,北京大学出版社2008年版,第32页。

协议常常会造成对方应诉上的困难。例如法国新《民事诉讼法典》第 48 条考虑到这种风险,在国内案件中对选择法院协议的形式进行严格的限制。在国际案件中使用选择法院协议,会出现当事人以外国人的身份远渡重洋参与诉讼的不便。但法国学者认为,与国内案件常将选择法院协议用于弱方当事人相比,国际商事案件中这种风险比较小,因为缔约中当事人有能力选择合同当事人,在诉讼中更有能力为自己辩护。① 尽管如此,仍有必要对国际选择法院协议的有效性提出特别的要求。

在最近半个世纪期间,大多数国家的国内法和国际条约对国际案件接受并且发展了国际选择法院协议规则。② 选择法院协议指定的法院对案件进行管辖(积极效力),其他法院拒绝违反该协议(消极效力)并承认与执行原法院作出的判决。

但是,并非所有的国际案件允许选择法院协议。对于某些问题,各国一般不允许选择法院,譬如关于人的行为能力、劳动法、保险法、消费者法和涉及国家主权等等。另外,选择法院协议必须符合相关国家的强制性规则(*loi de police*)。如果不涉及这些情况,应特别注意选择法院协议成立和生效的条件,特别是当事人是否真正达成合意,因为当事人在签订合同时一般不会注意这种管辖权条款。

二 选择法院协议的内容

1. 关于法院的确定性

选择法院协议通常把管辖权指定给某一个具体的法院,如"指定纽约南区联邦地区法院",或者指定某一个特定国家的法

---

① Bernard Audit, *Droit international privé*, 4e éd., Paris: Economica, 2003, p. 323.
② 国际条约如 1965 年海牙《选择法院公约》、1968 年《布鲁塞尔公约》、1988 年和 2007 年《卢迦诺公约》和 2005 年海牙《选择法院协议公约》。

院，如"指定英格兰法院"。选择法院协议也可能指定具体的两个或数个法院，例如当事人"指定由东京地区法院或由神户地区法院管辖"，在这种情况下原告可以在这两个法院提起诉讼。另外，选择法院协议也可能专门指定一方当事人可以提起诉讼的法院，如"甲方在英格兰法院起诉，乙方在比利时法院起诉"。

2. 排他性作用及其含义

除了指定管辖权之外，选择法院协议可以排除被选法院以外其他法院的管辖权，即排他性的管辖权。否则，选择法院协议不能起到"可预见性"这一重要作用。就此而言，选择法院协议具有两个功能，其一为指定管辖权功能，或称延展性（*Prorogation*），其二为排除管辖权功能，或称减损性（*Derogation*）。当然这两个功能并不是针对同一个法院。一般来说，多数法院愿意接受被当事人指定管辖，而不情愿排除其管辖权。

事实上，选择法院条款是对国际上重叠的民事管辖权的选择，其目的当然是要排除其他国家的法院。所谓"排他性"（exclusive），一般是指选择一国的法院（无论该国一个或数个法院）而排除所有其他国家法院管辖权。这里的"排他"指排除"所有其他国家的法院"，而不排除"本国其他法院"。相应地，"非排他性"指数国法院均可实施管辖的情形。当然，非排他性的选择法院条款也可能有排除某些国家法院管辖的意义。

排他性选择法院协议的优点，在于当事人以私法最大化的自治方式在多个管辖权中选择一个国家的法院对争议进行管辖，而使当事人在合理的范围内提高案件审理结果的可预见性和确定性。相反地，非排他性的选择法院条款仅有排除某些特别国家法院管辖的意义，对案件审理结果不具有与排他性选择法院条款同等的可预见性和确定性。

3. 不对称的选择法院协议

不对称的选择法院协议是指更有利于一方当事人的选择法院

协议。这种选择法院协议受到银行业的青睐。国际借贷协议通常规定，出借人可在被选法院和其他任何有管辖权的法院对借款人提起诉讼，而借款人只能在被选法院向贷方提起诉讼。这种协议对借款人向出借人提起诉讼而言是排他性的，对出借人向借款人提起诉讼而言是非排他性的，即借款人可能在任何能被出借人找到的地方被提起诉讼。

4. 涉及的诉讼

由于选择法院协议是一种契约，必然是当事人之间的合意。通常，选择法院协议与合同有关，例如"依本合同而发生的所有诉讼应排他性地在英格兰法院进行"。然而，选择法院协议也完全有可能涉及其他诉讼，例如"依本合同发生的，或与本合同有关的所有诉讼应排他性地在英格兰法院进行"，这种条款可能被解释为包括了与合同问题有关的侵权诉讼。[1]

一项选择法院协议可能包括已经发生的诉讼和未来可能发生的诉讼，也可能只包括其中一种。前者比较少见，即当事人虽然无法解决争议，但能就诉讼法院达成合意。多数选择法院协议处理与特定合同或商业行为有关的未来争议。并且，选择法院条款通常与选择法律条款结合在一起。

5. 选择法院条款的独立性

在国际商事仲裁方面，仲裁条款的独立性已被广泛接受。[2]

---

[1] Continental Bank v. Aeakos Compania Naviera [1994] 1 WLR 588; [1994] 1 Lloyd's Rep. 505 (Court of Appeal, England).

[2] David Joseph Q. C., *Jurisdiction and Arbitration Agreements and Their Enforcement*, 1st ed., London: Sweet & Maxwell, 2005, p. 104. 多项公约接受仲裁协议的独立性原则，如 1985 年《联合国国际贸易法委员会国际商事仲裁示范法》第 16 条第（1）款规定："仲裁庭可以对其管辖权，包括对关于仲裁协议的存在或效力的任何异议作出裁定。为此目的，构成合同一部分的仲裁条款应视为独立于合同其他条款的一项协议。仲裁庭作出关于合同无效的决定，在法律上不导致仲裁条款无效。" 1965 年《关于解决国家和他国国民之间投资争端公约》（华盛顿公约）第 41 条第 1 款及 1961 年《欧洲国际商事仲裁公约》第 5 条均有相关规定。

对于选择法院协议或条款，防止一方当事人"仅以整个合同无效为由而使其中的选择法院协议无效"，从而促进司法的确定性，欧洲法院同意将独立性适用于选择法院协议。① 但欧洲各国法院是否把独立性扩展至选择法院协议，却不明朗，法国低级法院曾判决主合同无效时不适用合同中指定外国管辖权的选择法院条款。② 美国联邦最高法院在著名的"普利马涂料公司诉弗勒德与康克林制造公司案"（Prima Paint Corp. v. Flood & Conklin Mfg. Co.）中明确接受国际仲裁条款的独立性原则。③ 后来法院不断重申此原则，并将其扩展至非仲裁的选择法院协议。④

三 选择法院协议的有效性

对大陆法系而言，选择法院条款具有两面性，一方面它被视为实现当事人意思自治的工具，为国际民商事诉讼提供规则，提高争议解决的可预见性；另一方面，选择法院条款可能损害程序公正，有损于弱方当事人的利益，例如标准合同中不公平的选择法院条款。并且，其中所蕴涵的法律规避的风险也是显而易见的。无论管辖权选择出现在争议发生以前或以后，当事人都可能借由选择一个和案件毫无关联但对己方有利的法院，实施管辖权规避和法律规避。⑤

欧洲法院通过严格解释协议管辖权的形式要件，来保护被告免受不公平条款的损害，另一方面又试图巩固选择法院条款的稳

---

① Case C-269/95, Benincasa v. Dentalkit Srl, [1997] E.C.R. I-3767, p. 29.
② T. G. I. Paris, July 10, 1991, Rev. Critique Droit Int'l Privé 54 (1993), note Gaudemet-Tallon（Consorts Paoletti v. Privat Kredit Bank）.
③ Prima Paint corp. v. Flood & Conklin Mfg. Co., 388 U.S. 399, 403-404 (1967). 可参见丁颖《美国商事仲裁制度研究——以仲裁协议和仲裁裁决为中心》，武汉大学出版社2007年版，第33页。
④ Scherk v. Alerto-Culver Co., 417 U.S. 506, 519 (1974).
⑤ 粟烟涛：《冲突法上的法律规避》，北京大学出版社2008年版，第32页。

定性,以提高国际民商事案件结果的可预见性。欧洲的法律和司法实践试图调和其两面性,在给予当事人诉讼上的意思自治的同时,也对这种自由进行约束。①

从美国的视角来看,欧洲在处理管辖权条款上的方法似乎过于复杂。美国联邦最高法院在"不来梅号诉萨帕塔案"(Bremen v. Zapata)② 中承认了管辖权条款的合同效力。而依"嘉年华邮轮案"(Carnival Cruise Lines)③,在标准合同中加入法院选择条款或附加管辖权条款一般是可接受的,但是这在是否能保护弱方当事人方面存在严重疑问。④

在给选择法院协议做定性时,会发现难以将其归属到某种单一性质的范畴,原因在于这种管辖权选择协议既可归于与程序有关的协议,也可归于与实体有关的协议。在国际民商事诉讼中,这两种不同的对待方式会产生明显不同的结果。将管辖权条款理解为程序问题将导致被选法院所在地法的适用,而将其定性为实体问题则导致适用于合同自体法。德国学者一般视管辖权选择条款为"混合型契约"(hybrid contracts),认为其效力受程序法支配。⑤ 但是,当事人之间的协议也可以认为是实体法上的契约,

---

① 有关国际合同中当事人的意思自治,可参见许庆坤《论国际合同中当事人意思自治的限度》,《清华法学》2008年第6期。
② M. S Bremen v. Zapata Offshore Co., 407 U. S. 1, (1972); 92 S. Ct. 1907.
③ Carnival Cruise Lines, Inc., v. Shute, 499 U. S. 585 (1991).
④ 有美国学者对此提出批评,认为消费者格式合同中的选择法院条款不应是"表面有效"(prima facie valid),而应视为"本身无效"(per se invalid)。See Lee Goldman, "My Way and the Highway: The Law and Economics of Choice of Forum Clauses in Consumer Form Contracts", *Northwestern University Law Review*, Vol. 86, No. 3, 1992, pp. 700 – 741.
⑤ Burkhard Hess, "The Draft Hague Convention on Choice of Court Agreements, External Competencies of the European Union and Recent Case Law of the European Court of Justice", in Arnaud Nuyts and Nadine Watté (eds.), *International Civil Litigation in Europe and Relations with Third States*, Bruxelles: Bruylant, 2005, pp. 271 – 272.

其准据法由主合同的准据法决定。因此,选择法院条款有可能受制于两种不同的制度,被选法院地法和主合同的准据法。如果不同的法院同时受理案件,法院适用不同的准据法和程序法,就会产生平行诉讼和不一致判决。

《布鲁塞尔条例Ⅰ》第23条(《布鲁塞尔公约》第17条)也存在定性问题。《布鲁塞尔条例Ⅰ》在这点上并不完备,原因在于它没有规定协议的订立,而是交由成员国国内法来解决。由此,第23条须由成员国的国际私法和实体规则补足。不同的冲突法规则、程序和实体规则限制着选择法院协议的效力,这就是为什么欧洲法院要对《布鲁塞尔条例Ⅰ》第23条第1款的形式要件做广义的解释,以接受当事人的"合意",加强管辖权条款的效力。但是,《布鲁塞尔条例Ⅰ》第23条不同的形式要求,如当事人的习惯和商事惯例,可能在实践上给确定管辖权的效力造成困难。

第二节 德国的协议管辖权理论与实践

早在19世纪末期,普通法系的法官就惊叹1877年《德国民事诉讼法典》在司法管辖权、管辖法院和事项管辖权方面给予当事人极大的自由。① 这部1879年颁布的法典在第38条中规定,如果当事人明示或默示地同意某法院管辖,原本没有管辖权的初审法院取得管辖权。

在英美法系,当事人关于审判级别和事项管辖权的约定一般

---

① Arthur Taylor von Mehren, *Theory and Practice of Adjudicatory Authority in Private International Law: A Comparative Study of the Doctrine, Policies and Practices of Common - and Civil - Law Systems*, General Course on Private International Law (1996), Collected Courses of the Hague Academy of International Law, Vol. 295, Martinus Nijhoff Publishers, 2003, p. 257.

不被承认,只有在法律明确规定当事人可以选择时才被接受。在单一法域中,依地理因素分配案件的规则,以及分配具体类型争议(如民商事案件、刑事案件、行政案件或雇佣与劳工案件)到具体等级的法院的规则,都是为了保证司法制度规定的争议解决等级机制的有效运作。

一 1877年《德国民事诉讼法典》

1877年《德国民事诉讼法典》给予当事人广泛的权利,没有对选择法院协议提出任何形式的要求,而仅在第40条中规定了三条限制:(1)当事人的约定必须与特定法院有关或与争议有直接的联系;(2)对法院的选择不得违背法典规定的专属管辖权;(3)当事人必须只寻求金钱上的求偿。

1877年法典的起草者给予当事人广泛的自由。他们相信,选择法院协议是公正和平衡的,因为议价能力大致平等和经验相当的当事人对选择法院协议进行了协商。唯一的考虑是,对选择法院的放任可能导致法院诉讼工作分配上的不平衡。

但是,由于20世纪早期标准合同的使用变得越来越普遍,对于经济能力和社会地位上弱势的当事人使用包括管辖权条款以内未经协商的标准合同的情况也随之增加。为了防止这种滥用,德国主流学者开始建议禁止当事人之间对管辖权的约定。1931年的修订草案建议采取了较为温和的方式,即当事人对管辖权的约定应为书面,但是该草案未被采纳。

二 1974年修订法案的背景

到20世纪70年代,标准格式合同的使用领域已经广泛延伸到所有的法律关系,包括大众服务和消费者领域。保险公司在其标准格式合同中普遍加入排他性在保险公司所在地进行诉讼的条款。订立这种标准合同的当事人往往不会意识到这一条款的后果，一旦发生纠纷，当事人将可能不得不远离本土，到其他地区甚至外国法院起诉或辩护。

其他对消费者的合同则对消费者更为不利，有些德国公司为了避免在涉及合同履行的消费者住所地面临诉讼而使用选择法院条款。《德国民事诉讼法典》第 29 条规定了合同履行地的管辖问题，该条原本并不限制当事人对履行地的自由约定，即使这种协议纯粹是为了管辖权目的。1974 年对该条所作的修改则规定，如果当事人不是《德国商法典》第 1 条意义上的商人，当事人对合同履行地的约定不能影响当事人在本地法院诉讼的管辖权。

随着使用这些条款的实践变得非常普遍，对当事人意思自治的滥用极为严重。有某些法院，甚至约有 1/3 的诉讼源于这种条款。由于选择法院协议对强势当事人倾斜，要求原告在被告住所地起诉的诉讼住所地主义（actor sequitur）在实践中被选择法院协议取代。不过，因为消费合同往往限于国内，这些条款主要是对德国国内各法院的约定，即主要是国内管辖权条款，此时因这种条款给消费者造成的负担，尚不及国际案件中的管辖权协议。

20 世纪 70 年代末在德国由管辖权条款引起的缺席判决问题变得相当严重。《德国民事诉讼法典》第 331 条规定，如果被告未出庭口头辩护，法院必须接受原告所有主张。在 1974 年修订法案之前，这一规定适用管辖权和诉讼地条款。① 根据第 331 条规定，如果被告未能出庭口头辩护，法院可以不顾被告提交的书面抗辩而作出缺席判决。由于口头预审的法院常常离被告所在地很远，实践中对消费者作出的缺席判决占有很高的比例。

---

① 1975 年改革法案将第 331 条修改为，如果该规则不适用于第 29 条第 2 款关于法院管辖权的当事人主张，法院必须依职权确定其是否有管辖权。

三 1974 年修订法案

在1974年修订法案之前,只能依合同法原则来防止对管辖权条款的滥用,但是这种保护并不能为当事人提供足够的保护。为了驳回这种管辖权条款,被告必须举证原告存在规避法律或者不法行为,而法院则需要证明管辖权条款导致当事人实际上得不到司法救济,而这样的救济方法事实上很难实施。

1973年巴伐利亚自由州向德国联邦议会提交修订草案,要求修订《德国民事诉讼法典》第38—40条,禁止非商人之间的管辖权协议。一开始,由社会民主党和自由党联合执政的西德联邦政府不愿意采纳如此过激的修订方案。而德国司法部的专家委员会则提议采取较为温和的步骤,建议管辖权协议必须在独立的法律文件中以书面作成,即使是在缺席诉讼中法院也应审查其形式是否满足规定。不过,该提议被认为并不足以保护当事人,最后联邦政府改变立场,联邦议会一致同意采纳由巴伐利亚州提出的修订法案。

依1974年修订法案,当事人选择法院的自由,在原则上被禁止了,只有所有当事人都是《德国商法典》第1条意义上的商人才能选择法院。这种禁止虽未明确表达,但可以在第38—40条中推导出来。只有所有当事人明白无误地属于无须特别保护的人,才可以选择法院。为了保护弱方当事人,该法案规定,即便是完全有能力评估诉讼风险的某类当事人,例如律师,都无权订立选择法院协议。

四 小结

与1974年修订案之前相比,《德国民事诉讼法典》对选择法院协议的处理方法非常复杂。对于内国诉讼,区分为对管辖地的约定和司法管辖权的约定。对于国际诉讼,由于《布鲁塞尔公约》优先于国内法的规定,情况比较复杂。在不适用《布鲁塞尔公约》时,民事诉讼法典严格限制当事人选择法院的权利。如果全部当事人都是商人,或者至少一方当事人不受德国一般管辖权管辖,或者争议已经发生,《德国民事诉讼法典》允许当事人选择法院,只要该约定与特定法院有关系。另外,如果当事人主张非金钱赔偿或者排除专属管辖(第40条第2款),则选择法院协议无效。尽管有前述规定,如果诉讼当事人都改变了住所或惯常居所,以至于无法适用《德国民事诉讼法典》,或者在起诉时不知道其住所或惯常居所(第38条第3款第2项),则所有类型的当事人仍可以选择法院。

依《德国民事诉讼法典》第38条第2款,无论被选法院地在德国还是在外国,商人之间的选择法院协议不必为书面形式,不必为书面表达的条款或者口头协议书面确认书。非商人可以约定国际意义上的管辖权,只要至少一方当事人在德国之外有住所或惯常居所,并且他们之间的选择法院协议为书面或以书面确认。如果一方当事人在德国有住所或惯常居所,可以选择的德国法院只能是其住所或惯常居所地法院。

可以发现,德国法并没有对防止滥用当事人意思自治提供完全的保护。就《布鲁塞尔条例 I》以外的第三国公司而言,如果他们对德国消费者使用格式合同,仍然可以在其中约定由非德国的法院管辖。这样的约定是有效的,除非根据法院地冲突法所指引的准据法否认其效力。①

---

① Arthur Taylor von Mehren, *Theory and Practice of Adjudicatory Authority in Private International Law: A Comparative Study of the Doctrine, Policies and Practices of Common - and Civil - Law Systems*, General Course on Private International Law (1996), Collected Courses of the Hague Academy of International Law, Vol. 295, Martinus Nijhoff Publishers, 2003, p. 262.

第三节 英国的协议管辖权理论与实践

早先,英格兰法院并不情愿接受指定外国法院而排除自己管辖权的选择法院协议。他们曾认为,法院的管辖权取决于法律,私人协议不能影响法院的管辖权。在理论上,这一直是英格兰普通法的权威观点,因为法院可以自由裁量是否执行选择法院协议。[1] 但是在实践中,这种观点后来发生了重大转变。最晚到20世纪40年代,英格兰与大多数大陆法系国家一样,也承认当事人对于法院管辖权的协议。[2] 下面以英格兰法院的四个重要案例来说明英国理论与实践的变化。

一 是否有利于管辖

在1957年的"费马恩案"(The Fehmarn)中[3],德国费马恩号(Fehmarn)从波罗的海某港口运载松脂至英格兰某港口,其船主为苏联人,在提单中包括一项指定由苏联法院管辖的排他性选择法院协议。英格兰买家成为提单持有人,他们以货物污损为由在英格兰法院起诉苏联船主,而苏联船主辩称,应依选择法

---

[1] Trevor C. Hartley, *The Modern Approach to Private International Law. International Litigation and Transactions from a Common – Law Perspective – General Course on Private International Law*, Collected Courses of the Hague Academy of International Law, Vol. 319, Martinus Nijhoff Publishers, 2006, p. 113.

[2] R. Graupner, "Contractual Stipulation Conferring Exclusive Jurisdiction upon Foreign Courts in the Law of England and Scotland", *Law Quarterly Review*, Vol. 59, No. 3, 1943, p. 227. 转引自[德]马丁·沃尔夫:《国际私法》(1950年英文第2版),李浩培、汤宗舜译,北京大学出版社2009年第2版,第81页。

[3] Cargo Lately Laden on Board the Fehmarn v. Fehmarn (The Fehmarn) [1958] 1 WLR 159; [1958] 1 ALL ER 333; [1957] Lloyd's Rep. 551 (Court of Appeal, England). Also see, P. R. H. Webb., "Decisions – England: The Fehmarn", *International and Comparative Law Quarterly*, Vol. 7, No. 3, 1958, pp. 599–610.

院协议在苏联法院诉讼。在该案中,英格兰法院否定了其自身没有管辖权的观点,裁定选择法院协议不具有绝对的约束力,即使法院一般承认其效力。

英格兰法院认为,在本案中法院应考虑案件是否适宜由英格兰法院管辖,即进行与不方便法院原则相似的评估。法院考察了有利于苏联法院管辖和英格兰法院管辖的各种因素,认为有利于苏联法院管辖的主要因素为:主合同受苏联法律调整,并且关于松脂装载时质量的证据位于苏联。认为有利于英格兰法院管辖的主要因素为:关于松脂卸载时的质量证据位于英格兰,并且因为该船舶经常到达英格兰港口,对船主不利的判决更可能在英格兰得到执行。人们可能会认为这些因素是大致相当的,但是英格兰法院则在该案中认为此案争议与英格兰有着更密切的联系,因此该法院拒绝中止诉讼。事实上,该案件审理时正值冷战的高峰,该判决显然受到当时冷战政治因素的影响。

在1969年的"埃莱夫塞里娅案"(The Eleftheria)[1]中,英格兰法院使用了同样的考察方法,但是得出了不同的结论。该案涉及从罗马尼亚运输货物至苏格兰的希腊籍船舶,在提单中包含指定由希腊法院管辖的排他性选择法院协议。在该案中,有利于英格兰法院管辖的主要因素是,几乎所有证人都居住在英格兰;而有利于希腊法院管辖的主要因素则为法律选择条款指定由希腊法调整。该案法院认为,这些因素势均力敌,如果否认该协议有效的当事人无法提出强有力的反对原因,就应该承认选择法院协议的效力,由此法院最后中止了诉讼。英格兰法院认为,对于是否因有足够说服力的原因拒绝诉讼中止,应该考虑到以下因素:

---

[1] Owners of Cargo Ijitely Laden on Board Ship or Vessel Eleftheria v. The Eleftheria (Owners) (The Eleftheria) [1970] p. 94; [1969] 2 WLR 1073; [1969] 2 ALL ER 641; [1969] 1 Lloyd's Pep. 237 (England).

(1) 哪里取得证据；(2) 适用哪里的法律；(3) 当事人和哪些国家有联系；(4) 被告是真的想在外国诉讼，还是只是为了获得程序上的好处；(5) 如果在外国诉讼，原告是否会受到歧视，是否因为被剥夺人身安全、不能执行判决或因时间限制而无法起诉，或者因为政治、种族或宗教歧视等原因无法受到公正的审理。在上述因素中，最后一项是最有争议的。如果发生因为原告无法在被选法院受到公正的审理而不执行选择法院协议，在一般情况下一国法院不愿意直接批评其他法院存在着偏见。同样，法院也不愿意判定其他国家的法院可能存在腐败。不幸的是，偏见与腐败是这个世界中某些社会的现实情况，忽视它们就等于忽视现实，尽管它们往往难以证实。

二 当事人应得到公正审判

英格兰法院在"卡瓦略诉赫尔·布莱斯有限公司案"（Carvalho v. Hull Blyth Ltd.）中[1]处理当事人是否可能得到公正审判的问题。原告卡瓦略（Carvalho）为葡萄牙人，被告赫尔·布莱斯（Hull Blyth）则是在英格兰注册而全部业务都在安哥拉的一家公司。赫尔·布莱斯在安哥拉有好几家子公司，其子公司的股权都以51:49的比例分别由被告和原告拥有。1973年，双方签订合同，被告收购原告的股权，并分四次分期付款。在第四次分期付款未偿付时，原告向英格兰法院提起诉讼。在该案中，合同中包括一条指定由安哥拉罗安达地区法院管辖的选择法院条款，而在合同签订之时安哥拉是葡萄牙的海外殖民省。1979年安哥拉独立，正好在前三次分期付款与第四次付款之间，原告葡萄牙人为了确保生命安全逃离了安哥拉，随后其在安哥拉的全部财产被

---

[1] Carvalho v. Hull Blyth (Angola) Ltd [1979] 1 WLR 1228；[1979] 3 ALL ER 280；[1980] 1 Lloyd's Rep. 172 (CA, England).

安哥拉收归国有。

该案的原审法院拒绝中止诉讼,得到上诉法院的赞同。法院以两条原因拒绝中止诉讼,其一为,尽管当时确有所谓的罗安达地区法院,但该法院事实上并非选择法院条款中当事人预期的法院。在合同成立时,安哥拉还是葡萄牙司法制度中的一个部分,罗安达地区法院的法官为葡萄牙人,其上诉法院是里斯本的最高法院,并且合同受葡萄牙法调整。而此刻时过境迁,当事人选择的法院,事实上已不复存在,因此英格兰法院认为,无法执行合同中的选择法院条款。另外,法院拒绝中止的原因之二为,原告因不能冒着生命危险前往罗安达参与诉讼,若仍依选择法院条款将无法在罗安达得到公正审理。

毫无疑问,第一个根据在原则上是正确的,但也引出一个问题,即如何判断被选法院的转变。对这个问题的回答,似乎必须考虑当事人在订立选择法院协议时是否知道这种变化可能发生。但是,假设当事人指定由前民主德国的某法院管辖,而在两德统一之后,英格兰法院是否应执行此选择法院协议呢?这个问题其实并不好解决。

三 是否违反强制性规则

除去被告是否会得到公正审判这个问题之外,还有一个问题是,选择法院协议能否用来规避有管辖权国家的强制性规则。因为往往有些规则是不得以合同条款排除适用的,如在国内案件中,出售毒品或者雇佣中的性别和种族歧视是非法的,这种非法性不能因合同条款的约定而被免除。销售毒品的合同是无效的,即使合同中包含一项约定称合同不受毒品交易非法的影响。同样,雇佣合同中的歧视条款也是无效的,即使当事人明确同意甘受歧视。这类不得被排除适用的规则通常就被称为"强制性规则"。

如果当事人选择适用外国法调整其合同，情况会如何呢？选择法律条款一般会被承认，但这不妨碍法院地强制性规则的适用。由此，当事人不能使用选择法律条款来规避法院地的强制性规则。但是，如果选择法院条款和选择法律条款是一致的，情况又会如何呢？如果当事人指定合同适用被告法院地法，若承认选择法院条款的效力，那么先受案地的强制性规则是否应该得到适用呢？

上述问题在"摩尔维肯诉荷兰迪亚案"（Morviken v. Hollandia）[①]得到解决。同前述两个案子一样，本案也是海上货物运输案件。在货物启运时，船主交给托运人包括合同条款的提单。由于提单由船主来填写，该合同通常是单方面的。在过去，提单常常完全免除承运人货损的责任，托运人通常毫无选择地被动接受这些条款。即使托运人换一家承运人，提单条款也常常是相同的。

为了解决这一问题，也为了统一国际海事法，各方利益代表曾于1921年在海牙开会拟定《海牙规则》，即《统一提单的若干法律规则的国际公约》。该公约规定，提单免除的货损责任不能低于一定的金额。由于此责任不能被合同排除，它就构成了一项强制性的规则。1924年《英国海事货运法》采纳《海牙规则》，该法规定《海牙规则》适用于在联合王国任何港口装货的船舶。由此，对于在英国港口装载货物而言，最低责任规则具有强制性。多年之后，人们又开会起草《维斯比规则》，经一系列的修改后形成1968年《布鲁塞尔议定书》，其中承运人的最低责任被提高。《海牙—维斯比规则》（或称《新海牙规则》）被1971年《英国海事货运法》采纳。

[①] Owners of Cargo on Board the Morviken v. Oweners of the Hollandia（The Hollandia and the Morviken）[1983] AC 565；[1983] 1 Lloyd's Rep. 1（House of Lords）.

在 1971 年法案生效后不久，本案中一批机器从苏格兰利斯港运至荷属安的列斯群岛的博内尔岛。承运人为荷兰人，他们从阿姆斯特丹签发了一张至博内尔的提单。在第一段的航程中机器由荷兰哈库·霍尔维德号（Haico Holwerde）船舶装运，在第二段的航程中承运人租用挪威摩尔维肯号（Morviken）船舶装运。提单规定，合同准据法为荷兰法，并且指定在荷兰法院诉讼。由于机器受损，托运人对哈库·霍尔维德号位于英格兰的姐妹船舶荷兰迪亚号（Hollandia）提起对物诉讼。承运人则以违反选择法院协议为由，要求英格兰法院中止诉讼。

案件发生时，《海牙—维斯比规则》已在英国生效，但尚未在荷兰生效。如果依荷兰法，根据旧的海牙规则，承运人的最低责任约为每件 250 英镑；而若依《海牙—维斯比规则》，则每件为 11000 英镑。由于提单包含一项限制承运人赔偿金的最低责任条款，同时包括适用荷兰法的选择法律条款，如果案件由荷兰法院审理，荷兰法院会判定承运人的责任不会超过每件 250 英镑，如果案件由英格兰法院审理，则将会判定承运人的责任为每件 11000 多英镑。

该案最终上诉到英国上议院，上议院裁定不应中止英格兰的诉讼。上议院指出，英国成文法规定《海牙—维斯比规则》施行于英国，该规则规定任何减轻法定承运人责任的合同条款都是无效的。上议院认为，由于执行选择法院协议会实际减轻承运人的责任，因此该协议在英国就是无效的。英国其他裁决也显示，英国强制性规则也会导致不适用与选择法院条款一致的选择法律条款。[①]

尽管本书所举上述四个案件中有三例为英格兰法院拒绝执行

[①] See Andrew Bell, *Forum Shopping and Venue in Transnational Litigation*, Oxford University Press, 2003, p. 297.

选择法院协议,但这并非通常的结果。一般而言,英格兰法院都会执行选择法院协议,以上案件说明英格兰法院拒绝执行选择法院协议的理由,即例外情形。

第四节 美国的协议管辖权理论与实践

一 美国冲突法重述

(一) 美国《第一次冲突法重述》(1934)

20世纪初,除了仲裁条款的形式之外,美国几乎不讨论选择法院条款。1934年《第一次冲突法重述》以谨慎和暧昧的方式对待管辖权条款,只是在对第617条"一州创设的权利不妨碍其在其他州的执行"的评论(comment)中有所提及,该项条款规定与选择法院协议完全不同的问题,即州的权利要求根据其法律创设的权利只在其法院执行。对第617条的"评论a. 当事人之间以合同方式限制在法院诉讼"中评注:"合同当事人可能约定所有违反合同的诉讼应该只在某个法院提起,而其他州的法院通常承认此约定的效力;但是其要件为当事人合意并且作为合同一项条款。如果当事人同意,一州的成文法不可能规定其他州法院可以做什么。"[1]

(二) 美国《第二次冲突法重述》(1969)

1969年《第二次冲突法重述》第80条直接处理选择法院协议问题,该条不区别选择法院协议的延展性和减损性,支持选择法院条款应该被承认与执行,除非这种条款是"不公平或不合理的"。在第80条当事人合同限制管辖权一条中,模棱两可地指出"当事人关于诉讼地的协议不能剥夺州的司法管辖权,但

---

[1] The Restatement (first) of Conflict of Laws, Comment *a* to § 617 (1934).

是这种协议应是可执行的,除非它是不公正和不合理的"。①

1969年重述第80条的基本原理(Rationale)中又加入了以下三种规则:一、不方便法院原则,"如果能说明该法院是不适当法院,那么该法院就应该拒绝受理案件";二、一般合同法原理,"由于欺诈或者利用不公平交易的条款,则不予接受";三、程序上的考虑,"如果当事人选择的法院对于案件的审理严重地不方便,这种选择不予接受"。重述报告对第80条的解释(Note)中进一步说明,在20世纪50年代和60年代,美国法院"不愿意以诉讼在非被选法院所在州起诉为由驳回诉讼"。

(三) 1986年对《第二次冲突法重述》第80条的修改

1972年"不来梅号诉萨帕塔离岸公司案"(M/S Bremen v. Zapata Off-Shore Co.)② 促进排他性选择法院协议被美国联邦法院和州法院接受。1986年对《第二次冲突法重述》第80条的修改,反映了美国选择法院协议理论和实践对"不来梅号案"规则的宽容态度。修改后的第80条为:"当事人关于诉讼地的协议应被承认,除非存在不公正或不合理。"重述报告的解释(Note)认为,"原先的黑体字规则完全正确。但是,似乎没有必要陈述当事人不能以协议剥夺州的司法管辖权这种显而易见的事实。"

修改后的规则明显比原来更支持选择法院协议。根据第80条"评论 c 其他情形,说服法院(不承认选择法院协议)中止或驳回诉讼将是不公正或不合理的责任,由提起诉讼的当事人承担,③ 重述人将举证不公正或不合理的责任施加给不承认选择法院效力的当事人。

---

① The Restatement (Second) of Conflict of Laws § 80 (1969).
② M/S Bremen v. Zapata Off-Shore Co., 407 U.S. 1 (1972); 92 S. Ct. 1907.
③ 该报告中的注解援引不来梅号案(Bremen)来支持举证责任。

1986年重述的评论（comment）部分又讨论了选择法院协议不公正或不合理的几种不同情形。这些情形包括违反一般合同法关于"不得以欺诈、胁迫、滥用经济权力或其他不正当方式"的强制性规则，这表明选择法院协议可以因违反一般合同法原则而被推翻。另外，"如果被选法院拒绝审理案件，或者如果不能有效或公正地审理案件，该条款应不予承认"。这里不仅强调案件应该由必要的管辖权审理，"被选法院对案件无管辖权或者该州内的法院没有权限审理案件"，也强调不适合审理案件的法院情形，如果有理由相信原告在被选法院得不到公正待遇，则该法院明显不适合管辖。

重述认为，如果被选法院严重地不方便以至于原告不得不为了避免不公正而起诉，就可以不顾选择法院协议。同时，重述区别了争议发生之前与争议发生之后当事人对法院的约定。对于后者，法院一般假设当事人已经意识到诉讼上的不便而避免在不方便的法院诉讼。而对于前者，重述认为协议应该遵守，除非在被选法院地诉讼严重地不方便而在法院地诉讼更为方便。

但是，评论c对选择法院格式条款的规定则并非衍生于一般合同原理。1986年重述通过放弃合同法关于附随合同的规则，删除了反对其效力的规定，指出"标准格式合同中包括的关于当事人起诉的规定，无须经过同意或讨论而必须给予承认"。[①]

美国理论与实践倾向承认选择法院协议有效性的普遍趋势，不仅从第二次冲突法重述第80条的演变中可以看出，也见于1986年美国《统一外国金钱判决承认法案》[②]。其第4条（b）（5）规定："如果在外国法院诉讼违反当事人关于争议应在其他

---

① 美国法院有关电子格式合同中的仲裁条款效力的实践，可参见乔仕彤、何其生：《电子格式合同中仲裁条款的效力——以中国消费者市场中Microsoft软件最终用户许可协议为例》，《武大国际法评论》2007年第2期。

② Enforcement of Foreign Judgments Act, 13 U. L. A. 261 (1986).

法院解决的协议,可以不承认该外国判决。"除了违反合同法强制规则的理由之外,1969 年公布、1986 年修改的第二次重述还列举了拒绝选择法院协议的其他理由。但是出于法院争议解决机制的特别考虑,程序法对当事人意思自治的限制比一般合同原则更为严格。值得注意的是,在很长一段时间里,美国学者普遍认为有效的管辖权协议应该源于当事人相对平等的协商并且经过实际磋商。①

二 美国联邦最高法院的重要判例

(一)"不来梅号诉萨帕塔离岸公司案"

从美国建国之始,美国法院就对选择法院条款采取强烈的反对立场,②如"纽特诉汉密尔顿保险公司案"(Nute v. Hamilton Mutual Ins. Co.)③。与英国有点类似,美国法院起初多以"公共政策"和"不方便法院"为由不执行指定外国法院管辖的选择法院协议。④ 情况直到 1972 年"不来梅号诉萨帕塔离岸公司案"⑤才有所变化。"不来梅号案"(Bremen),也常被称为"萨帕塔案"(Zapata),被视为美国国际民事诉讼中里程碑式的案件。

在该案中,美国得克萨斯州的萨帕塔离岸公司(Zapata Off-

---

① E. Scoles, P. Hay, P. Borchers and S. Symeonides, *Conflict of Laws*, 3rd ed., St. Paul, Minn. & West Group, 2000, p. 335; Peter Hay, Patrick J. Borchers and Symeon C. Symeonides, *Conflict of Laws*, 5th ed., West Law School, 2010.

② Willis L. M. Reese, "Proceedings of the 1964 Annual Meeting of the American Foreign Law Association – The Contractual Forum: Situation in the United States", *American Journal of Comparative Law*, Vol. 13, No. 1, 1964, p. 189.

③ Nute v. Hamilton Mutual Ins. Co., 72 Mass. (6 Gray) 174 (1856).

④ 参见高凤仙《美国国际私法之发展趋势》,台北商务印书馆 1990 年版,第 146 页。

⑤ M/S Bremen v. Zapata Off – Shore Co., 407 U.S. 1 (1972); 92 S. Ct. 1907.

shore Company）与德国的下威悉河航运股份有限公司（Unterweser Reederei GmbH）在合同中约定，由不来梅号拖船（Bremen）将萨帕塔公司所有的查帕拉尔号（Chaparral）钻井平台从美国路易斯安那州拖往意大利的拉文纳。当事人为了在中立的法院解决未来可能发生的争议，在拖运合同中指定由伦敦法院管辖；另外，合同中包含两条免除拖运人损害责任的条款，即德国公司对海上拖运中的疏忽或过失免责，钻井平台所受损失由其所有者萨帕塔公司承担。在拖运开始后不久，查帕拉尔号钻井平台在墨西哥湾遭受强风暴而严重受损，查帕拉尔号钻井平台指示不来梅号拖船将钻井平台拖至最近的佛罗里达州坦帕港避风。

萨帕塔公司不顾拖运合同中的选择法院条款，在美国佛罗里达州坦帕联邦地区法院对德国下威悉河航运公司提起对人诉讼，对不来梅号拖船提起对物诉讼。德国下威悉河航运公司辩称此案应由英国伦敦的法院管辖，要求美国法院中止诉讼。

与之相对，德国下威悉河航运公司在英国伦敦高等法院对美国萨帕塔公司提起违约诉讼，萨帕塔公司亦对伦敦法院的管辖权提出质疑。[1] 伦敦高等法院适用了前述规则，即虽然选择法院协议没有绝对的约束力，但如果没有相反的合适理由就应该承认其效力。伦敦高等法院裁定，萨帕塔公司未能证明该选择法院条款存在不公正，认为该案没有合适的理由反对选择法院条款的效力，要求萨帕塔遵守合同约定。伦敦高等法院的判决得到上诉法院的支持。[2]

而在美国，佛罗里达州坦帕联邦地区法院驳回了德国公司的中止诉讼请求。该法院认为，订立于争议发生之前的选择法院协

---

[1] Unterweser Reederei G. m. b. H. v. Zapata Offshore Company（The Chaparral）2 Lloyd's Rep 158（1968）.

[2] Ibid., p.161.

议违反了公共政策，因此该协议不可执行。该联邦地区法院又根据1959年"炭黑出口公司诉蒙索萨汽轮案"（Carbon Black Export, Inc. v. The SS Monsosa）①，运用"不方便法院原则"得出结论认为，案件应由英国法院管辖的论点尚不足以中止本案诉讼。应萨帕塔公司要求，法院发布禁诉令，禁止德国下威悉河航运公司在外国法院进一步诉讼。

其后，上诉法院的法官以2:1的表决结果支持联邦地区法院的判决。但是，持反对意见的法官建议推翻炭黑出口公司案的规则，承认不存在"不合理事由"的选择法院条款。② 在复审时，14名法官又以8:6支持上诉法官的意见。随后，德国下威悉河航运公司向美国联邦最高法院提出再审请求，该请求获得联邦最高法院的同意。尽管以前曾有其他巡回法院承认过合理的选择法院协议，但是尚待美国联邦最高法院的明示。

在本案中，美国联邦最高法院的多数法官接受了前述低等法院的反对意见。时任首席大法官沃伦·厄尔·伯格（Warren Earl Burger）在判决中以措辞激烈的语言写道："如果我们无视正式合同，坚持所有争议应该根据我国法律、在我国法院解决的狭隘观念，这将无益于美国工商业的拓展。假如当事人没有约定法院地，上诉法院以传统的不方便法院为由（拒绝中止诉讼），是有说服力的。但是，在世界贸易和商业扩张的时代，炭黑案所持有的绝对观念将会严重影响美国国际商业活动的发展，这种观念将再无容身之处。在世界市场和国际海事案件中，我们不能仅依自己的规则，仅适用自己的法律，完全在自己的法院解决纠纷。"

在分析案件事实时，美国联邦最高法院认为，选择对海事诉

---

① Carbon Black Export, Inc. v. The SS Monsosa 254 F. 2d 297 (5th Cir. 1958).
② Wisdom, J., 428 F.2d 888 (CA 5 1970), p. 896

讼有经验的中立法院管辖案件,毫无不合理之处。"英格兰法院符合中立的标准,并且在处理海事诉讼中具有丰富的经验。精明老练的商人们私下已经作出了对法院的选择,那么反对这种选择的理由就缺乏说服力,因此当事人应该遵守(这种选择),法院也应该予以执行。"

美国联邦最高法院承认,选择法院协议历来不受美国法院的青睐。"尽管仍有很多人持这种观点,但是有一些法院已经倾向于对选择法院协议采取更加宽容的态度了。"支持选择法院协议效力的观点"已被第二次冲突法重述采纳","它符合契约自治的古老观念"。"有证据充分表明,选择法院条款是本案中合同的必不可少的部分。"美国联邦最高法院还特别指出了选择法院条款的作用——"当事人事先约定双方都接受的法院,消除了关于诉讼地的不确定性,这对于国际贸易、商业和合同是不可或缺的要素。"

最后美国联邦法院认为选择法院协议应该得到执行,除非提出质疑的当事人可以举证存在着不合理和不公正,或者诸如欺诈、不正当影响(undue influence)或强势议价能力(overweening bargaining power)等使合同无效的原因。法院还认为,与法院地"公共政策"相抵触的选择法院协议不应该得到执行,但在本案中并不存在这样的情况。由此,美国联邦最高法院推翻了上诉法院的判决,确定了国际选择法院协议的表面有效性。值得注意的是,美国联邦最高法院在这里揭示了选择法院协议的实质效力问题,尽管美国法院并不采取大陆法系的这个术语。

(二)"嘉年华邮轮诉舒特案"(Carnival Cruise Lines v. Shute)

虽然美国联邦最高法院在"不来梅号案"中强调选择法院协议应订立于有经验的商人之间,但是在1991年的"嘉年华邮轮诉舒特案"①，却将其规则适用到消费者格式合同。该案中，居住在华盛顿州的舒特大妇购买了公司中心管理地在佛罗里达州的嘉年华邮轮出售的船票，船票上有一项指定由佛罗里达州法院排他性管辖的选择法院条款。佛罗里达州与华盛顿州一南一北，相距甚远。舒特夫妇从洛杉矶登船，在船驶离墨西哥海岸时，舒特夫人跌倒受伤。之后，舒特夫妇在华盛顿州对嘉年华邮轮提起诉讼。

此案最终上诉到美国联邦最高法院，最高法院认为应该承认这种选择法院协议的效力，即使这种协议并非自由协商达成。美国联邦最高法院的理由是："在衡量本案中选择法院条款的合理性时，我们应从'不来梅号案'的分析中提炼规则，考虑乘客格式合同的现实。上诉法院认为船票格式合同中未经协商的选择法院条款是当然无效的，此裁定我们不予采纳。这类格式合同中包括的合理的选择法院条款，可以基于以下理由得到承认：首先，轮班将可能发生的诉讼限制在有限的法院，这对轮班具有特殊作用，由于轮班要从不同的地方接运乘客，轮班上发生的事故不应该使轮班陷入在几个不同法院诉讼的境地。……另外，事先规定解决争议法院的条款，可以有效地消除合同争议在哪里解决的困扰，节省诉讼参与人为了确定适当法院而耗费的时间和费用，并且因避免法院决定其管辖权而节约司法资源。……最后，本案中购买了包括有选择法院条款船票的乘客，因为轮班已经限定了可能诉讼的法院，降低了乘客为此而可能需要花费的费用，他们也从这种格式条款中受益。"

"不来梅号案"与"嘉年华邮轮案"之间的差异是颇为生动的，"不来梅号案"中双方当事人是具有同等议价能力的公司，而在"嘉年华邮轮案"中，乘客选择诉讼地的权力被剥夺了。对于

---

① Carnival Cruise Lines, Inc., v. Shute, 499 U.S. 585 (1991).

"嘉年华邮轮案",美国学者褒贬不一。有美国学者为两案的差异做辩解,认为这两个案件的结果都是正确的。该学者认为,当事人从华盛顿到佛罗里达去诉讼算不上不方便,选择法院协议可以增进当事人对合同的预期。① 另有美国学者对"嘉年华邮轮案"提出批评,认为消费者格式合同中的选择法院条款不应是"表面有效"(prima facie valid),而应视为是"本身无效"(per se invalid)。② 该学者的观点与欧洲的经验相类似,根据《布鲁塞尔条例 I》,涉及消费者的选择法院协议通常是不可执行的。

当美国的商人们欢欣鼓舞地接受"嘉年华邮轮案"的判决时,消费者权利的拥护者们则坚持,消费者应有权在其本州或本国法院寻求救济。在该案中,大法官哈罗德·安德鲁·布莱克门(Harold Andrew Blackmun)强调商人的利益明显多过保护弱方当事人的利益。他声称,格式合同中的选择法院条款可以节省诉讼参与人为了确定适当法院而耗费的时间和费用,而事实上,如果当事人在其居所所在地提起诉讼,显然更为便利。该案的强词夺理不得不让人怀疑美国联邦最高法院在保护消费者上的立场。不管怎么样,由于新近电子商务的兴起,其中惯用的选择法院格式条款同样为选择法院协议的效力提出了难题。③

(三)"维马尔保险公司诉天空号冷藏船案"(Vimar Seguros v. M/V Sky Reefer)

"不来梅号案"和"嘉年华邮轮案"(Carnival Cruise)都是与海事有关的案件,它们都属于美国联邦法院的事项管辖权,并

---

① Michael E. Solimine, "Forum-Selection Clauses and the Privatization of Procedure", *Cornell International Law Journal*, Vol. 25, No. 1, 1992, p. 101.

② Lee Goldman, "My Way and the Highway: The Law and Economics of Choice of Forum Clauses in Consumer Form Contracts", *Northwestern University Law Review*, Vol. 86, No. 3, 1992, pp. 700-741.

③ See Avril D. Haines, "The Impact of the Internet on the Judgments Project: Thoughts for the Future", Preliminary Document No. 17 of February 2002, pp. 4-21.

且受联邦法律调整。① 但这两个案件都不涉及海上货物运输。美国与英国一样曾是前述 1921 年老海牙规则的成员国，老海牙规则中"禁止放弃权利条款（anti-waiver clause）"，即意图免除或减轻承运人过失责任的任何条款、合同或协议都是无效的，被纳入 1936 年美国《海上货物运输法案》（Carriage of Goodsby Sea Act, COGSA）。在 1973 年"不来梅号案"中，美国联邦最高法院认为选择法院协议不能用于海上货物运输。而在稍早的 1967 年"印度萨公司诉兰堡号案"（Indussa Corp. v. S. S. Ranborg）② 中，美国法院认为，指定外国法院的选择法院协议必然构成减轻船主的责任，这是有悖于海牙规则的。其理由为，其一，外国法院可能不适用海牙规则；其二，即使适用海牙规则，外国法院也可能给予不同解释；其三，即使外国法院不作不同解释，在外国法院诉讼的困难、不方便和费用也会阻碍货物主对船主诉讼，由此等于减轻了后者的责任。从而法院判定萨帕塔案判决不适用于海上货物运输案件。

这种情况直到 1995 年"维马尔保险公司诉天空号冷藏船案"③ 才发生改变。该案涉及在美国港口的货物运输，提单中包含一条约定在日本进行仲裁的条款。美国联邦最高法院在该案中明确指出，该案判决同样适用于选择法院协议。法院认为，没有

---

① US Constitution, Article III § 2; 28 USC § 1333.

② Indussa Corp. v. S. S. Ranborg, 377 F. 2d 200 (1967). 该案可参见郭玉军、蒋剑伟：《论协议管辖制度采用公共政策例外》，《河南省政法管理干部学院学报》 2006 年第 2 期。

③ Vimar Seguros y Reaseguros, S. A. v. M/V Sky Reefer, 515 U. S. 528 (1995). 该案也可参见 Stuart C. Gauffreau, "Foreign Arbitration Claues in Martitime Bills of Lading: The Supreme Court's Decision in Vimar Seguros Y Reaseguros v. M/V Sky Reefer", *North Carolina Journal of International Law and Commercial Regulation*, Vol. 21, No. 2, 1996, pp. 395 – 420；Roy Goldberg：《Vimar Seguros 诉 M/V. Sky Reefer 案后撤销外国法院管辖条款的尝试》，万仁善、许民强译，《中国海商法年刊》2000 年第 11 卷，第 89—100 页。

理由相信日本仲裁者将会不适用海牙规则,或者他们做不同的解释。即使日本仲裁者不适用海牙规则,美国法院也不会执行这样的仲裁裁决。法院同时抛弃了在外国仲裁或诉讼带来的不方便和额外费用就构成所谓减轻责任的观点。由此,美国联邦最高法院认为,提单中的选择法院协议与其他海事案件一样适用同样的规则。美国最高法院还援引前述英国上议院在"荷兰迪亚案"(Morviken v. Hollandia)① 的判决来支持其观点,认为如果可以证明被选法院不会适用海牙规则,并且在美国法院没有机会审查由被选法院作出的外国判决时,则不承认该选择法院协议的效力。

尽管现在还没有美国联邦最高法院在海事案件之外的与选择法院协议有关的国际案件,② 但是各联邦法院通常承认国际选择法院协议的效力。在多元管辖案件(diversity case)中,如果在美国联邦法院提起诉讼,联邦法院通常以选择法院协议的效力是程序问题为由而直接适用联邦法,从而承认协议的效力。但是在州法院中,态度仍然暧昧不清,很多州法院采用了联邦法院的做法,但也有一些州法院例外。③

第五节　欧盟《布鲁塞尔条例 I》及其第 23 条

与其他国家的法律或判例法相比,《布鲁塞尔条例 I》对选

---

① Owners of Cargo on Board the Morviken v. Oweners of the Hollandia (The Hollandia and the Morviken) [1983] AC 565; [1983] 1 Lloyd's Rep. 1 (House of Lords).

② 现有的美国联邦最高法院相关判决仅涉及州际案件,参见 Stewart Organization, Inc. v. Ricoh Corporation 487 US 22; 108 S. Ct. 2239; 101 L. Ed. 2d 22 (US Supreme Court 1988).

③ Young Lee, "Forum Selection Clauses: Problems of Enforcement in Diversity Cases and State Courts", *Columbia Journal of Transnational Law*, Vol. 35, No. 3, 1997, pp. 663 – 695.

择法院协议的规定是比较全面的,尽管也存在着盲点。《布鲁塞尔条例I》区别了三种特定的弱势当事人:消费者、雇员和被保险人,从当事人身份的角度来部分解决美国法院所称的"强势议价能力"(overweening bargaining power)。《布鲁塞尔条例I》规定了特别的形式要求,以此解决选择法院协议合意与当事人是否知晓的问题。但是,《布鲁塞尔条例I》没有彻底解决选择法院协议的实质要件和法律适用问题。根据《布鲁塞尔条例I》,如果被选法院为欧盟条例的成员国法院,选择法院协议就具有约束力。

《布鲁塞尔条例I》第23条专门规定选择法院协议,该条在规则上具有以下明显的特征:

(1)它既适用于选择法院协议具体地指定由某个法院管辖,也适用于较为宽泛地指定由某个缔约国的法院管辖;

(2)它仅适用于被选法院所在国是欧盟成员国;

(3)它既适用于已经发生的争议,也适用于将来可能发生的、与特定法律关系有关的争议;

(4)它既适用于排他性选择法院协议,也在特定情况下适用于非排他性选择法院协议;选择法院协议被视为是排他性的,除非当事人做相反的表示;[①]

(5)就选择法院协议指定管辖权而言,第23条至少可以适用于一方当事人(不必是被告)在成员国有住所;如果无当事人在成员国有住所,则第23条不适用;否则,如果协议是排他

---

① 1968年《布鲁塞尔公约》第17条中无此规定。在适用《布鲁塞尔条例I》前,非排他性选择法院协议引起了不少争议。因为《布鲁塞尔公约》第17条仅规定形式有效的选择法院协议给予被选的法院或几个法院排他性的管辖权。原规定忽略了非排他性协议也存在排他性的情形,欧洲学者对此提出了批评,如Richard Fentiman, "Jurisdiction – When Non – Exclusive Means Exclusive", *Cambridge Law Journal*, Vol. 51, No. 2, 1992, pp. 234 – 236.

性的，协议排除其他所有成员国的法院管辖，除非被选法院拒绝管辖；

（6）它规定了选择法院协议的形式要件；

（7）它规定，如果选择法院协议违反《布鲁塞尔条例Ⅰ》关于保险、消费者或雇佣合同的规定，或者选择法院协议排除了依规则第22条有专属管辖权的法院，则该选择法院协议没有法律效力。

一 当事人合意、协议的形式要件与实质要件

依《布鲁塞尔条例Ⅰ》第23条，当事人必须就选择法院达成合意（jurisdiction by consent）。合意问题看上去简单，其实非常复杂。合同法上之所以对某些合同提出一定的形式要求，通常就是为了确保当事人确实达成了合意，即通过要求当事人作出一定行为，以引起他们对合同内容的注意。《布鲁塞尔条例Ⅰ》第23条的形式要件正是如此。但是，合意不仅涉及协议的形式要件，也涉及协议的实质要件，例如当事人的意思表示是否真实，当事人是否实际知晓他所同意的内容，或者当事人是否应该受他实际不知晓事项的约束。另外，合意也涉及诸如欺诈等问题。

尽管《布鲁塞尔条例Ⅰ》第23条明确提出协议应在当事人之间达成，但并未明确解决合意问题。它规定了几种相当复杂的形式要件，有大量法院案例涉及这些问题。最初，1968年《布鲁塞尔公约》第17条只规定了两种简单的形式要求：协议须以书面，或有书面为证。后来，欧洲法院通过判例扩大了协议的形式要求。最后，《布鲁塞尔条例Ⅰ》第23条第1款规定，选择法院协议必须（a）以书面或有书面为证；或者（b）形式上符合当事人之间已经形成的习惯；或者（c）在国际商业或贸易中，形式符合当事人知晓或一定知晓的商贸惯例，并且这种商贸惯例被广泛了解且被稳定性地遵守，当事人的合同类型涉及这种特别

的商业或贸易。

《布鲁塞尔条例Ⅰ》第23条（a）款重申了早先的规定，（b）款则考虑到如果当事人之间已经建立了关于选择法院协议形式的一定习惯，即曾在过去以特定的形式达成这种协议且双方当事人都接受这种形式，如果再次使用相同的形式，另一方当事人不太可能被误导。第23条（c）款考虑到国际商贸中的当事人多是理性且精明的商人，他们应该知道其商贸活动中通常运用选择法院协议形式。

1. 书面

欧洲法院有非常多的案例来解释选择法院协议的书面形式要件。在"科尔扎尼诉鲁瓦案"（Colzani v. RÜWA）中[①]，合同写在一方当事人的商业信纸上，合同内容全部在信纸的正面，而信纸的背面则包括该当事人的标准条款和条件，其中有一项为选择法院协议，在合同正文和信纸的正面没有对信纸背面条款和条件作任何的说明或指引。这样的选择法院协议是否有约束力，这既是合意问题又是合同形式问题，即另一方当事人是否同意书写在信纸背面的内容。欧洲法院本可以将这个问题交由成员国国内法来解决，但欧洲法院在此案中建立了一条统一规则。欧洲法院认为，该案中的这种格式条款不符合（a）项规定的形式要求，除非在合同的正文中明确指引合同纸张背后的条款。

在"塞古拉诉博纳克达瑞安案"（Segoura v. Bonakdarian）[②]中，当事人达成了口头的货物买卖合同，并未提及已达成选择法院协议。在交付货物时，在卖方交付买方的文件的正面文字中，宣称销售和交付受文件背面文字中条件的约束。在文件背面印制的多项条件中，其中一条为选择法院协议。欧洲法院判定这也不

---

① Case 24/76 Estasis Salotti and Colzani v. RÜWA [1976] E. C. R. 1831.
② Case 25/76 Segoura v. Bonakdarian [1976] E. C. R. 1851.

满足（a）项要求，除非买方以签字或同意签字的方式明确表示同意该文件。另外，如果卖方在起初的口头合同中声明他希望合同受其一般销售条件的约束，法院认为这种情况与前者是一样的。

上述两个案例表明，欧洲法院对选择法院协议的形式要求做非常严格的解释。不过，即使在原先的版本中，该条并不坚持协议必须以书面做成，它也可以是"以书面为证"的形式。欧洲法院在"贝尔贺费尔案"（Berghoefer v. ASA）[1]中对这种情况做了解释。该案与"塞古拉案"（Segoura）有些类似，但也有关键性的差异。"贝尔贺费尔案"的当事人在口头上同意德国某地区的法院具有管辖权，其后原告写信给被告确认同意，被告收到信后未予以回复。欧洲法院认为，在这种情况下存在以书面确定的口头协议。"贝尔贺费尔案"与"塞古拉案"的差异在于，"塞古拉案"的当事人可能同意卖方的一般销售条件，尽管这些条件实际上包括一项选择法院条款，而当事人对此没有明确或特别的同意。因此，尽管向买方交付书面确认书，但还不足以满足第23条的形式要求，即虽有书面为证，却并不优于口头协议中对此未加约定。而在"贝尔贺费尔案"中有明确指定管辖权的口头协议，在这种情况下，要做的不过是一方当事人将其做成书面并传送给对方。在此欧洲法院指出，如果实际存在明确指定管辖权的口头协议，如果一方当事人的口头协议确认书交由另一方当事人，而后者在合理的时间内并未做相反的表示，则后者在日后反对适用口头协议的行为违背的诚实信用原则。欧洲法院认为，在这种情况下，无须考虑另一方当事人可以以书面反对确认书的情形。

2. 口头而有书面为证

（b）项规则可以追溯到欧洲法院在"塞古拉案"中的论证，

---

[1] Case 221/84 Berghoefer v. ASA [1985] E.C.R. 2699.

法院认为，如果指定管辖权的口头协议构成当事人之间持续性商业关系的一个部分，如果当事人之间已经存在将包括选择法院协议的一般销售条件作为交易整体接受，那么选择法院条款就将约束当事人，因为当事人否定已经同意的事情是违背诚实信用的。

3. 当事人之间的习惯与商业惯例

关于（c）项规则的最重要案例是"莱茵碎石有限公司案"（MSG v. Les Gravières Rhénanes）①。原告 MSG 的住所在德国，他以口头协议租用被告法国公司的内陆航道船只。口头协议中不包括选择法院协议，但后来 MSG 寄给被告的确认书里，声称由德国维尔茨堡法院排他性地管辖与合同有关的所有争议。在被告寄出的发票中也包括相似的声明。

依欧洲法院原来的判例法，本案中的选择法院协议可能无效，因为那些判例在审理时，《布鲁塞尔公约》还没有被修订（1978 年丹麦、冰岛和英国加入时补充，1989 年西班牙和葡萄牙加入），也没被《布鲁塞尔条例 I》所替代。本案虽依据 1978 年补充公约的修订，但 1978 年修订的规则中已包括现在的（c）项规定，因此本案仍适用于现在的《布鲁塞尔条例 I》。

在该案中，欧洲法院认为，1978 年补充公约放松对协议形式的要求并不意味着合意不再是必需的。法院判定，如果一方当事人收到对方发出的、包括选择法院条款的确认书而不予反对，或者如果他支付所收发票中包括选择法院条款而不作任何反对，那么就构成对条款的合意，只要这种行为符合国际商事或贸易中该领域普遍适用的惯例，并且当事人知道或者应该知道。

不过，欧洲法院认为应该由各成员国法院决定以下问题：合同是否涉及国际商事或贸易；当事人进行的国际商事或贸易的特定领域是否存在有关的惯例；当事人是否意识到或者是否应该知

---

① Case C-106/95 MSG v. Gravières Rhénanes [1997] E.C.R. I-911.

道该条款。欧洲法院同时认为,尽管这些问题由成员国法院决定,但欧洲法院有权规定相关的标准。

欧洲法院提出以下需要考虑的问题:在不同成员国订立的合同所涉及的国际商业领域;惯例的存在不必根据某成员国的法律或根据一般国际商贸来判定,而是根据当事人进行的商业或贸易的那个领域;如果特定的一连串行为通常且习惯性地被该商贸领域中的商人所遵循,可以认为在特定情况下(in particular)[①]存在着惯例;如果在特定情况下当事人之间或与其他当事人在所进行的那种活动中先前已经存在商业或贸易关系,就可以推定合同当事人实际或被推定为知晓这种惯例,因为在这种特殊类型的合同订立后通常且习惯性地进行一连串特定的行为,所以这一连串的行为足以广为人知,从而可以认为已建立一种惯例。

这种方式又由欧洲法院对"卡斯泰莱蒂海运公司诉雨果·特伦皮海运公司案"(Trasporti Castelletti v. Hugo Trumpy)的判决[②]所确认,该案厘清了第(c)项规则,即由相关的惯例来确定协议的形式,协议甚至不必以书面做成。

4. 电子通信方式

《布鲁塞尔条例Ⅰ》第23条第2款规定电子通信方式,只要记录协议的可持续性等同于第23条书面形式的目的。由此,该款包括了传真和电子邮件方式。

二 与合同履行地管辖的关系

由于《布鲁塞尔公约》第5条第1款规定相关合同债务的

[①] 欧洲法院的习惯用语"in particular",一般指句中接下来的事项并且穷竭性,而是列举。

[②] Case C-159/97 Trasporti Castelletti v. Hugo Trumpy [1999] E.C.R. I-1597.

履行地法院具有管辖权,指定履行地的合同条款可能被视为与选择法院协议具有相同的效果。这是否意味着必须符合公约对选择法院协议的形式要求?欧洲法院于1980年1月17日裁定的"西格弗里德·策尔格诉塞巴斯蒂亚诺·萨利尼特里桑"(Siegfried Zelger v. Sebastiano Salinitri)①就处理了这个问题。该案涉及德国商人和意大利商人之间合同债务的偿付。如果双方未约定偿付地,依意大利法和德国法,债务都应在意大利偿付。但是德国人声称存在着要求在德国偿付的口头合同,他在德国法院提起诉讼,认为依《布鲁塞尔公约》第5条第1款德国法院具有管辖权。而意大利人则认为口头协议起不到指定德国法院管辖权的作用,除非口头协议符合《布鲁塞尔公约》第17条的形式要求,否则会有损于该款的政策目的。

　　欧洲法院认为,约定履行地的协议只满足选择法院协议的一个功能,也就是说,尽管它可以起到指定履行地法院管辖的作用,但它不能剥夺其他法院的管辖权。考虑到这种区别,欧洲法院驳回了被告意大利人的抗辩。不过,在前述"莱茵碎石有限公司案"②中,欧洲法院认为,这种规则只适用于真正的履行地条款。如果当事人只是为了使履行地法院取得管辖权而插入虚伪的履行地条款,它将无管辖权效力,除非它符合选择法院协议的要件。

三 公司章程中的选择法院条款

　　《布鲁塞尔公约》第17条或《布鲁塞尔条例Ⅰ》第23条只适用于当事人"已经同意"由某一个特定法院或某一个成员国的法院管辖,这意味着选择法院协议必须具有契约性。在1992年3月

---

① Case 56/79 Siegfried Zelger v. Sebastiano Salinitri [1980] E. C. R. 89.
② Case C–106/95 MSG v. Gravières Rhénanes [1997] E. C. R. I–911.

10日审结的"鲍威尔·迪弗兰诉沃尔夫刚·彼得赖特案"（Powell Duffryn v. Wolfgang Petereit）[1] 中，欧洲法院裁定，公司章程（或结社条款等）中的选择法院协议应被视为是契约性的。但是在大多数的欧盟成员国法律中，似乎情况相反。该案中当事人认为应由相关的内国法来判定这个问题，但是欧洲法院反对这种观点而青睐"欧洲答案"，即无论相关的内国法如何规定，公司章程的选择法院协议依《布鲁塞尔公约》第17条都被认为是契约性的。

四 选择法院协议效力的法律适用问题

由什么法律来决定选择法院协议的效力，欧洲法院在"大象鞋业有限公司诉皮埃尔·雅克曼案"[2] 的判决中触及这个问题。该案涉及德国雇主和比利时雇员之间的书面雇佣合同，该合同中包括一项指定由德国法院管辖的选择法院协议。雇佣合同中的选择法院协议现在应由《布鲁塞尔条例I》中的特殊规则调整，但是在当时仍适用《布鲁塞尔公约》一般规则。比利时雇员在比利时法院提起诉讼，认为包括选择法院协议在内的整个合同都是无效的，因为比利时国内法中有一条强制规则，该规则要求所有的雇佣合同必须由工作履行地的比利时当地官方语言做成。依该规则，由于工作是在比利时荷兰语地区履行的，雇佣合同就应该以荷兰语做成。但是，欧洲法院却判定该雇佣合同中的选择法院协议是有效的。[3] 欧洲法院的判决并没有明确地将比利时规则定性为协议的形式要求，而是认为应由欧共体法（当时《布鲁塞尔公约》第17条）决定选择法院协议的全部形式要求，

---

[1] Case C-214/89 Powell Duffryn v. Petereit [1992] E.C.R. I-1745.

[2] Case 150/80 Elefanten Schuh GmbH v. Pierre Jacqmain [1981] E.C.R. 1671.

[3] 不过，欧洲法院最后允许比利时法院审理案件，因为德国被告直到案件的实质审理阶段才对管辖权进行抗辩。比利时法院实际以《布鲁塞尔公约》第18条（《布鲁塞尔条例I》第24条）取得管辖权。

成员国不得自由规定另外的形式要求。在该案中，欧洲法院佐审官（Advocate General）戈登·斯林（Gordon Slynn）讨论了选择法院协议有效性的法律适用问题。他建议，为了司法的确定性，协议的有效性应该适用被选法院地法。但欧洲法院对这一点并没有明确表态，至今尚无判决来解决这个问题。①

毕竟"大象鞋业案"（Elefanten Schuh）开启了欧洲法院对选择法院协议实质效力问题的讨论。在稍后的"科瑞克诉汉德尔斯文案"（Coreck Maritime v. Handelsveem）中②，欧洲法院判定，指定非欧盟的第三国法院管辖的选择法院协议的效力由法院地的法律适用规则决定。现在还不清楚该判决是否同样适用于指定欧盟成员国法院管辖的选择法院协议的实质效力。前述欧洲法院佐审官戈登·斯林的建议大体上被2005年海牙《选择法院协议公约》所采纳。③

五　选择法院协议对合同第三人的影响

原则上，选择法院协议只能约束那些同意协议的当事人。但是，如果未同意选择法院协议的第三人由于取得协议一方当事人的合同项下权利，他也常被视为应受该选择法院协议的约束。主要的理由是因为第三人不能只取得合同的权利，但不受合同义务的约束。

这种情况常常发生于海运提单案件。货运原始合同的双方当事人是托运人和承运人，这种合同以提单为证或包含在提单中，由承运人向托运人提交提单的复本。在很多国家，提单是持有人

---

①　Hélène Gaudemet‑Tallon, *Compétence et Exécution des Jugements en Europe*, 3éd, Paris: L. G. D. J, 2002, p. 110.

②　Case C‑387/98 Coreck Maritime GmbH v. Handelsveem BV and Others [2000] E. C. R. I‑9337.

③　见2005年海牙《选择法院协议公约》第5条第1款，第6条（a）和第9条（a）。

在货物运输终点取得货物所有权的书面凭证。托运人通常将提单复本交给收货人,收货人可以以此提单复本取得货物的所有权。

除了将货物所有权转移给收货人之外,在一些国家,提单的转移也意味着将运输合同下托运人的权利和义务一起受让给收货人。如果收货人依提单取得货物所有权,他就受合同项下义务的约束,同时取得合同项下权利的利益。欧洲法院在"蒂莉·拉斯诉诺瓦案"(Tilly Russ v. Nova)①中就认为,如果提单中的选择法院协议满足欧共体法对原始当事人的要件,并且依有关法律提单持有人被认为取得运输合同中托运人的权利与义务,那么该选择法院协议就应约束提单持有人。

六 强制性规则

迄今为止,欧洲法院还没有机会考虑与选择法律条款相一致的选择法院协议能否用来规避法院地的强制性规则。值得一提的是,在前面提到过的"摩尔维肯诉荷兰迪亚案"(Morviken v. Hollandia)②中,英国上议院认为,如果提单上的选择法院协议排他性地指定一国具有管辖权,而该国不适用《海牙—维斯比规则》,那么该选择法院协议无效,因为依英国现行成文法不得减轻《海牙—维斯比规则》中承运人的责任。如果现在有相同的案件上诉到欧洲法院,并且被选法院地国是欧盟成员国国家,是否会得到前述相同的结论?

这里有两个问题需要考虑。其一,如果选择法院协议的实质效力由法院地的冲突规则调整,选择法院协议可能无效,正如"荷兰迪亚案"中依英国的冲突法,协议违反了法院地的强制性

---

① Case 71/83 Tilly Russ and Ernest Russ v. NV Haven - & Vervoerbedrijf Nova and NV Goeminne Hout [1984] E. C. R. 2417; [1984] 3 CMLR 499; [1985] 3 WLR 179.

② Owners of Cargo on Board the Morviken v. Oweners of the Hollandia (The Hollandia and the Morviken) [1983] AC 565; [1983] 1 Lloyd's Rep. 1 (House of Lords).

规则。其二，依《布鲁塞尔条例Ⅰ》第71条，《海牙—维斯比规则》作为一项国际公约优先于《布鲁塞尔条例Ⅰ》。该条规定，《布鲁塞尔条例Ⅰ》不影响成员国在特殊情况下调整管辖权或判决的承认与执行所达成的任何公约。由于《海牙—维斯比规则》不允许减轻承运人的责任，其结果是使选择法院协议无效，这也可被视为在特殊情况下调整管辖权的规则。因此，在这种情况下，《海牙—维斯比规则》优先于《布鲁塞尔条例Ⅰ》。

七　保险合同、消费者合同和雇佣合同

《布鲁塞尔条例Ⅰ》规定了几个特别条款来调整保险合同、消费者合同和雇佣合同，这三类合同的当事人在合同谈判上是处于弱势地位的。对于这三类合同，欧盟条例禁止选择法院协议，除非在特定情况下不违背保护弱方当事人的政策。例如，如果选择法院协议达成于争议发生之后，或者被选法院完全有利于弱方当事人，以及在《布鲁塞尔条例Ⅰ》规定以外的第三国法院提起诉讼。

八　选择法院协议与先受案原则

由于有《布鲁塞尔条例Ⅰ》第27条（《布鲁塞尔公约》第21条）防止发生平行诉讼，在欧盟成员国之间执行选择法院条款并不存在太大的问题。依条例第27条，对于在不同缔约国有住所的当事人之间的争议，由最先受理案件的法院决定管辖权条款的有效性。这一规则反映出成员国法院之间的相互信任，立法者认为，在欧洲司法领域内管辖权条款的效力问题无论在哪个法院都会得到同样的结果。

在欧洲法院审理的"埃里希·加瑟有限公司诉 MISAT 公司"（Erich Gasser GmbH v. MISAT Srl）先行裁决案[①]中，欧洲法院被

---

① Case C-116/02 Erich Gasser GmbH v. MISAT Srl [2003] E.C.R. I-14693.

要求澄清《布鲁塞尔公约》第 17 条和第 21 条的关系。在本案中，奥地利商人为获得大宗发货单的清偿，于 2000 年 12 月在奥地利费尔德基希地区法院（Landesgericht Feldkirch）向意大利被告提起诉讼。原告主张，所有发给意大利被告的发货单中都包括选择法院条款，奥地利法院的管辖权应由此产生。但是，意大利被告早在当年 4 月向罗马民事和刑事地区法院（Tribunale Civile e Penale di Roma）对奥地利商人提起了诉讼。奥地利商人主张该案不受《布鲁塞尔公约》第 21 条的约束，因为选择法院协议优先。而本案被告认为应适用公约第 21 条。

奥地利原告的立场受到佐审官菲利普·雷热（Philippe Léger）的支持，他建议欧洲法院改变其判例规则，如果后受案法院是协议中指定的法院，就应允许后受案法院决定选择法院条款的效力。他不认为可能产生相冲突的判决，因为两个法院都须依《布鲁塞尔公约》第 17 条决定管辖权条款的效力。他认为当事人的意思自治和管辖权条款的可预见性将由此增强。

然则，欧洲法院并没有采纳雷热佐审官的建议。欧洲法院以《布鲁塞尔公约》第 21 条的用语明确以及成员国相互信任原则为由，裁定《布鲁塞尔公约》第 21 条优先于第 17 条，即先受案原则优先于选择法院协议。法院要求后受理案件的法院必须中止诉讼，即使该法院受选择法院协议的指定。欧洲法院在裁定中认为，先受案法院的被告可以在先受案法院出庭，依第 17 条来请求驳回原告诉讼，从而来防止对方采取诉讼拖延策略。显然，欧洲法院所谓防止诉讼拖延策略的理由是难以令人信服的，因为直接承认选择法院协议本身，就是防止诉讼拖延策略最好的手段。究其真实理由，其实是为了保护某些成员国的司法制度，避免成员国司法制度之间的案件竞争，导致欧盟当事人过多地选择某国法院来解决争议。本案毫无疑问地弱化了选择法院协议的效力。或许，只有当债权人获得充分公正的宪法权利因为债务人滥用拖延策略而严重受损时,欧洲法院才会在防止明显的滥用程序上作出更为平衡的裁判;在这种情况下,即使该法院不是最先受案法院,被选法院也有权审理案件。然而,不幸的是,欧洲法院的判决使得债务人可以利用推延策略而滥用程序。

另一种情况是,如果住所不在成员国的当事人指定由欧盟成员国的法院管辖,《布鲁塞尔条例I》第23条第3款提供不同于上面的解决方案。在这种情况下,其他欧盟成员国法院不能审理案件,除非被选法院拒绝管辖。除被选法院之外的其他成员国法院必须中止诉讼。因为决定协议效力的资格被指定给被选法院,《布鲁塞尔条例I》第27条的优先原则不再适用。

小　结

目前各国普遍承认选择法院协议在解决国际民事商管辖权冲突中的作用。但是对于选择法院协议,各国的理论与实践仍或多或少地存在差异,甚至在选择法院协议内容的定性上都存在不小的分歧。例如对于选择法院协议所适用的范围、选择法院协议的成立和生效、法律的适用问题、协议的排他效力和独立性问题,各国的做法并不一致。

德国法从当事人的身份能力上约束选择法院协议的范围,这种民商分立的二分法固然有利于商人之间选择法院协议的效力,但是仍不能充分保护弱方当事人,因为商人之间的议价能力并不必然是平等的,并且完全禁止非商人选择法院也过于保守。

英国的实践反映出其对个案正义的追求,注重对选择法院实质效力的审查,强调公正审判和法院地强制性规则,其方法倚重于实体方法。

美国的实践则反映了美国法院对经济发展需要的紧密追随。美国联邦最高法院承认选择法院协议效力的初衷是为了改变其早先的保守形象，避免严重影响美国国际商业活动的发展，这种国际主义的态度是可取的。但是其稍后涉及格式合同和消费者的判例，折射出美国法院对商人利益的倾斜，保护消费者的权益被严重扭曲，并加以冠冕堂皇的说辞。

欧洲法院采用严格解释选择法院协议的形式要件，强调当事人的真实合意，在《布鲁塞尔条例Ⅰ》对选择法院协议的实质要件不加规定的情况下，其判例显然有利于保护弱方当事人。但是，另一方面，欧洲法院在欧盟当事人和第三国当事人使用选择法院协议上采取了歧视态度。对于欧盟当事人使用选择法院协议过于拘谨，以先受案原则优先于选择法院协议；而对于非欧盟当事人选择欧盟成员国法院，则优先承认这种管辖权协议。尽管存在瑕疵，这些经验对于2005年海牙《选择法院协议公约》同样未使用实体规则来规定协议的实质要件而言，欧洲法院的做法是颇有借鉴意义的。

第 三 章

2005年海牙公约主要内容和相关争议问题

2005年海牙《选择法院协议公约》开宗明义:"希望通过加强司法合作而促进国际贸易和投资,相信通过统一民商事管辖权和外国判决承认和执行的规则能够加强这种合作,相信加强这种合作尤其需要稳定的国际法律制度,以确保商事交易当事人排他性选择法院协议的效力,并规范根据此协议引起诉讼而发生的对判决的承认与执行。"公约的目的是为了使国际商事交易中的排他性选择法院协议尽可能地有效。起草者希望,公约在处理选择法院协议上能像1958年《纽约公约》处理仲裁协议一样发挥作用。①

2005年海牙《选择法院协议公约》给予了当事人在商事仲裁之外的另一种选择,相对国际商事仲裁庭而言,被选择的法院在一些场合下可能是解决某些争议更为合适的裁判场所。根据海牙公约2002年第18号预备报告的意见,与仲裁条款相比,国际选择法院协议在某些情况下对当事人更为合适:

(1) 在诉讼中,当事人可以就争议充分地提起上诉;

(2) 与在法院诉讼不同,仲裁中没有正式的证据规则;

(3) 对案件争议的发现通常受到仲裁本身的限制,并且很大程度上来自于仲裁员的自由裁量;

---

① Hartley / Dogauchi Report (2007), p. 21, para. 1.

(4) 与仲裁员相比,法官有时更有预见性,更可能遵循前例;

(5) 仲裁并不总是比诉讼便宜、快速;在一些案件中仲裁的灵活性可能导致更拖沓和更耗费金钱;另外,在当事人仅为了执行一项并无争议的债务时,仲裁就显得多余;

(6) 关联仲裁没有合并执行力,除非仲裁作出国允许合并关联仲裁事项;

(7) 仲裁裁决是不公开的,而法院裁决是一种公开记录,这对法律发展的透明性是有益的,这使政府有理由鼓励诉讼。①

在结构上,2005年海牙《选择法院协议公约》可称为"有限的双重"公约。"有限"是相对于早先的公约草案范围而言,只涉及国际民商事案件中的协议管辖案件;"双重"则是指公约包括协议管辖权和判决承认与执行的双重规则。

为了达到公约目的,2005年《选择法院协议公约》制定了三条基本规则:

(1) 被选法院应当审理案件;

(2) 其他所有法院都应拒绝管辖;

(3) 被选法院作出的判决应被其他缔约国法院承认与执行。②

这三项规则是公约的核心,公约其他所有条款都是服务于它们的。③ 以上三条义务分别包括在公约第5条、第6条和第8条三个条款中。公约第5条是针对被选法院的条款,它规定排

---

① Avril D. Haines, "Choice of Court Agreements in International Litigation: Their Use and Legal Problems to Which They Give Rise in the Context of the Interim Text", Preliminary Document No. 18 of February 2002, pp. 4 – 5.

② Hartley / Dogauchi Report (2007), p. 21.

③ See "Minutes No 1 of the Second Commission", Meeting of Tuesday 14 June 2005, in Permanent Bureau of the Conference (ed.), *Proceedings of the Eighteenth Session* (1996), *Tome I, Miscellaneous Matters*, The Hague: SDU Publishers, 1999, p. 566.

他性选择法院指定的法院有管辖权并应行使该管辖权。第6条是针对所有其他缔约国法院的条款，它规定这些法院应中止或驳回之前的诉讼。第8条针对要求承认判决的法院，它规定排他性选择法院协议指定的缔约国法院作出的判决应得到承认与执行。

不过，尽管这三项义务是核心规则，它们也不是完全绝对的。公约在每条义务之外均作了例外规定。但是如果例外过于宽泛和模糊，就会减损公约的意义。在灵活性与确定性之间寻求平衡，成为外交大会讨论公约时最重要的任务。

另外，通过声明程序，2005年海牙《选择法院协议公约》提供可以选择的第四项规则。缔约国可以声明，其法院将承认和执行非排他性选择法院协议指定的其他缔约国法院作出的判决。这是在磋商中达成的结论，因为大多数行业使用的争议解决条款依靠非排他性选择法院条款。如果缔约国行使这个声明选择，将极大地扩大其法院判决得到其他缔约国法院承认和执行的益处。[①]

公约分为五章共34条，第一章第1—4条为范围和定义，第二章第5—7条为管辖权，第三章第8—15条为承认与执行，第四章第16—26条为一般条款，第五章第27—34条为最后条款。

第一节 2005年海牙公约的适用范围

较之于1958年《纽约公约》，2005年海牙《选择法院协议公约》的适用范围是颇为狭窄的。与《纽约公约》笼统地规定适用于商事仲裁不同，海牙公约是通过极为明细的排除清单，将

[①] Ronald A. Brand, "The New Hague Convention on Choice of Court Agreements", *ASIL Insights*, Vol. 10, July 26, 2005, p. 5.

大量事项排除于公约的适用范围之外。①

尽管国际商事仲裁协议和国际民商事选择法院协议都是对一个或数个国家民商事司法管辖权的排除，但其重要差异在于：两者对司法管辖权的排除程度是不同的。前者尽管也排除法院的管辖，但是在一定情况下，法院仍可以行使撤销仲裁裁决的权力，仲裁仿佛是被丝线拉扯而飞在空中的风筝，仍处在一国的司法主权监管之下，在特定条件下当事人仍然有可能从法院中获得救济。但是对于国际选择法院协议，如果判决不必在该国承认与执行，则完全排除了一国的司法管辖，除非某些特殊情况，当事人是可以遁形于该国司法监管之外的。从执法者的角度，如果承认国际选择法院协议，一国法院可能无法对相关争议进行司法控制；从当事人的角度，如果该国承认这样的协议，则可能完全丧失从该国获得司法救济的可能性。正因为如此，与国际商事仲裁相比，各国立法者和法院倾向于对国际民商事选择法院协议进行更为严格的控制，即对于选择法院协议的有效性进行比较严格的审查。

尽管各国目前普遍承认选择法院协议的合法性，但是也规定了很多例外，例如选择法院协议不得规避一国的专属管辖权。事实上，海牙公约的适用范围与选择法院协议的合法性问题有着密切的关系。海牙公约通过缩小适用范围，减少谈判代表对于被选法院协议在某些问题合法性的疑问，以便为缩小适用范围后的选择法院协议的效力提供确定性和可预见性。

2005年海牙《选择法院协议公约》适用于国际商事合同案件，而不适用于消费者和雇佣合同（公约第2条第1款）。公约第1条以肯定的方式表示将公约适用范围限定于国际民商事案

---

① 叶斌：《2005年海牙〈选择法院协议公约〉适用范围之评析》，《华中农业大学学报（社会科学版）》2006年第2期。

件，这与《纽约公约》的规定没有特别的差异。但第 2 条则以否定的方式，将涉及专属管辖权、传统上不适用于选择法院协议的事项、受其他公约调整的事项以及各国未能达成一致的事项一一列举在排除清单上，将之排除于公约适用范围。正是这些排除清单，使公约的适用范围成为最为庞大和复杂的规则。

2005 年海牙《选择法院协议公约》第 1 条将适用范围限定于国际性案件。[1] 第 1 条第 1 款一般性地将公约适用范围限定于三种情形：公约只适用于国际案件；只适用于排他性选择法院协议；只适用于民商事事项。2004 年 3 月的公约草案报告曾指出，公约适用于"商对商交易"（business-to-business transactions, B2B），[2] 这表明公约主要适用于国际商事合同案件。

一 案件的国际性

2005 年海牙《选择法院协议公约》第 1 条第 2 款和第 3 款分别区别了两种案件的国际性，其一是直接管辖权上的"国际性"，其二是间接管辖权上的"国际性"，即判决的承认与执行的国际性问题。[3] 这两种案件中，国际性的范围是不同的。

（一）直接管辖权上的"国际性"定义

2005 年海牙公约第 1 条第 2 款从直接管辖权规则的角度定义案件的"国际性"。该款规定，除非当事人均是同一缔约国的居民（不论该国法院是否是被选法院，也不论该国法院是否有

---

[1] 2005 年海牙《选择法院协议公约》第 1 条第 1 款，本公约应适用于国际案件中就民商事项订立的排他性选择法院协议。

[2] Dogauchi / Hartley Report (March 2004), Preliminary Document No. 25 of March 2004, p. 7, para. 8.

[3] 2005 年海牙《选择法院协议公约》第 1 条第 2 款，依第二章之目的，除非协议当事人居住在同一缔约国，并且当事人的关系和其他与争议有关的所有因素仅与该国有关，不论被选法院处于何处，案件是国际性的。第 3 款，依第三章之目的，寻求外国判决的承认或执行的案件是国际性的。

合法管辖权），并且当事人的关系和与争议有关的所有其他因素（不考虑被选法院位置这一因素）仅与该国有联系，则可以判定案件是国际性的。这意味着，公约的管辖权规则既适用于当事人是不同缔约国居民的情形，又适用于与争议有关其他诸因素（除去被选法院位置这一因素外）与其他国家有联系的情形。可见，在直接管辖权的国际性方面，公约排除"纯国内案件"的适用。代表们在讨论中曾认为，由于其他国家对一国的纯国内案件的结果并无合法的利益，该的国内法应毫无限制地适用于这些案件。[1]

需要注意的是，尽管海牙公约第 1 条第 2 款通过排除法来界定"国际性"，尽管公约排除对"纯国内案件"的适用，但是公约并不当然地禁止缔约国法院对其他缔约国内案件的管辖。这里需要通过假设来加以说明。假设相关国家都是 2005 年海牙《选择法院协议公约》的成员国，[2] 葡萄牙的两家公司签订了一项仅在葡萄牙履行的合同，双方当事人在日本没有公约意义上的居所，但是在日本有可供执行的财产。出于某些特别的考虑，双方当事人同意与该合同有关的争议由日本法院排他性地管辖。依 2005 年海牙公约第 1 条第 2 款，当事人居住在葡萄牙且与争议有关的所有因素仅与葡萄牙有关，日本法院可能会认为案件是葡萄牙的国内案件而不适用公约。这时，如果被告默示日本法院的管辖，日本法院可能依其国内法规定实施管辖，其管辖依据不是源于公约，而是法院地的国内法。由此可见，公约只规定允许的适用范围，并且不禁止缔约国对其他缔约国的国内案件的管

---

[1] Dogauchi / Hartley Report (Dec. 2004), Preliminary Document No. 26 of December 2004, p. 7, para. 10.

[2] 本书中关于 2005 年海牙《选择法院协议公约》的案例假设，为行文方便，除非特别说明，所涉国家都假定为公约的缔约国。

辖。① 正因为如此，公约在第 19 条中允许缔约国作出限制自己管辖别国国内案件的声明。②

（二）承认与执行案件中的"国际性"定义

2005 年海牙《选择法院协议公约》第 1 条第 3 款则从判决的承认与执行的角度来定义这类案件的"国际性"。只要被请求承认与执行的判决来自于外国法院，该案件就是国际性的。这意味着，即使对于某国纯国内案件做出的判决，如果在其他缔约国申请承认与执行，那么在该国看来，被要求承认与执行判决的案件就是国际性的。因此，公约在管辖权和判决的承认与执行这两个部分的适用范围是不同的，承认与执行的范围显然大于管辖权的适用范围。

换言之，公约第 1 条第 2 款中被排除的国内判决，却是包括在承认与执行的适用范围内的。假设日本法院对葡萄牙的某个纯国内案件作出了一项判决，当事人在中国有可供执行的财产，如果胜诉人向中国法院申请该判决的承认与执行，尽管 2005 年海牙《选择法院协议公约》不适用于日本法院对原案件的管辖，但是中国法院却应适用公约中的判决承认与执行规则，因为该执行外国判决案件对于中国法院而言是国际性的。但是，如果当事人是向葡萄牙法院申请判决的承认与执行，则"可能"因为案件不是国际性的而拒绝承认与执行。这里之所以说"可能"，是因为公约第 20 条允许缔约国作出限制承认与执行的声明，即对于外国法院作出实质属于本国纯国内案件的判决，该国法院可以拒绝承认与执行。

二 "民事或商事"的含义

"民事或商事"（civil or commercial matters）在海牙国际私法

---

① Hartley / Dogauchi Report (2007), p. 29, para. 42.
② Ibid., p. 65, para. 232.

会议的立法中运用已有很长的历史了。该术语第一次出现，是在1896年11月14日的《民事诉讼程序公约》（Convention on Civil Procedure）的第1条、第5条和第17条。此术语当时立即引起争议，从而在1904年第四次会议上以限制过多为由将其删除。此后，该术语开始在其他海牙公约中使用，最有名的是1965年11月15日《关于向国外送达民事或商事司法文书和司法外文书公约》（《海牙送达公约》）[①]和1970年3月18日《关于从国外调取民事或商事证据的公约》（《海牙取证公约》）[②]。"民事和商事"（civil and commercial matters）用语则出现在1971年2月1日的《民事和商事外国判决的承认与执行公约》中。这里用连接词"和"代替"或"并没有实质的变化，并不是说公约只适用于既具有民事性质又具有商事性质的事项，因为商事总是具有民事性质，而民事不一定是商事的。[③]中国学者则常常将"民事或/和商事"简洁地译为"民商事"。

《海牙送达公约》和《海牙取证公约》得到普通法系和民法法系国家的广泛接受，例如中国、美国和英国都是这两个公约的参与国。与海牙公约的传统保持一致，从1896年起，早期的公约从来未对"民事或商事"作过定义，2005年海牙《选择法院协议公约》也没有对"民事或商事"术语下定义。在大陆法系国家，各国对它们的定义存在细微的差别，尽管"民事或商事"术语在大陆法系国家都排除公法事项。而在英国和爱尔兰这样的

[①] 《海牙送达公约》中文译文，见"全国人大常委会关于批准加入《关于向国外送达民事或商事司法文书和司法外文书公约》的决定"，1991年3月2日通过，《中华人民共和国最高人民法院公报》1991年第3期，第11—16页。

[②] 《海牙域外取证公约》中文译文，见"全国人民代表大会常务委员会关于我国加入《关于从国外调取民事或商事证据的公约》的决定"，1997年7月3日通过，《全国人民代表大会常务委员会公报》1997年第4期，第551—559页。

[③] Nygh / Pocar Report（August 2000）, Preliminary Document No. 11 of August 2000, pp. 30 - 31.

普通法系国家，"民事"并非技术性用语，而是可以有多种含义，在最大意义上它仅仅排除刑事。[①]

2005年海牙《选择法院协议公约》对"民事或商事"的限定与同类型的国际公约采用类似标准，按公约报告，这种限定最主要的目的是笼统地将公法和刑法排除在外。[②] 但结合公约第2条第5款，政府、政府代表或任何代表政府的个人作为合同一方时，诉讼并不排除在公约之外。顺便指出，公约之所以同时使用民事和商事用语，是因为民事和商事在民法典和商法典分立的国家被视为独立的和并行的概念，因此使用这一术语并不妨碍某些国家将商事诉讼视为民事诉讼的下位概念。要注意的是，出于不同的原因，一些明显属于民商事的特别事项被2005年海牙《选择法院协议公约》第2条排除在适用范围之外。

同1999年公约草案不同的是，2005年海牙《选择法院协议公约》第1条未明确将税收、关税和行政事项排除在外。[③] 公约之所以如此，是因为这些事项显然不属于民事或商事事项。只有当国家或其他公法主体成为合同的一方时，才需要在公法和私法之间划定严格的界限。

2004年3月公布的2003年公约草案解释报告中曾指出，公约草案将主要适用于"商对商交易"[④]，但是2004年公约草案的解释报告放弃了这种说法，[⑤] 此后的2007年公布的公约解释报

[①] Nygh / Pocar Report (August 2000), Preliminary Document No. 11 of August 2000, p. 31.

[②] Hartley / Dogauchi Report (2007), p. 30, para. 49.

[③] Ibid., note 73.

[④] Dogauchi / Hartley Report (March 2004), Preliminary Document No. 25 of March 2004, p. 7, para. 8.

[⑤] See Dogauchi / Hartley Report (Dec. 2004), Preliminary Document No. 26 of December 2004, p. 7, para. 8.

告也完全不提及这个术语了。这是可以理解的,一方面,要给"商对商交易"作准确、简洁的定义并不容易;[①] 另一方面,2005年海牙《选择法院协议公约》在适用范围上有大量的排除项目,这也使得将公约的适用对象定位于"商对商交易"(B2B)缺乏精确性。尽管如此,2005年海牙《选择法院协议公约》有限适用对象的"商对商交易"(B2B)性质,还是非常明显的。由于难以简单地概述公约的适用对象,为了行文上的方便起见,本书在论及公约适用对象时不得不使用"商对商交易"(B2B)一语,尽管这是不严密的。

三 公约的非适用范围

2005年海牙《选择法院协议公约》第2条以穷尽式列举的方式将一些特别事项排除在公约的适用范围之外。第1款首先将消费者合同和雇佣合同排除在公约之外,第2款穷尽性地列出了(a)至(p)共16项非适用事项。第3款紧接着规定,以上问题作为先决问题而非诉讼标的时,该诉讼仍在公约范围之内。第4款将仲裁及其相关诉讼排除在外。第5款、第6款主要涉及政府豁免问题,海牙公约采取"有限豁免"的立场,一方面政府作为协议当事人的事实并不当然地排除公约的适用,另一方面公约并不影响国家自身及其财产的特权和豁免。

对于第2款的16项排除事项,概括地说,2005年海牙《选择法院协议公约》不适用于传统家庭法问题,并将各国公认为专属管辖权的法人的能力、不动产权及其租赁、核损害赔偿责任

[①] 根据2002年第20号报告,工作组曾讨论过2000年临时文本中的选择法院条款的B2B定义问题,对于是采取列举法,还是排除法,当时并无定论,See Andrea Schulz, "Report on the First Meeting of the Informal Working Group on the Judgments Project – October 22 – 25, 2002", Preliminary Document No. 20 of November 2002, p. 10.

和公共机构注册的效力排除在外；海牙公约也不适用于运输问题，包括公路、铁路、空运和部分海事问题；海牙公约也不适用于反托拉斯问题；人身伤害及因非合同关系引起的有形财产损害或侵权不在公约之内；对于知识产权，2005年海牙《选择法院协议公约》排除两种情况，一种是版权和邻接权之外的其他知识产权的有效性，一种是非因合同引起的对版权及邻接权以外其他知识产权的侵权案件。

对于侵权案件，海牙公约适用于因合同关系引起的侵权诉讼，但不包括人身伤害和非因合同关系引起的对版权及邻接权以外其他知识产权的侵权诉讼。

对于知识产权案件，海牙公约适用于版权及邻接权的有效性，适用于因合同引起的版权及邻接权以外的其他知识产权的侵权案件。

另外，2005年海牙《选择法院协议公约》在第四章"一般条款"中允许缔约国作出声明，将与缔约国有特别利益的事项排除在外（第21条），并允许缔约国基于互惠而将公约适用于非排他性的选择法院协议（第22条）。

（一）对弱方当事人的保护

2005年海牙《选择法院协议公约》第2条第1款将消费者合同和雇佣合同排除在适用范围之外。将消费者合同和雇佣合同排除在外的理由是相似的，都是基于对合同弱方当事人的保护，避免消费者和被雇佣者面临远离本国而远赴外国诉讼。

1. 对消费者合同（consumer contracts）的排除

一些国家通常运用强行法对消费者进行特殊保护，这些国家不承认要求消费者在外国提起诉讼的选择法院协议的效力。2005年海牙《选择法院协议公约》第2条第1款（a）项要求，公约不适用于当事一方为主要以个人、家庭或家庭生活目的的自然人（消费者）的选择法院协议。公约这项排除性规定既指消费者与消费者合同,也指消费者与非消费者之间的合同。①

2005年海牙公约用括号注释的方式对"消费者"作出了简单定义。这一定义与1980年联合国《国际货物销售合同公约》第2条(a)项、1986年海牙《国际货物销售合同法律适用公约》第2条(c)项和《布鲁塞尔条例I》第15条第1款中的规定相同。按2005年海牙公约第2条第1款(a)项,消费者有以下两个要件:(a)是自然人,也就是说,法人或非法人组织不是消费者;(b)以个人、家庭或家庭生活为目的,公约采取了"目的说",以当事人的目的为判断标准,而不以物品或服务的性质来判断。

由此,根据2005年海牙《选择法院协议公约》第2条第1款,自然人之间不以消费为目的的国际交易和非自然人之间的消费品国际交易是在本公约范围之内的,例如自然人以生产为目的的国际交易和公司跨国消费品交易当在公约范围内。

又结合公约第2条第2款(l)项和(k)项,非消费者之间因合同关系引起的有形消费品国际财产损害侵权或不法之诉,也当在本公约范围之内。此外,结合公约第2条第5款,政府向非自然人跨国采购合同引起的合同违约和有形财产损害侵权之诉,当在本公约范围之内。

2. 对雇佣合同(employment contracts)的排除

出于对被雇佣者的保护,2005年海牙《选择法院协议公约》第2条第1款(b)项排除适用涉及单独或集体雇佣合同的选择法院协议。这项排除也适用于由雇佣关系引起的侵权诉讼,例如,被雇佣者在工作中发生的人身伤害。公约以与消费者合同相同的理由排除其适用。所谓单独雇佣合同,是指单个雇主与单个雇员之间的单个合同;公约所谓集体雇佣合同,是指单个雇主或

---

① Hartley / Dogauchi Report (2007), p. 30, para. 50.

多个雇主与多个雇员或代表雇员的譬如商会（工会）组织之间的单个合同。①

值得一提的是，不论选择法院协议是否订立于纠纷发生之后，海牙公约都将与消费者和雇佣合同有关的诉讼排除在外。就此而言，海牙公约与《布鲁塞尔条例I》的适用范围是不一样的。《布鲁塞尔条例I》第23条和第27条分别允许消费者和雇佣者在争议发生之后订立选择法院协议。

（二）公约第2条第2款排除的16种事项

2005年海牙《选择法院协议公约》第2条第2款以逐一列举的方式将一些涉及公共利益或者专属管辖权事项，以及属于其他条约调整的事项排除在外。被排除的事项按性质可以分类为如下诸项：

1. 自然人法律能力和家属法事项

公约第2条第2款（a）项排除自然人的身份或资格事项（status and capacity of natural persons），即自然人的法律能力问题，（b）、（c）和（d）三项则排除有关婚姻、扶养、遗嘱和继承等涉及自然人身份和财产的家属法事项（family law and succession）。

自然人的法律能力除了由国际人权公约规定外，对一国而言，应当由其本国的实体法和冲突法来解决。对于家属法问题，涉及一国的公共秩序，各国尚不愿承认涉及人身关系的选择法院条款。另外，海牙国际私法会议已在一系列公约中对这些问题进行了规制，如1996年海牙《关于父母责任和儿童保护措施的管辖权、法律适用、承认、执行和合作公约》。② （c）项中的"婚

---

① Hartley / Dogauchi Report (2007), pp. 30-31, para. 51.
② 《关于父母责任和儿童保护措施的管辖权、法律适用、承认、执行和合作公约》于1996年10月19日订于海牙，2002年1月1日生效。中文译文参见中华人民共和国外交部条约法律司编：《海牙国际私法会议公约集》，法律出版社2012年版，第172—183页。

姻类似关系"一语,指法律认可的非婚伴侣,包括与婚姻关系相类似的民事合伙和同性婚姻。①

2. 破产事项及法人的能力

公约第 2 条第 2 款（e）项排除了破产、和解和类似事项。依公约报告,"破产"（insolvency）包括个人的破产和法人破产时清理或清算,而非破产原因的清理或清算由（m）项法人的解散条款处理。术语"和解"（composition）指由债务人与债权人签订的债务延期履行合同的和解程序。"类似事项"（analogous matters）一语广泛包括可协助破产个人或实体重获债务偿还能力的其他方式,如《美国联邦破产法》第 11 章所用的方式。② 要指出的是,仅与破产直接有关的事项才被排除在公约之外。例如,在甲国注册的 A 公司借钱给在乙国注册的 B 公司,借款合同中包括指定由丁国法院管辖的选择法院条款,随后 A 在甲国宣告破产。公约可适用于向 B 提起的诉讼,但不适用于破产财产管理问题,譬如不同债权人的顺序问题。③

公约第 2 条第 2 款（m）项排除了包括法人的合法性、无效和解散及法人机关决定的效力。法人由国家的主权机关认可成立,自然应由法人的成立地国法院管辖,由此与法人能力的有关问题因为法人成立地国具有专属管辖权而被排除在公约之外。④

3. 全部运输事项和五类海事事项

2005 年海牙《选择法院协议公约》第 2 条第 2 款（f）项排除适用全部运输事项,无论客运或货运,无论是海上运输、公路运输、铁路运输或者空中运输。第 2 条第 2 款（g）项又专门排

---

① Dogauchi / Hartley Report（Dec. 2004）, Preliminary Document No. 26 of December 2004, p. 10, para. 22.
② Hartley / Dogauchi Report（2007）, p. 31, para. 56.
③ Ibid., p. 32, para. 57.
④ Ibid., p. 34, para. 70.

除了五类海事事项：海洋污染（marine pollution）、海事诉讼的责任限制（limitation of liability for maritime claims）、共同海损（general average）、紧急拖船（emergency towage）和紧急救助（emergency salvage）。

2004年5月的公约草案中仅将海事运输排除在外。之所以将海事运输排除在外，主要是因为《海牙提单规则》（Hague Rules on Bills of Lading）的成员国可能不愿意接受提单中的选择法院条款。如果选择法院条款指定由非海牙提单规则成员国管辖，有可能发生船主规避海牙提单规则中强行法规则的情况，而这不是海牙提单规则成员国愿意看到的。[①]

对于以其他方式进行运输的问题，国际公路运输协会（IRU）在对2004年5月草案提交意见时指出，草案条款将与1956年日内瓦《公路运送货物合同公约》和1973年日内瓦《公路运送乘客和行李合同公约》相冲突，从而违反1969年《维也纳条约法公约》，例如影响第三方利益等。[②] 这种条约上的冲突是因为运输合同的特殊性引起的。考虑到这一点，2005年海牙《选择法院协议公约》将所有运输问题都排除在外，以照顾运输合同的特殊性。

除上述运输问题之外，第2条第2款（g）项又专门排除了

[①] Dogauchi / Hartley Report（Dec. 2004），Preliminary Document No. 26 of December 2004, p. 10, para. 25.

[②] See International Road Transport Union (IRU), "Preliminary Draft Convention on Exclusive Choice of Court Agreements: Infringement of the Convention on the Contract for the International Carriage of Goods by Road (CMR Convention), Done in Geneva on 19 May 1956, of the Convention on the Contract for the international Carriage of Passengers and Luggage by Road (CVR Convention), Done in Geneva on 1 March 1973, and of the Vienna Convention on the Law of Treaties (Vienna Convention), Done in Vienna on 23 May 1968", in "Comments on the Preliminary Draft Convention on Exclusive Choice of Court Agreements", Preliminary Document No. 29 of May 2005, pp. 20 – 30.

五类海事事项：海洋污染、海事诉讼的责任限制、共同海损、紧急拖船和紧急救助。这些事项已被列入联合国国际贸易法委员会（UNCITRAL）新的立法项目，包括海运在内的海事问题将被一揽子解决。海牙国际私法会议无意对此重复立法。另外，影响第三方利益的诉讼（如船主的责任范围或一般海损）也会引发特殊问题，需要海牙以特别性的公约独立制定规则。[①]

但是，其他海事问题仍在海牙公约适用范围之内，譬如海事保险（marine insurance）、非紧急拖驳和救助（non-emergency towage and salvage）、造船（shipbuilding）、船舶抵押和留置（ship mortgages and liens）等等。[②]

4. 不动产物权及其租赁（rights *in rem* in immovable property and tenancies in immovable property）

除了法人和公共注册之外，不动产物权和特定知识产权的效力也被普遍视为专属管辖权而排除当事人选择管辖。在不少国家的国内法和《布鲁塞尔公约》、《卢加诺公约》及《布鲁塞尔条例 I》中，不动产物权属于专属管辖而禁止当事人选择法院，因为一国不会允许别国法院去决定本国境内不动产物权的物权归属。

就不动产的租赁而言，很多国家都给予承租人以特别保护，如大陆法系的"买卖不破租赁原则"对不动产租赁权常常给予近乎物权的保护。有鉴于此，为了避免各国对租赁进行不同的法律定性，不动产租赁被明确排除于海牙公约适用范围之外。[③]

5. 知识产权问题

知识产权问题是海牙公约谈判中最为棘手的问题之一。中国代表曾试图将知识产权问题完全排除在公约适用范围之外。

[①] Dogauchi / Hartley Report (Dec. 2004), Preliminary Document No. 26 of December 2004, pp. 10–11.

[②] Hartley / Dogauchi Report (2007), p. 32, para. 59.

[③] Ibid., p. 34.

各国谈判代表们曾列举不同的知识产权,试图以知识产权是否需要注册来作为是否适用公约的理由。2005年海牙《选择法院协议公约》第2条第2款(n)项和(o)项处理知识产权问题的适用问题,它仅排除两种情况:(n)项排除版权及其相邻权以外的知识产权的有效性,(o)项排除非因合同引起的版权及其相邻权以外知识产权的侵害。这两种特殊情况以外的其他与知识产权有关的大量诉讼类型,都被包括在公约适用范围(见表3—1)。

表3—1　　　2005年海牙《选择法院协议公约》
　　　　　　　对知识产权案件的适用范围

诉讼内容	以选择法院协议提起的,涉及知识产权的诉讼		
	诉讼缘起	版权和相邻权	其他知识产权
知识产权的有效性	无论诉讼是否与合同有关	版权和相邻权的有效性(无论提起侵权之诉,还是合同之诉)	其他知识产权的有效性
知识产权有效性以外的其他诉讼	因合同引起	因合同引起的版权和相邻权诉讼(无论提起侵权之诉,还是合同之诉)	因合同引起的其他知识产权诉讼(无论是侵权之诉,还是合同之诉)
	非因合同引起	非因合同引起的版权和相邻权诉讼(只能提起侵权之诉)	非因合同引起的其他知识产权诉讼

注:表格中的阴影部分为适用2005年海牙《选择法院协议公约》的涉及知识产权的诉讼,本表不涉及先决问题。

（1）知识产权的有效性：区分版权及邻接权与其他的知识产权。

与版权及邻接权有效性有关的诉讼（copyright and related rights），不论是否因合同引起,不论是合同之诉还是侵权之诉,都被保留在 2005 年海牙《选择法院协议公约》的适用范围。[①]相邻权一般包括表演者（例如演员和音乐家）的演出权、录音产品（例如磁带和光盘）的录制权和广播电视机构对广播电视节目的广播权。版权与相邻权的区别在于，版权基于创造新作品产生，譬如歌曲的编曲和书籍的写作；而相邻权则保护作者以外其他人对已存在作品的特别使用（例如通过表演、广播电视或录制），保护广播电视工作者、表演者或录制者对作品的额外贡献。根据《伯尔尼公约》，版权和相邻权是不需要注册的，这是公约将其单独对待的原因之一。另外，版权和相邻权侵权案件是包括在公约适用范围内的。

对于版权及邻接权以外的其他知识产权（intellectual property rights other than copyright and related rights）的有效性问题，由于这些类型的知识产权都需要注册，为了与第 2 条第 2 款（p）项相一致，它们的效力问题被排除在公约适用范围之外。

不过，根据公约解释报告，即使依据选择法院协议所作出的判决在本公约下是可承认与执行的，关于知识产权有效性的判决不产生物权的绝对效力（in rem effect），或称"对一切"（erga omnes）效力。[②]

（2）知识产权的合同之诉与侵权之诉：以是否因合同引起决定是否适用公约。

对于知识产权侵权案件，在有些国家，当事人只能为事实辩护，由法院来认定是违约还是侵权；而在另一些国家则由当事人选择提起违约之诉还是侵权之诉，当事人可以为了取得较高的赔偿而选择有利的诉讼类型。为了扩大公约的适用，2005 年海牙《选择法院协议公约》第 2 条第 2 款（o）项将与合同争议有关

[①] Hartley / Dogauchi Report (2007), p. 34.
[②] Ibid., para. 72.

的知识产权问题,除去版权与邻接权之外的知识产权的效力问题,都纳入适用范围,无论当事人提起违约之诉还是侵权之诉。因此,因合同引起的知识产权侵权案件,除去(n)项对版权及邻接权之外的知识产权的有效性问题的排除,都包括在2005年海牙《选择法院协议公约》的适用范围。对于与合同无关的侵权诉讼,海牙公约将版权及邻接权诉讼保留在内,而排除其他知识产权的侵权案件。

版权及邻接权以外的其他知识产权侵权,除因合同引起的诉讼之外,都被排除在海牙公约之外。排除的原因在于,2005年海牙《选择法院协议公约》只适用于基于排他性选择法院条款而产生的管辖权,除去合同违约之外,权利人不太可能与权利侵害人作出选择法院的行为。选择法院条款一般仅出现在知识产权正常交易合同中,对海牙公约的适用只可能是因知识产权合同引发的诉讼。由此,把非因合同引起的其他知识产权侵权案件包括在公约之内,没有多大意义。

这里所指的"因合同而引起知识产权诉讼",包括为强制执行实体权利的诉讼、为取得违约赔偿金的诉讼、为取得清偿约定版税的诉讼、对合同解释的诉讼、对解除合同的诉讼、为声明合同不存在的诉讼和为取得依照合同无义务的声明的诉讼等,这些诉讼都包括在海牙公约范围内。2005年海牙《选择法院协议公约》有意广泛涵盖知识产权交易合同,特别是特许协议和知识产权转让协议,与知识产权有关的分配合同、联合投资协议和代理协议,除去版权和相邻权之外其他知识产权的有效性问题之外,也都包括在内。[1]

6. 人身伤害和与合同无关的侵权问题

人身伤害及因非合同引起的有形财产损害分别被2005年海

---

[1] Hartley / Dogauchi Report (2007), pp. 35–36.

牙《选择法院协议公约》第 2 条第 2 款 (j) 项和 (k) 项排除于海牙公约之外，仅由合同引起的侵权问题可适用公约。

人身伤害侵权和非因合同关系而引起的有形财产损害侵权，往往会涉及一个国家的强行法，或者导致公法的适用，如刑事法律。对于这两种国际侵权案件，司法主权不允许当事人选择管辖法院，一方面是为了表示本国司法主权对当事人的属人保护，另一方面也是为了避免可能由协议引起对弱方利益的损害。将这两种侵权问题排除在海牙《选择法院协议公约》范围之外，是由它们的特殊性质而决定的。

有些国家的法律认为，由当事人合同关系引起的非合同之诉，因为独立于主合同而不应该适用合同中的选择法院协议。[①] 这个理由也同样适用于仲裁协议。[②] 但是，聪明的原告可能会滥用这一规则，以非合同之诉来避免合同中的选择法院条款。这无疑会导致平行诉讼，从而耗费当事人的时间和金钱，浪费司法资源。为此，2005 年海牙《选择法院协议公约》最终还是纳入了与合同有关的侵权问题，对于合同之诉与非合同之诉，则交由当事人或法院来进行选择。

7. 反托拉斯或竞争事项 (anti-trust / competition)

所谓反托拉斯或竞争事项，指可能根据美国谢尔曼法案和克莱顿法案、《欧洲联盟条约》第 81 条和第 82 条或者其他国家的相似法律而提起的诉讼。美国称其为"反托拉斯法" (anti-trust law)，欧洲国家一般称其为"竞争法" (competition law)，但该术语不包括大陆法系中所谓"不正当竞争" (unfair competi-

---

[①] Avril D. Haines, "Choice of Court Agreements in International Litigation: Their Use and Legal Problems to Which They Give Rise in the Context of the Interim Text", Preliminary Document No. 18 of February 2002, p. 8.

[②] Richard Garnett, "Enforcing International Arbitration Agreements in Australia", *Commercial Dispute Resolution Journal*, Vol. 2, No. 1, 1995, pp. 94 - 96.

tion, concurrence déloyale)。①

对于反托拉斯或竞争诉讼，如果在性质上完全受公法调整，可以直接依公约第1条第1款而将其排除在外。不过，反托拉斯或竞争事项也可以成为私法诉讼的对象。在美国和欧盟，都可以提起违反反托拉斯或竞争法的侵权赔偿之诉。②即使相关诉讼只是发生在私人之间，无论是合同之诉，还是侵权之诉，这些诉讼都会影响到公共利益。因此，海牙《选择法院协议公约》第2条第2款（h）明确将反托拉斯或竞争事项排除在适用范围之外。③

欧洲法院在"卡里奇有限公司诉克里恩案"（Courage Ltd v. Crehan）④中揭示的规则可以对此进行说明。在该案中得出的规则是：被迫接受一项违背欧盟竞争法的合同条款的经济弱势方，是可以向对方当事人主张赔偿的。该规则有两个目的，其一是为经济弱势方伸张正义，其二是为使公共利益受益。不过，这可能导致允许经济强势方通过选择法院协议指定非欧盟成员国法院来管辖，或者选择该国法律来适用争议，从而规避这项规则。⑤

当然，竞争问题并不当然是全部被排除在2005年海牙《选择法院协议公约》适用之外，如果某人依合同起诉被告，被告辩称合同因违反反托拉斯法或竞争法而无效，这时诉讼仍在公约适用范围之内，因为反托拉斯或竞争法问题不是诉讼的标的，而

---

① Hartley / Dogauchi Report (2007), p. 32, para. 60.
② Ibid., pp. 32-33, para. 62.
③ See L. Radicati di Brozolo, "Antitrust Claims: Why exclude them from the Hague Jurisdiction and Judgments Convention", *European Competition Law Review*, Vol. 25, No. 12, 2004, pp. 780-788.
④ Case C-453/99 Courage Ltd v. Crehan [2001] E. C. R. I-6297.
⑤ Dogauchi / Hartley Report (Dec. 2004), Preliminary Document No. 26 of December 2004, p. 11.

只是案件的先决问题。①

8. 核损害责任（nuclear liability）

有不少的国际公约对核损害责任进行专门调整，包括1960年《关于核能领域第三方责任的巴黎公约》及其2004年修订案、1963年《关于核能领域第三方责任的布鲁塞尔补充公约》及其1997年修订案、1963年《关于核损害民事责任的维也纳公约》及其1997年修订案、1988年《关于适用维也纳公约和巴黎公约的联合议定书》和1997年《核损害补充赔偿公约》。② 这些公约都规定，核事故发生地国对因该事件引起的赔偿诉讼拥有专属管辖权。③ 例如，1997年《核损害补充赔偿公约》第VIII条第1款规定，"除本条另有规定外，对于与核事件所造成核损害有关的诉讼的管辖权仅属于发生核事件的缔约方的法院"。对于海牙公约与其他国际文件的关系，根据2005年海牙《选择法院协议公约》第26条，这些国际公约是优先于海牙《选择法院协议公约》的。

这些公约大多未得到主要拥核国家的加入或批准。截止到2013年1月1日，美国、中国、日本和加拿大都不是1960年《关于核能领域第三方责任的巴黎公约》的缔约方。④ 尽管1963年《关于核损害民事责任的维也纳公约》有38个成员国，但是美国、中国、日本、德国、法国、加拿大都没有加入，英国签署但未批准。⑤ 1997年《核损害补充赔偿公约》也仅有阿根廷、

---

① Harley / Dogauchi Report (2007), p. 33, para. 63.
② 参见OECD核能机构网页（http://www.oecd-nea.org/law/legal-documents.html#agreements）和国际原子能机构网页（http://www.iaea.org）。
③ Harley / Dogauchi Report (2007), p. 33, para. 64.
④ See http://www.oecd-nea.org/law/paris-convention-ratification.html.
⑤ See http://www.iaea.org/Publications/Documents/Conventions/liability_status.pdf.

摩洛哥、罗马尼亚和美国4个成员国，尚未达到生效条件。[①]

尽管大多数拥核国家没有批准这些公约，不适用核损害责任专属管辖规则，但是由于核损害责任影响面广泛，涉及公共利益和政治因素，对于在本国发生的核损害事故，大多数国家都不愿意当事人选择法院，将核损害争议提交给其他国家法院管辖。因此，2005年海牙《选择法院协议公约》排除对核损害责任的适用，除非它是案件中的先决问题。

9. 在公共机构注册的效力（public registers）

《布鲁塞尔条例I》第22条第3款和1999年公约草案第12条都把关于在公共机构注册是否有效的诉讼作为注册地法院的专属管辖权。登记注册的效力，是否是民商事问题是容易造成疑虑的。为避免解释上的分歧，2005年海牙《选择法院协议公约》第2条第2款（p）项也明确将其排除在外。[②]

四 与公约适用范围有关的其他问题

（一）有关先决问题

2005年海牙《选择法院协议公约》第2条第3款指出，"尽管有第2款之规定，当与该款有关的问题仅为先决问题且并非诉讼对象时，此诉讼并不排除在本公约范围之外。特别是，如果第二款排除的事项不是诉讼对象，则该事项作为抗辩方式的单纯事实并不使诉讼排除在本公约之外"。

海牙公约第2条第3款排除的16种事项作为先决问题且不是诉讼对象时，仍在公约范围内。所谓"先决问题"（preliminary question），是指并非诉讼对象，但法院不得不决定以便作出判

[①] See http://www.iaea.org/Publications/Documents/Conventions/supcomp_status.pdf.

[②] Harley / Dogauchi Report (2007), p. 36, para. 82. Also see Nygh / Pocar Report (August 2000), Preliminary Document No. 11 of August 2000, p. 68.

决的问题。例如，原告以专利特许协议为由主张获得一笔赔偿金，而被告辩称专利无效而不应支付。这里专利的有效性就成为了一个先决问题，法院必须先解决它才能决定主要问题，即是否应给付。又如，被诉违约的自然人辩称自己无订立协议的能力，主要问题是他是否对违约承担责任，而先决问题是他是否有订立选择法院协议的法律能力。

有些国家禁止当事人在某些情况下对先前已裁定的先决问题重新提起诉讼，美国称之为"争点排除"（issue preclusion）或"间接禁止反言"（collateral estoppel）[①]，英国称之为"争点禁止反言"（issue estoppel）；而在有些国家，这些问题可以被重新提起诉讼。这里存在两种关于先决问题的情况，一种是先决问题的裁决，另一种是因先行裁决而作出的判决问题。对此，海牙《选择法院协议公约》第10条规定对与公约排除事项有关的先决问题的裁决不应被承认与执行，而对于因与公约排除事项有关的先决问题的先行裁决而作出的判决，被请求法院可以拒绝或达到拒绝的程度。当然，对于与海牙公约排除事项无关的先决问题的承认与执行，依海牙公约规定或依被请求国的国内法。

（二）仲裁及政府和国际组织的豁免权问题

2005年海牙《选择法院协议公约》明确排除仲裁及其相关诉讼，该规定是为了确保公约不妨碍已有的仲裁公约。第2条第5款规定，政府、政府办事处或任何代表国家的个人作为当事人的事实并不使诉讼排除于本公约范围之外。当然，不涉及民商事案件的诉讼不在公约之内。《布鲁塞尔条例Ⅰ》第1条也有相似之规定。

当涉及政府或其他公共管理机构时，特别是在合同案件中，

[①] 参见孙劲《美国的外国法院判决承认与执行制度研究》，中国人民公安大学出版社2003年版，第93页。

可能产生适用上的难题，因为合同并不仅仅因为公共管理机构是当事人而使其不具有民商事性质。当然，如果公共管理机构运用权力以使私人无法履行，则就不再是民商事性质。因此，公共管理机构使用政府权力使一方加入合同，该合同就可能不具有民商事性质。例如，如果政府管理部门将被拘留人员释放是基于他签立了一份缴付大量金钱以使其不被审判的协议，该协议与刑事诉讼有很紧密的关系而被排除在公约之外。在政府的豁免权问题上，第2条第6款指出，公约完全不影响主权国家、主权国家的实体或国际组织的特权和豁免。①

（三）保险及再保险合同

2005年海牙《选择法院协议公约》在第四章的一般条款中明确规定公约适用于保险和再保险合同。根据公约第3条对排他性选择法院协议的定义，选择法院协议有可能涉及第三人。海牙公约第17条第1款明确规定，对于保险或再保险合同提起的诉讼，不因为公约不适用的事项与保险或再保险合同有关系而排除在公约之外。如果诉讼因涉及旅客和货物运输、不动产物权和租赁等等被公约第2条第2款所排除的事项的保险及再保险合同而引起，该诉讼并不当然地排除在海牙公约的适用范围之外。②

（四）声明条款

2005年海牙《选择法院协议公约》在第四章一般条款中规定了缔约国可以采取的四项声明，以便缔约国缩小公约的适用而使公约获得更广泛的接受。根据1969年《维也纳条约法》第21条保留的法律效果对另一当事国而言，在其与保留国的关系上按

---

① 有关管辖豁免问题，可参见黄进《国家及其财产豁免问题刍议》，《政治与法律》1985年第6期。

② Hartley / Dogauchi Report (2007), p. 63. 也可参见徐国建《建立国际统一的管辖权和判决承认与执行制度——海牙〈选择法院协议公约〉述评》，《时代法学》2005年第5期。

同一范围改变有关规定;另外缔约国可以对别国提出的保留提出反对。[①] 由于保留极其复杂,公约在起草时否定了使用"保留"的提议而采取"声明"。公约不鼓励任何保留,对是否允许保留保持沉默,这似乎有意避免将声明解释为保留。[②]

2005年海牙《选择法院协议公约》第19条和第20条两条声明仅仅限制声明作出国法院的行为,并没有像第21条和第22条那样明确将法律效果施于有关的其他缔约国。公约第19条提供缔约国限制管辖权的声明条款,依该声明缔约国法院可以拒绝裁决争议与指定法院所在国无实质联系的案件。另外,第20条提供缔约国限制承认与执行的声明条款,依该声明缔约国法院可以拒绝承认与执行另一缔约国作出的实质属于被请求国纯国内案件的判决。

2005年海牙《选择法院协议公约》第21条是关于特殊事项的声明条款。公约在草案中指与石棉(Asbestos)有关的涉及各国重大利益的问题。为扩大各国对公约的采纳,公约特别将此条款普遍化,允许缔约国在加入本公约时对涉及本国重大利益的特殊事项作出声明。公约并没有对特别事项作出定义,而完全由缔约国自行决定。这一声明条款非常重要,反映了各国对国际民商事规则统一立法求同存异的谨慎态度。

另外,2005年海牙《选择法院协议公约》第22条也允许缔约国对非排他性选择协议作出互惠声明,本条的目的在于扩大公约的适用范围。该声明只规定被请求法院在特定情况下的判决承认与执行规则,而不涉及管辖权规则。

2005年海牙《选择法院协议公约》的声明条款一方面照顾

[①] 李浩培:《条约法概论》,法律出版社2003年版,第165—168页。
[②] 孙劲:《海牙〈选择法院协议公约〉评介》,2005年中国国际私法学会年会论文集。

到各国的司法习惯和国家利益，另一方面又尽可能地对规则进行统一，显示了立法上的灵活和妥协。这些声明条款为各国加入公约扫清了障碍。

第二节 2005 年海牙公约关于协议管辖权的一般规则

一 "排他性选择法院协议"的定义

2005 年《选择法院协议公约》第 3 条规定："为本公约之目的，（a）排他性选择法院协议是指，两个或两个以上的当事人在满足第（c）条的要求下，为了决定将已经引起的或可能引起的与特定法律关系有关的争议指定给缔约国的法院或者一个或几个特别法院，由此排除任何其他法院管辖而订立的协议；（b）指定给缔约国法院或缔约国的一个或几个特别法院的选择法院协议，将被认为是排他性的，除非当事人明确地表示例外；（c）排他性选择法院协议必须是或明显地是：（i）用书面；或（ii）通过任何其他能提供可获取的信息，使其日后能够作为参考的联系方式；（d）作为合同一个部分的排他性选择法院协议将被视为独立于合同其他条款的协议。排他性选择法院协议的效力不得仅因合同无效而被主张无效。

2005 年海牙《选择法院协议公约》规定了"排他性选择法院协议"（exclusive choice of court agreements）的五个要件：第一，选择法院协议必须是两个或两个以上的当事人之间的协议；第二，公约第 3 条（c）规定的形式要求必须满足；第三，协议必须指定一个缔约国的法院或一个或多个特别法院以排除任何其他法院的管辖；第四，被指定的法院必须为缔约国法院；第五，指定法院必须以裁决已经发生或可能引起的与特定法律关系有关的争议为目的。根据公约解释报告，如果当事人仅对案件的实质进行抗辩而不反对管辖权，由于这并不是对法院的指定，公约不视为给予该法院管辖权，[①] 也就是说海牙公约不适用于应诉管辖。

1. 选择法院协议必须是两个或两个以上的当事人之间的协议

选择法院协议不得单方面地制定，而应该是当事人的合意。因此，单方面制定的法院选择将不受公约调整，例如信托人在信托证书上所作的对法院的选择，因为这不是当事人之间的合意。

关于是否构成合意的法律适用问题，在解释1968年《布鲁塞尔公约》第17条类似条款时，欧洲法院曾以欧共体法中的自治规则来判断是否合意，而不以缔约国的国内法为准据法。[②] 与此做法不同的是，2005年海牙《选择法院协议公约》将缔约国的法律作为是否构成合意的依据，公约的不同条款都对此作出了明确规定：公约第5条第1款、第6条（a）和第9条（a）以被选法院所在国的法律为依据；公约第6条（b）将有合法管辖权法院地法为依据；公约第9条（b）以被请求法院地法为依据。

如果双方当事人同意选择法院协议，如果第三人从一当事人中继受权利和义务，则这位没有明示同意该协议的第三人是否受选择法院协议的约束，应依据国内法的规定。[③]

2. 公约第3条（c）规定的形式要件必须满足

这是一项必要且充分的规定，即如果不满足该条规定的选择法院协议不受本公约调整，判断协议形式要件的依据不是缔约国的国内法而是仅依公约之规定。根据公约解释报告，缔约国法院不能因为以下原因拒绝承认选择法院协议的效力：协议以外国文

[①] Hartley / Dogauchi Report (2007), p. 38, note 128.
[②] 例如在1976年的"科尔扎尼诉鲁瓦案"（Colzani v. RÜWA）案中，如果当事人只是在合同纸张的一面签名，除非他在写有选择法院协议的合同反面签字作出明示，欧洲法院将认为当事人并未同意反面的选择法院协议，本案中裁决应依据欧共体法而不是成员国国内法。See Case 24/76 Estasis Salotti and Colzani v. RÜWA [1976] E. C. R. 1831.
[③] Hartley / Dogauchi Report (2007), p. 38.

字书写；条款未采用特别的粗体形式；条款是小写的或者当事人未在主合同之外单独签字。①

2005年海牙《选择法院协议公约》第3条（c）规定了两种形式要件，即选择法院协议应以（i）书面或者（ii）通过任何其他能提供可获取的信息，使其日后能够作为援引的通信方式②订立或者备有证明文件。当协议采取第一种形式时，即协议是书面的，则其形式效力不依赖于当事人的签字，尽管缺乏签字会使证明存在协议变得困难。公约第二种形式上的规定试图涵盖传输或存储信息的电子手段，这包括所有可能的信息可被获取以便在日后可被提交的常态类型，这种方式包括电子邮件和传真。

协议必须以这两种方式订立或备有证明文件。如果证明存在有如下事实，则"书面证据"的要求将被满足：存在口头的选择法院协议，协议由一方当事人作出书面确认，该确认被其他当事人收到且其他当事人不表示反对。对于收到确认的当事人而言，无论把口头协议作成书面的当事人是否从中受益（如因为被选法院在其本国而获得便利），他无须明确表示接受，因为明确表示接受构成一项新的书面协议。总而言之，初始的口头协议必须得到双方的同意。③

3. 协议被视为是排他性的（Agreements deemed exclusive）

2005年海牙《选择法院协议公约》第3条（b）规定了一项重要规则，除非当事人另有明示约定，指定一个缔约国法院（或者一个缔约国的一个或多个特定法院）的选择法院协议将被认为是排他的。

---

① Hartley / Dogauchi Report (2007), pp. 40-41.
② 该规定的措词受1996年《联合国贸易法委员会电子商务示范法》（UNCITRAL Model Law on Electronic Commerce 1996）第6条第1款的启发。See Hartley / Dogauchi Report (2007), p. 41.
③ Hartley / Dogauchi Report (2007), p. 41.

其核心内容是,选择法院协议可以概括地指向某一缔约国的法院,也可以指向某一缔约国的一个或多个特别法院。因此,指定争议由法国法院裁决的协议在本公约下被视为是排他性的,即使协议并没有指定由法国的哪一个法院来审理案件。在这种情况下,法国的法律有权决定由哪个或哪些法院来审理案件。[①] 根据此类规则,原告可以选择在法国法院提起诉讼。另外,协议指定由法国的特别法院,譬如巴黎商事法院,该协议也被认为是排他性的。同样的是,协议指定同一缔约国的两个或两个以上的特别法院,如"巴黎商事法院或里昂商事法院",该协议仍然是排他性的选择法院协议。[②]

实践中,通过协议来选择法院可以分为以下几种类型:(a) 指定一国的一个或者几个法院,并排除其他国家法院的管辖权;(b) 指定一国的一个或者几个法院,但不表明排除其他国家法院的管辖;(c) 指定几国的法院均可管辖,无论有无排除其他法院管辖权的字眼,但实际上当事人仍可在不同国家法院起诉。事实上,选择法院条款是对已相互形成重叠的多个国家民事诉讼管辖权的选择,其目的当然是要排除其他国家的法院。本公约所谓"排他性",是指选择一国的法院(无论该国一个或数个法院)而排除所有其他国家法院管辖权。这里的"排他"指排除"所有他国法院",而非排除"其他法院"。由此,"非排他性"则相应地指数国法院均可实施管辖的情形。当然,非排他性选择法院条款也有排除某些国家法院管辖的意义。

根据公约第 3 条 (b),以下条款将被视为排他性选择法院条款:"受本合同约束,甲国法院应有审理案件的管辖权","受

[①] 参见 2005 年海牙《选择法院协议公约》第 5 条第 3 款 (b)。
[②] 根据 2005 年海牙《选择法院协议公约》,一项指定甲仅可以在巴黎商事法院起诉乙,而乙仅可以在里昂商事法院起诉甲的协议,也是排他性的选择法院协议。如果指定的两法院不在同一缔约国,则另当别论。

本合同约束,诉讼应向甲国法院提起"。但以下条款则视为是非排他性的:"受本合同约束,甲国法院应有审理案件的非排他性管辖权","受本合同约束,诉讼可以向甲国法院提起,但这并不排除向任何有合法管辖权国家的法院提起诉讼。"[1]

排他性选择法院协议的优点在于当事人以私法最大化自治的方式在多个管辖权中选择一个国家的法院对争议进行管辖,而使当事人对案件结果在合理的范围内存在可预见性和确定性。相反地,非排他性选择法院条款则仅有排除某些特别国家法院管辖的意义,不具有对结果的可预见性和确定性。

在某些情况下,选择法院协议仅规定一方只能向指定的法院提起诉讼,而另一方提起诉讼并不排除其他法院的管辖,即所谓"片面协议或不对称协议"(one-sided or asymmetric agreements)。国际贷款合同就常以这种方式拟定,这类合同可能会有如下选择法院条款:"借款人向贷款人可以排除性地在甲国法院提起诉讼;贷款人向借款人可以在甲国法院或任何有合法管辖权的国家的法院提起诉讼。"[2] 如果借款人提起诉讼,则协议不受公约调整,因为贷款人还有在其他国家法院提起诉讼的自由。如果贷款人在其他地方提起诉讼,公约不妨碍法院审理案件。同时,公约也不适用于贷款人在指定法院之外的其他法院提起诉讼的情形。但是,如果贷款人在指定法院提起诉讼,协议在此时就成为排他性的,因为借款人无权在任何其他法院提起诉讼。

4. 被指定的法院必须为缔约国法院

这一项规定为互惠条件,公约仅将选择法院协议适用于缔约国的法院,而指定非缔约国法院的那类协议不在公约范围之内,除非缔约国依公约作出特别声明。

---

[1] Hartley / Dogauchi Report (2007), p. 40.
[2] Ibid., p. 39.

值得注意的是，公约中"État / State"一词尽管通常被译为"国家"，但是也指复合法域国家中有独立法律制度的领土区域（territorial unit），同时也可以指"区域经济一体化组织"（Regional Economic Integration Organisations）。根据公约第25条第1款，"État / State"既可以指作为一个整体的国家，如加拿大、中国、英国或美国，也可以指其中的一块领土，如加拿大的安大略省、中国的香港特别行政区、英国的苏格兰或美国的新泽西州。因此，根据2005年《选择法院协议公约》，指定由美国法院管辖的条款和由新泽西州法院管辖的条款都是排他性选择法院协议。当然，依公约第5条第3款，公约不影响缔约国法院对管辖权的内部分配规则，一项指定由新泽西州的法院管辖的条款是排他性的，该条款不影响案件是由州法院还是位于该州的联邦法院管辖。此外，根据公约第29条第4款，"État / State"还可以指欧盟这样的区域经济一体化组织。① 依修订后的《海牙国际私法会议章程》第3条，区域经济一体化组织是指完全由主权国家构成的国际组织，其成员国已将处理某一范围的事项的权限让渡给该组织，包括可就有关事项作出对其成员国有约束力决定的权限。② "État / State"一词在公约中具有

---

① 欧洲共同体于2007年4月3日成为海牙国际私法会议的成员方，参见 Andrea Schulz, "The Accession of the European Community to the Hague Conference on Private International Law", *International and Comparative Law Quarterly*, Vol. 56, No. 4, 2007, pp. 939 – 949; Hans van Loon and Andrea Schulz, "The European Community and the Hague Conference on Private International Law", in Bernd Martenczuk and Servaas van Thiel (eds.), *Justice, Liberty, Security: New Challenges for EU External Relations*, Brussels University Press, 2008, pp. 257 – 299. 2009年12月1日《里斯本条约》生效之后，欧洲联盟取得法律人格，取代并继承欧洲共同体在海牙国际私法会议的成员资格。

② 《海牙国际私法会议章程》于1951年10月31日订于海牙，1955年7月15日生效。1951年版本仅接受国家为其成员。为使欧洲共同体成为其成员，2005年6月30日，大会通过《海牙国际私法会议章程修正案》。中华人民共和国国务院于2006年9月7日接受其修改，修改于2007年1月1日对中国生效，并同时适用于香港和澳门特别行政区，参见2006年9月7日《国务院关于决定接受〈海牙国际私法会议章程修正案〉的批复》，国函〔2006〕93号，《国务院公报》2006年第32期。

多层含义,需要具体对待。

5. 必须以解决与特定法律关系有关的争议为目的

选择法院协议可以将争议限定在已经发生的争议,也可以包括将来发生的争议,只要争议与特定法律关系有关。换言之,协议可以是事前订立的,也可以是纠纷发生之后订立的。根据公约适用的范围,争议的起因不限于合同之债,而且包括由特定法律关系引起的非人身侵权之诉。因此,当事人合伙协议之中的选择法院条款可以包括当事人之间与合伙有关的侵权之权。在具体案件中是否可以这么做应该依靠协议的规定。[1]

二 非排他性选择法院协议

2005年海牙《选择法院协议公约》适用于排他性的选择法院协议(non-exclusive agreements),如果缔约国不依声明条款作出扩展到排他性选择法院协议的声明。如果适用于非排他性选择法院协议,则需要关于平行诉讼(lis pendens)的规则。

一些国家希望将公约扩展至"非排他性的选择法院协议",该建议被部分采纳,成为公约第22条的声明条款。根据该条,一国可以声明承认与执行依非排他性选择法院协议作出的判决。[2] 在管辖权阶段,非排他性选择法院协议会导致平行诉讼;在承认判决阶段,则通常没有问题。例如,选择法院协议约定纽约和伦敦都有管辖权,当事人在纽约诉讼而未在伦敦提起诉讼,在这种情况下并没有平行诉讼,因此没有理由因为管辖权协议是非排他性地而不承认与执行纽约法院作出的判决,而第22条第2款就为此提供了一种可能。正是由于加入这个声明条款,最后公约的名称从"排他性选择法院协议公约草案"改为《选择法

---

[1] Hartley / Dogauchi Report (2007), p. 39.
[2] See Hartley / Dogauchi Report (2007), pp. 66-68.

院协议公约》。

2005年《选择法院协议公约》第22条对非排他性选择协议作了定义，它与排他性选择协议的区别就在于，当事人指定一个或多个缔约国的一个或几个法院，但不排除其他国家法院的管辖。尽管公约在第1条第1款中指出公约适用于排他性选择法院协议，但从公约的第23条关于非排他性选择法院协议的互惠声明来看，公约并不简单地将非排他性选择法院协议排除适用。就公约的行文和意图而言，公约普遍适用于排他性选择法院协议，而是否适用于非排他性选择法院协议则交由缔约国声明而定，并且这种声明只是对非排他性选择法院协议承认与执行时的特定条件，而不涉及管辖权规则。

三 选择法院协议的独立性

2005年海牙《选择法院协议公约》第3条（d）规定，为了确定选择法院协议的效力，作为合同一部分的排他性选择法院协议必须视为独立于合同其他条款的单独协议，排他性选择法院协议的效力不能以合同无效为由作出抗辩。因此，选择法院协议的效力必须依据公约第5条第1款、第6条和第9条规定的标准，单独地进行判定。由此，被选法院有可能判定主合同无效，却不剥夺其中选择法院协议的效力，当然，主合同无效的原因也可能同样使选择法院协议无效，这完全依赖于具体情况。相对仲裁协议效力的独立性而言，2005年海牙公约这种规定赋予选择法院协议与其相同的独立性。

普通法系的对价原则（Doctrine of consideration）一般认为，"合同无对价则无效力"（contracts are not valid unless there is consideration），合同各方当事人必须获得某物，作为他向另一方当事人承诺的回报。如果将选择法院协议视为独立的合同，这就产生对价的问题。① 一般地，如果张三和李四约定由甲国法院排他性管辖日后相关合同争议，李四不在别处诉讼的承诺就构成张三相对承诺的对价，反之亦然。但是，这也并非是当然的。假设，如果不存在选择法院协议，张三可以在甲国或乙国起诉李四，另一方面李四却仅可以在甲国起诉张三。如果当事人同意甲国法院有排他性管辖权，张三将放弃在乙国起诉李四的权利，而张三却未获得任何回报，因为在任何情况下李四只能在甲国法院起诉张三。如果将这一选择法院协议作为合同的一个部分，对价可能在合同其他条款中发现。但是，如果视其为独立的合同，它却因为缺乏对价而无效力。2004 年 12 月的草案报告曾提出一条修改意见以避免上述情况使协议无效，② 但正式文本没有采纳，可见这一问题将由缔约国的国内法解决，或待公约未来进一步的修订。

四 被选法院的管辖权

2005 年海牙《选择法院协议公约》第 5 条是公约关键条约之一，它对被选法院施加管辖的义务，除非选择法院协议依被选法院地法是无效的。在判断协议的效力时，被选法院可以适用本国冲突规范指引的实体法来确认其效力。公约第 5 条要求，排他性选择法院协议指定的法院在受理争议之后应审理案件，法院不能以其他国家的法院更合适（不方便法院）或其他法院最先受案（平行案件）为由以拒绝审理案件。公约第 5 条的主要例外是，如果根据被选法院地法（包括其国际私法）选择法院协议无效，则被选法院无须审理案件。

（一）排除适用"不方便法院原则"

2005 年海牙《选择法院协议公约》第 5 条第 2 款明确排除

---

① Dogauchi / Hartley Report (Dec. 2004), p. 20, para. 80.
② Ibid., p. 21, para. 80.

"不方便法院原则"（forum non conveniens），法院不得以存在更合适的法院为由拒绝管辖。

不方便法院原则可以使法院以在其他法院审理可能更方便为由拒绝审理案件。[①] 如果存在选择法院协议，该原则可以用于驳斥原告依协议在被选法院起诉。这种情况下很少裁定中止案件，因为法院在评估适当法院的因素时往往不利于选择法院协议。例如，在香港法院审理案件时，不方便法院原则可以有效地抗辩排他性的选择法院协议，法院要求被告举证存在比被告选择的法院更为明显适当的法院。[②] 而澳大利亚、英格兰、新西兰、加拿大、以色列和美国这样的普通法系国家，以及苏格兰[③]和魁北克[④]这样的受普通法系影响的民法法系地区，不方便法院原则都可用于反对执行选择法院协议。[⑤] 并且，即使在日本这样的民法法系国家，也采用类似不方便法院的"特殊情况考虑"以允许法院驳回诉讼，如果与个案特殊情况的考虑原则相违背。根据第5条第2款，本公约不允许使用不方便法院原则。

（二）不影响被选法院地的内部管辖权分配规则

2005年海牙《选择法院协议公约》第5条第3款规定，公

[①] See James J. Fawcett, "General Report", in James J. Fawcett (ed.), *Declining Jurisdiction in Private International Law: Reports to the XIVth Congress of the International Academy of Comparative Law*, Oxford: Clarendon Press, 1995, pp. 10 - 26.

[②] Yu Lap Man v. Good First Investment Ltd. (1998) HKLRD (Yrbk) 104; T & K Electronics Ltd. v. Tai Ping Insurance Co. Ltd. (1998) 1 HKLRD 172.

[③] See Paul Beaumont, "Great Britain: *Forum Non Conveniens*", in James J. Fawcett (ed.), *Declining Jurisdiction in Private International Law: Reports to the XIVth Congress of the International Academy of Comparative Law*, Oxford: Clarendon Press, 1995, pp. 207 - 221.

[④] Civil Code of Quebec § 3135.

[⑤] See James J. Fawcett, "General Report", in James J. Fawcett (ed.), *Declining Jurisdiction in Private International Law: Reports to the XIVth Congress of the International Academy of Comparative Law*, Oxford: Clarendon Press, 1995, pp. 10 - 21.

约不影响缔约国的内部管辖权分配的规则，也不影响与事项或诉讼请求数额有关的管辖权规则。因此，如果当事人指定由某专利法院管辖，但其纠纷与国际货物买卖有关，则被选法院不能依公约审查案件。

对于是否移交案件到正确的法院，则需要依靠其国内法。2005 年海牙公约第 5 条第 3 款（b）规定，在被选法院拥有是否移送案件的自由裁量权时，应对当事人的选择予以适当考虑（due consideration）。也就是说，在国内法无特别规定时，法院仍须尽可能地考虑当事人的意愿。

（三）选择法院协议的效力

在选择法院协议的形式要件之外，对于在被选法院进行的诉讼，公约并没有规定协议有效的实质要件。对于弱方当事人，特别是格式合同中的弱方当事人和不公平交易的当事人来说，在被选法院诉讼时是否能够给予充分的保护，是有疑义的。本书以专节讨论选择法院协议的效力问题。

五　对其他法院管辖权的影响

2005 年海牙《选择法院协议公约》第 6 条给缔约国法院施加的另一个义务则是，未被选法院必须限制其管辖权。这是对选择法院协议的基本尊重，是保证选择法院协议效力的必然要求。

同时，公约在第 6 条中也规定了多项例外。第一项例外是协议无效（null and void），如果协议无效，被选法院可能拒绝管辖时，受案法院可以实施管辖，以免出现管辖权的消极冲突。如果被选法院没有义务管辖，则其他法院也没有义务拒绝管辖。判断协议无效的法律适用规则为被选法院地法，这有助于避免管辖权冲突，促进司法的确定性。如果以被选法院地法来确定协议的效力，一般而言，不同的受案法院都将对协议效力作出相同的判断。

其他法院实施管辖的第二个例外是，依受案地法，当事人缺乏签订选择法院协议的能力（incapacity）。第三个至第五个例外是，海牙公约也允许以协议导致明显的不公正（manifest injustice），明显违反受案法院地的公共政策（manifestly contrary to the public policy）以及协议因当事人不可控制的原因而不能合理地履行（incapable of performance）为由，否定选择法院协议的效力。第六个例外是，如果被选法院决定不审理案件（case not heard），受案法院也可以管辖。一般而言，这种情况包括在协议无效的情况下，但是前者依被选法院地法，而后者则有赖于被选法院自己的裁判。

由于对未被选法院的影响与选择法院协议的效力有关，本书在后节中亦有专门的讨论。

第三节 案件争议与诉讼地的联系问题

当事人对管辖法院的指定，不可避免地出现案件争议与诉讼地是否具有联系的问题，即被选法院与案件争议具有实质性的联系，或者被选法院是相对中立的法院。

一般而言，如果诉讼地与案件具有实质的联系，例如被选法院地是合同履行地、某方当事人的主营业地等等，往往便于当事人收集证据和举证；其次，相对中立法院而言，法院查明外国法的任务较轻；另外，由于诉讼地与案件之间具有一定联系，受案法院一般难以拒绝管辖，如以不方便法院为由拒绝。但是，反对这一观点的学者认为，要求诉讼地与案件具有联系，限制了当事人选择中立法院的可能性，在现实生活中，双方当事人可能不愿意到对方的法院诉讼而选择第三国法院。

对于选择第三国法院，则可能因为当事人之间为了避免各自法院对本国当事人的偏袒而选择一个中立的法院，也可能因为被选择的法院对于解决某种类型的案件非常有经验或者有一定的国际影响，譬如一些金融机构因为英格兰商事法院法官的专业性而通常在合同中选择英格兰法院作为管辖法院。① 但是，选择第三国法院，该法院可能适用不方便法院而拒绝管辖，另外，中立的法院也可能出现当事人合谋规避某国强制性规则的情形。

一　不同观点

1. 第一种观点：争议须与被选法院有联系

在某些国家，被选法院可能以法院与当事人或争议没有足够的联系为由而拒绝主张管辖权。例如，如果案件与瑞典的联系微弱，瑞典法院有权驳回诉讼。② 同样，丹麦法院在将其国内法适用于选择法院条款时，如果选择法院条款指定的法院与争议没有联系，丹麦法院将不执行该条款。③

瑞士也是如此，依1987年瑞士《联邦国际私法》第5条第3款，即使有效的选择法院条款指定瑞士法院管辖，法院也可以因案件与法院地联系微弱而拒绝受理案件，除非依州法或有关瑞士法，一方当事人在该州或瑞士拥有住所、惯常居所或机构。④ 根据瑞士《联邦国际私法》第5条第3款，当事人所选择的瑞

---

① See Andrew Clark, "A Toast from Wall Street: Examines London's Pre-eminence in Bank Litigation", *Financial Times*, Dec. 19, 1995, p. 9.

② See James J. Fawcett, "General Report", in James J. Fawcett (ed.), *Declining Jurisdiction in Private International Law: Reports to the XIVth Congress of the International Academy of Comparative Law*, Oxford: Clarendon Press, 1995, pp. 18-19.

③ See Philip S. Thorsen et al., "Forum Selection Agreements under Danish Civil Law", in Suzanne Rodriguez and Bertrand Prell (eds.), *International Judicial Assistance in Civil Matters*, Ardsley, N.Y.: Transnational Publishers, 1999, p. 78.

④ 值得一提的是，只有在争议一方当事人在《卢迦诺公约》成员国拥有住所，瑞士法院作为被选法院时才依《卢迦诺公约》必须接受管辖权。因此，如果日本公司和美国公司协议选择瑞士法院作为它们的管辖法院，《卢迦诺公约》将不适用，瑞士法院将适用瑞士法处理此选择法院条款的可执行性。

士法院不得拒绝管辖，如果（a）当事人在瑞士有住所、习惯居所或营业部；（b）根据本法规定以瑞士法律作为解决争议所应适用的法律。这里，瑞士法的适用可能建立在与争议的客观联系或者法律选择之上，而在其他情况下，当事人选择的法院有权（但无义务）拒绝管辖。该法避免严格说来与案件毫无联系的法院被双方当事人合意选择管辖法院的协议条款指定为管辖法院。① 第5条第3款反映出立法者试图避免瑞士法院受理大量与瑞士毫无联系的案件的考虑。但瑞士安德烈亚斯·布赫教授（Andreas Bucher）认为，这种担心似乎有点过度了，因为就拒绝管辖而言，法院可以通过提高诉讼费来避免案件过多。他认为，当事人希望在像瑞士这样的第三国中立法院解决争议，或者因为法院的高素质而协议选择瑞士法院管辖，这对瑞士是有益的。②

相应地，如果法院认为，外国的被选法院与争议和当事人缺乏联系，这足以说明忽视在其他地方有效的选择法院条款是正当的，法院就可以不顾选择法院条款而对案件实施管辖。例如，韩国最高法院曾拒绝执行两家韩国公司指定纽约法院管辖的选择法院协议。韩国最高法院还曾支持低等法院遵循该案的判决，尽管存在选择法院协议，但争议与纽约法院没有合理的联系。韩国法院还认为，不适当或不公正的任何选择法院协议都是无效的。③ 美国法院也有相似的例子，一家美国公司在联邦法院对德国钢铁制造商发起违约和侵权之诉，地区联邦法院认为，合同中指定由德国法院管辖的选择法院条款是不合理的，

---

① 陈卫佐：《瑞士国际私法法典研究》，法律出版社1998年版，第36页。

② Andrea Bucher, *Droit international privé suisse*, Bâle et Francfort‑sur‑le‑Main：Helbing & Lichtenhahn, 1998, p. 71.

③ Avril D. Haines, "Choice of Court Agreements in International Litigation：Their Use and Legal Problems to Which They Give Rise in the Context of the Interim Text", Preliminary Document No. 18 of February 2002, p. 5.

因为与争议有关的所有证据和活动都发生在美国,该判决后来得到上诉法院的支持。①

2. 第二种观点:无须联系

法国并不要求在国际案件中被选法院地与争议之间有某种联系。在 1978 年 12 月 19 日的案件中,法国最高法院判定法国公司和德国公司指定瑞士法院管辖的协议有效。② 在 1990 年 10 月 10 日的案件中,列支敦士登公司与毛里求斯公司的商业合同中含有指定由巴黎商事法院管辖的条款,巴黎上诉法院承认了该条款的效力。③ 但是,在法国,被选法院地与争议是否需要某种联系曾经是执行《布鲁塞尔公约》和《卢迦诺公约》第 17 条的争议点。④

欧洲法院的判例也表明,《布鲁塞尔公约》不要求当事人选择的法院是否与争议具有一定的联系。在 1980 年 1 月 17 日泽格尔案(Zelger)中认为,《布鲁塞尔公约》第 17 条"不考虑诉讼与被选法院的关系之间有任何客观联系"。大陆法系学者认为,这个结论有助于当事人选择"中立"的法院来处理他们之间的争议。⑤ 依《布鲁塞尔公约》,欧盟成员国法院作为被选法院时必须接受管辖权,而这只适用于一方当事人在欧共体国家拥有住所的情形。

---

① Copperweld Steel Co. v. Demag - Mannesmann - Bohler, 578 F. 2d 953 (3rd Cir. 1978).

② V. Cass. com. 19 dec. 1978, *Clunet* 1979. 366, n. Gaudemet - Tallon, *Rev. Crit.* 1979. 617, n. Huet.

③ Paris 10 oct. 1990, R. C. 605 (1991).

④ Avril D. Haines, "Choice of Court Agreements in International Litigation: Their Use and Legal Problems to Which They Give Rise in the Context of the Interim Text", Preliminary Document No 18 of February 2002, p. 5.

⑤ Hélène Gaudemet - Tallon, *Compétence et Exécution des Jugements en Europe, Règlement n° 44/2001 Conventions de Bruxelles et de Lugano*, 3e édition, Paris: LGDJ, 2002, p. 110.

在美国，纽约州曾废除在被告或争议与法院地有联系时只允许对外国法人诉讼的法律。① 其后，纽约还颁布了一项减轻选择法院协议联系要求的成文法。② 又如，堪萨斯高等法院判决，通过在合同中加入选择法院条款，当事人有效地排除任何以对人管辖权为由对被选法院的抗辩。③ 但是，美国有一些法院并不考虑选择法院作为被告接受管辖权的证明。例如，美国佛罗里达法院在"麦克雷案"（McRae v. J. D. /M. D）中裁定，管辖权条款不足以对州外的被告建立对人管辖，因为佛罗里达的长臂管辖规则未规定可因合同的提交而创设管辖权。④

二 2005年海牙《选择法院协议公约》相关规则

如果当事人希望选择真正中立的法院解决其合同关系引起的争议，或希望得益于特定法院法官的专业性，对这样的当事人而言，能在与争议或被告没有联系的法院地提起诉讼可能是重要的。事实上，典型国际选择法院协议的当事人通常是在当事人住所地之外选择法院。⑤

2001年公约草案第4条允许缔约国法院对已经存在有效的选择法院条款的案件主张管辖，无论争议或被告与被选法院地是

---

① NY Bus. Cor. Law § 1314 (b) (1) – (5) and NY Banking Law § 200 (b).
② NY Gen. Oblig. Law § 5 – 1402.
③ Vanier v. Ponsoldt, 251 Kan. 88, 833 P. 2d 949, Kan. (1992).
④ McRae v. J. D. /M. D, 511 So. 2d 540 (Fla. Sup. Crt 1987). 该案中，尽管争议中的当事人来自美国不同州，但相同的理由适用于外国被告。澳大利亚也有相似的判决，见 Mondial Trading Pty Ltd v. Interocean Marine Transport Inc. 60 ALJR 277, 65 ALR 155 (1985) (Dawson J, High Court of Australia). 转引自 Avril D. Haines, "Choice of Court Agreements in International Litigation: Their Use and Legal Problems to Which They Give Rise in the Context of the Interim Text", Preliminary Document No. 18 of February 2002, p. 6.
⑤ See William W. Park, *International Forum Selection*, Kluwer Law International, 1995, pp. 13 – 14.

否有联系。2000 年"奈与珀卡的联合报告"(Pocar/Nygh Report)曾肯定地表示:"被选法院与各方当事人、争议事项或者法院适用之间,不必有任何联系。"[①] 有大陆法学者在评论公约草案时也认为,当事人可能因为法院与争议没有联系、更加中立而选择该法院,这样的选择应该得到尊重。[②]

2005 年海牙《选择法院协议公约》延续了这一观点,在第 3 条关于选择法院协议的定义中规定,"排他性法院选择协议是指双方或多方当事人订立的符合(c)款要求,为解决与某一特定法律关系有关的已经产生或可能产生的争议,而指定缔约国的法院或缔约国一个或几个特定法院并排除其他任何法院管辖的协议。"公约的定义未对争议与被告或诉讼地的关系上施加任何限制。不仅如此,公约甚至允许一国对别国纯国内案件进行管辖,除非缔约国依公约第 19 条提出保留。

在海牙公约起草时,这个问题在选择法院协议实质效力中一并讨论。一些国家的代表认为,法院的司法任务繁重,浪费公帑来审理与被选法院地没有联系的案件,是不适当的,这类案件不如交由仲裁。但不少代表认为,这类案件并不常见,没有必要在公约中特别规定。而另一些代表则强烈建议加入案件与被选法院的联系规定,建议由国内法来决定缔约国法院是否审理案件,以一般"例外条款"包括这个问题,或者规定声明或保留条款。这些包括的可能联系因素是,一方当事人的惯常居所、合同的履行地、当事人选择的法律、可供执行判决的财产所在地。这个问

[①] Nygh / Pocar Report (August 2000), Preliminary Document No. 11 of August 2000, p. 43.

[②] See Georges A. L. Droz, "Preliminary Draft of the Convention on Jurisdiction and Foreign Judgments in Civil and Commercial Matters: Provisions of Jurisdiction", in J. J. Barceló and K. M. Clermont (eds.), *A Global Law of Jurisdiction and Judgments: Lessons from The Hague*, Kluwer Law International, 2002, pp. 15–36.

题在当时分歧严重。①

由于案件与争议是否具有联系问题是选择法院协议有效性的实质要件之一，根据海牙《选择法院协议公约》第5条第1款，该问题交由被选法院地的法律来判断。

三 个人观点和建议

1991年《民事诉讼法》（2009年修订）第242条规定，涉外合同或者涉外财产权益纠纷的当事人，可以用书面协议选择与争议有实际联系的地点的法院管辖。2012年民事诉讼法修订案干脆地将该条与国内协议管辖合并为一条，要求被选择法院仅得为被告住所地、合同履行地、合同签订地、原告住所地、标的物所在地等与争议有实际联系的地点（第34条）。中国学者们对于选择法院协议中被选法院与诉讼或被告的"实际联系"要求，一直就有批评。就中国民事诉讼法起草时的政治和经济背景来看，立法机构对于当事人意思自治在诉讼法上的延伸仍是抱有怀疑态度的。这种怀疑体现在，在允许涉外合同或财产权益纠纷的当事人协议管辖的同时，又对这种意思自治进行限制，将当事人选择限制在与争议有实际联系的地点的法院。这种限制尽管避免了中国法院审理与中国无关的案件，但是却降低了当事人选择中立法院诉讼的可能性。

1. "实际联系"的不确定性

选择法院协议中被选法院与诉讼或被告的联系问题中，如何判断法院地与争议具有实际联系，往往是难以定夺的。

对当事人而言，在争议发生之前需要确定未来案件的联系问

---

① Andrea Schulz, "Report on the First Meeting of the Informal Working Group on the Judgments Project – October 22 – 25, 2002", Preliminary Document No. 20 of November 2002, p. 8.

题是比较困难的。尽管当事人的住所、合同履行地、财产所在地这些传统的连结点可以认为与诉讼的联系比较密切，但是由于某些联系因素是灵活多变的，当事人在纠纷发生之前，往往不可预见。例如，对于当事人的惯常居所和经营地，是可能随着时间而发生变化的。又如，与合同有关的侵权案件属于公约适用范围，侵权行为的发生也是难以预见的。而对于合同签署地，当事人可能任意选择，可以因当事人的合同谈判而使缺乏实际联系的地点发生联系。

2. "实际联系"的有限性

即使对于争议发生之后的选择法院协议，要求争议与法院地具有实际联系，也值得怀疑。上述举例可见，当事人可以选择的法院地是极为有限的，往往不过是非甲即乙的选择，而在实际案件中，当事人为了避免对方所在地可能的"本地法倾向"而希望选择第三方中立法院。

3. 公约适用范围的商事性质

公约已经将大量与专属管辖权有关的事项、与消费者与雇佣者有关的事项排除在适用范围之外，公约实际上只适用于有限的、具有商事性质的与合同有关的事项。在当事人可以选择第三国法律作为其合同的准据法的语境下，对商人选择诉讼法院地的范围施加限制就显得颇为狭隘。我们很难想象，一国对于当事人选择的法律也施加限制，将其限制在与争议有关的国家。既然在法律适用上没有这样的限制，也不必对于法院选择施加限制。

4. 当事人获得司法救济的可能性

对选择法院的这种限制的考虑，主要在于避免被选法院以不方便法院原则拒绝管辖。依海牙公约，除非认定协议无效，被选法院必须审理案件，从而排除被选法院以不方便法院为由拒绝审理案件。除去格式合同中的选择法院协议导致的不公正及其他不公平交易之外，当事人选择中立法院并不会降低对其获得司法救济与实质正义（access to justice）的可能性。

由此可以认为，在 2005 年海牙《选择法院协议公约》有限的适用范围内，在当事人获得司法救济的权利得到保障的条件之下，基于公约适用争议的商事性质，无须要求争议与法院地具有实际的联系。

第四节　选择法院协议的形式要件

选择法院协议的形式要件是对当事人之间合意的外部可见的要求，是当事人真实合意表示的重要保证。如果选择法院协议未能满足一定的形式要求，将难以证明当事人是否实际就管辖权达成一致。一般而言，形式要件涉及选择法院协议的形式、内容、书写的位置、证明的方式和语言要求。

选择法院协议可能因形式或程序性原因而被宣布无效。例如在瑞士，《联邦国际私法》第 5 条强调选择法院协议确定一个具体的法院。在比利时，如果某些合同中的管辖权条款不是以荷兰语写成的，就是无效的。欧洲法院在"大象鞋业有限公司诉皮埃尔·雅克曼"[①]中认为，因为《布鲁塞尔公约》第 17 条关于形式效力的条件是必要且充分的，比利时法院不得以选择法院协议未以佛兰芒文写成为由而认定其无效。各国对于选择法院协议的形式要件有不同的规定，这些差异可能导致协议无效而违反当事人的意愿。2001 年公约草案第 4 条第 2 款规定的选择法院协议的形式效力必须满足的 4 个条件，与《布鲁塞尔条例 I》并无二致，并且它们都在协议的形式问题上排除适用有关国家的国内法。

其他可能引起形式效力问题的合同，例如网上销售合同，这

[①] Case 150/80 Elefanten Schuh GmbH v. Pierre Jacqmain [1981] E. C. R. 1671.

种新兴合同的形式不可能符合传统上以纸张为基础的要件，譬如"书面"、"签字"和"原件"。对于确立电子数据信息满足如何协议的必要条件，拉丁美洲国家的立法规定是不一致的。例如，哥伦比亚法曾完全遵循联合国国际贸易法委员会《电子商业示范法》的"功能等同原则"（functional equivalent approach）[1]，而墨西哥法则简单地规定如果数据信息或电子方式只有是（1）可归于受约束的当事人并且（2）可为日后参考所获取，才满足法典关于书面的要求。而阿根廷和巴西在公约起草时尚未规定数据信息能否替代传统纸质为基础的书面要件。[2] 因此，电子文件在这些国家法院是否具有法律效力还不清楚。为了解决这个问题，2005年海牙《选择法院协议公约》沿用了联合国《电子商务示范法》的"功能等同原则"。

一　公约的选择法院协议形式要件

2005年海牙《选择法院协议公约》第3条规定了两种可选择的形式要件规则，即（1）必须是或明显地用书面或有书面证明，或者（2）必须是明显地通过任何其他能提供可获取的信息，使其日后能够作为参考的联系方式。

依公约解释报告，"公约的形式要求是必须且充分的，在适用公约时不得再依据缔约国的内国法。当协议采取第一种形式时，即采用书面协议或协议的确认书，其形式效力不依赖于当事人的签字。公约第二种形式上的规定试图涵盖传输或存储信息的

---

[1] "功能等同原则"将电子通信视为等同于纸面通信所依据的各项标准。特别是，其中规定了电子通信为满足传统的纸面系统中的某些概念（如"书面"、"原件"、"经签名"和"记录"）所要实现的目的和功能而需要满足的具体要求。参见"1996年《贸易法委员会电子商业示范法及其颁布指南》，附1998年通过的附加第5条之二》，http://www.uncitral.org/uncitral/zh/uncitral_texts/electronic_commerce/1996Model.html。

[2] Robert M Kossick, "The Internet in Latin America: New Opportunities, Developments, and Challenges", Florida Journal of International Law, Vol. 13, No. 3, 2001, p. 269.

电子手段,这包括所有可能的信息可被获取以便在日后可被提交的常态类型,这种方式包括电子邮件和传真。另外,解释报告称缔约国法院不能因为以下原因拒绝承认选择法院协议的效力:协议以外国文字书写;条款未采用特别的粗体形式;条款是小写的或者当事人未在主合同之外单独签字。"①

值得注意的是,公约并不排斥标准格式合同中的选择法院条款,并且没有对这种条款给予严格的限制,即对于未经当事人实际同意的选择法院协议仍可能适用公约的规定,除非缔约国对此做出保留。

二 欧洲法院对选择法院协议形式要件的严格解释

欧洲法院对选择法院协议的形式要件做非常严格的解释。《布鲁塞尔条例I》第23条要求选择法院协议必须满足四种特定形式,即选择法院协议(1)以书面;(2)口头但有书面证明;(3)形式符合当事人之间已经建立的习惯;或(4)符合商业惯例。在1976年的"科尔扎尼诉鲁瓦案"(Colzani v. RÜWA)中,欧洲法院要求书面协议的要件必须得到严格解释,即使外在证据显示当事人意图选择法院。法院最终判定一般销售条件中包含的选择法院条款不被视为书面协议,除非合同文本的正面明确提示在文本背面存在一般销售条款。法院特别强调,这种书面要求的目的正是为了保证当事人选择法院的合意得到清楚明白的证明。② 这种情况下无法证实一方当事人是否真正同意管辖权条款。在"塞古拉诉博纳克达瑞安案"③ 中,欧洲法院认为对于口头达成的销售合同,要满足公约的形式要件就应该在合同书面确

---

① See Hartley / Dogauchi Report (2007), pp. 40-41.
② Case 24/76 Estasis Salotti and Colzani v. RÜWA [1976] E. C. R. 1831, p. 7.
③ Case 25/76 Segoura v. Bonakdarian [1976] E. C. R. 1851.

认书中附加一项提示,表明一般销售条件已被另一方接受。另外,欧洲法院又在"贝尔贺费尔案"(Berghoefer v. ASA)[①]中认为,如果以口头协议指定管辖权,要满足公约形式要件,就必须一方当事人收到另一方以书面作出的协议确认书且不做反对。

欧盟成员国法院也对选择法院协议的书面形式施加严格的规定。例如,爱尔兰最高法院曾拒绝将一方当事人的货物买卖发票中的选择法院协议扩大到相同当事人之间潜在的专属分销合同纠纷,爱尔兰法院在该案中强调依欧盟选择法院协议规则,此类协议必须是被仔细审察和严格解释的。法国、德国和其他欧盟成员国法院同样对"书面协议"进行严格的解读。[②] 对于合同后的书面证明(如确认函和提单)中的选择法院协议,[③] 一般销售条件中包含但未加注明的选择法院协议,[④] 以及缺乏在合同成立时相对人知晓一般销售条件内容的证据,[⑤] 法国法院表现出对这种选择法院协议的排斥态度。另外,提单背后载明的选择法院条款在扩展至第三方时,法国法院会要求一些特别的接受行为。[⑥] 合同文本背面的选择法院条款往往面临形式无效的风险,特别是条款形式与其他用语并无特别突出之处时。法国法院也严格审查印制的选择法院格式条款,通过分析协议在合同或合同相关文件中的位置,以判断对方在签约时是否实际知晓选择法院协议。[⑦]

而对当事人的习惯和商事惯例,欧洲法院将此留给成员国法

---

① Case 221/84 Berghoefer v. ASA [1985] E. C. R. 2699.

② See e. g. , Cass. com. , Feb. 27, 1996, Rev. Critique Droit Int'l Prive 1996, 734, note Gaudemet – Tallon.

③ Cass. 2e civ. , Feb. 30, 1980, Gaz. Pal. 1980, 2, 494, note Dupichot.

④ Cass. 1e civ. , June 30, 1992, D. 1994, 169, note Guez.

⑤ CA Paris, June 29, 1993, D. 1993 inf. rap. , 248.

⑥ Cass. Com. , Dec. 8, 1998, Rev. Critique Droit Int'l Privé , 536, note Gaudemet – Tallon (1999).

⑦ CA Aix – en – provence, Jan. 22, 1992, 26, 29 note Beignier.

院解释。尽管欧盟成员国法院可以自由裁量商事惯例是否满足选择法院协议的形式要求，但各国法院并不太愿意对此进行裁决。① 一般认为，习惯是当事人在相似合同事项上的重复性约定；② 惯例主要用于判断选择法院协议实际存在的充分性、协议的做成语言、条款在合同文本中的位置以及包括或涉及选择法院协议的文件是否需要签署。③ 欧洲法院在"莱茵碎石有限公司案"④ 中认为，尽管《布鲁塞尔公约》引进了灵活的规则，但规则的目的仍然是为了保证当事人实际上同意管辖条款，以此来保护弱方当事人，避免其在未加注意的情况下受合同中混入的管辖条款约束。

三 美国法院的放任态度

与欧洲法院的做法不同，美国法院几乎不要求选择法院协议具备明示形式要件，不完备或模糊的书面证明并不一定导致协议无效。美国法院通过当事人的意图，包括合同履行方式、交易习惯和商事惯例这些非书面证明来补充证明协议的存在。这种对形式要件的放任，意味着不需要当事人签署选择法院协议或签署包括选择法院条款的合同，甚至不必以书面做成选择法院协议。⑤ 同样，纯口头选择法院协议也是形式有效和可执行的。⑥ 对选择

---

① Hélène Gaudemet - Tallon, *Compétence et exécution des jugements en Europe, Règlement n° 44/2001 Conventions de Bruxelles et de Lugano*, 3e édition, Paris : LGDJ, 2002, p. 108.
② Case 159/97 Castelletti v. Hugo Trumpy SpA [1999] E. C. R. I-1597, p. 30.
③ Case 159/97 Castelletti v. Hugo Trumpy SpA [1999] E. C. R. I-1597, p. 36.
④ Case C-106/95 MSG v. Gravières Rhénanes [1997] E. C. R. I-911.
⑤ Evolution Online Sys. Inc. v. Koninklijke Nederland N. V. , KPN, 145 F. 3d 505, 509 (2d Cir. 1998).
⑥ W. G. Nichols, Inc. v. Kmart Corp. , 2001 U. S. Dist. LEXIS 24131 (E. D. Pa. 2001), p. 4.

法院条款的位置也没有特别的要求，美国法院曾执行过在格式合同文本（例如订货单）背面的选择法院条款，即使条款以小号字印刷而成。在后契约文件（例如订单确认函）背面的选择法院协议也可能是形式有效的。由于美国法院对当事人施加严格的义务去阅读和了解合同条款的含义和内容，法院一般基于当事人已经知晓条款而去执行包含在一般销售条件里的选择法院条款，并且选择法院协议的做成语言不影响协议的形式效力。①

四 如何避免中国当事人受格式合同中选择法院条款的不利影响

中国1991年《民事诉讼法》（2009年修订）第242条规定，涉外合同或者涉外财产权益纠纷的当事人，可以用书面协议选择与争议有实际联系的地点的法院管辖。2012年民事诉讼法修订案将该条与国内协议管辖合并为一条，其内容无实质性变化。中国法律对选择法院协议的形式要件仅为书面，但可以通过扩大解释纳入口头但有书面证明以及电子通信方式，这两种方式与书面并没有实质的区别。但是，中国《民事诉讼法》未对格式合同中的选择法院条款做直接的限定。

对于格式合同中的选择法院条款，由于当事人未实际参与协商，如果当事人不谨慎或无经验，就可能在毫不知情的情况下面临日后在陌生的或极不方便的外国法院诉讼的局面。事实上，海牙与会代表也对此表达出担心，如英国代表曾建议应该对保护弱方当事人原则与尊重当事人意思自治的冲突给予重视。②

中国大多数企业，特别是中小型企业面对涉外案件多习惯于在

---

① Paper Express, Ltd. v. Pfankuch Maschinen GmbH, 972 F. 2d 753, pp. 757 - 758 (7th Cir. 1992).

② Paul R. Beaumont, "A United Kingdom Perspective on the Proposed Hague Judgments Convention", *Brooklyn Journal of International Law*, Vol. 24, No. 1, 1998, p. 107.

国内法院诉讼或选择国际仲裁，在外国法院诉讼的法律经验严重不足。如果中国加入海牙公约，假设中国的当事人没有能力在国外应诉，外国法院就此作出的缺席判决依公约规定应被中国法院承认与执行；另外，如果中国当事人欲起诉外国当事人，在这种情况下，就不得不受选择法院条款的约束而必须远赴海外起诉，这显然不利于保护中国当事人的利益。与发达国家企业相比，中国企业对外诉讼的经验和能力不是短时间就能提高的。因此，就目前的情况而言，有必要对格式合同中的选择法院条款进行限定。

由是观之，欧洲法院对《布鲁塞尔条例I》选择法院协议形式要件的严格解释，符合保护弱方当事人的价值取向，值得中国借鉴。而美国对选择法院协议形式要件的放任态度则不足取。

尽管2005年海牙《选择法院协议公约》照搬了《布鲁塞尔条例I》第23条的前两款，但是《布鲁塞尔条例I》受欧洲法院判例的约束，而海牙公约则不存在这样的机构。因此，如果中国加入海牙公约，有必要对于选择法院协议的形式要件作出保留。依2005年海牙公约第21条，缔约国如果在特定事项上具有重大利益，可以声明在该事项上不适用本公约。在中国考虑加入2005年海牙公约时，建议将当事人未实际协商的选择法院条款作为特定事项，参考欧洲法院的做法，对其进行清楚准确的界定，对其提出保留性的声明。

第五节 选择法院协议的实质要件及其法律适用

即使选择法院协议原则上可执行并且满足任何形式要件，一国法院仍可能拒绝执行不满意实质要件的选择法院协议。但是实质要件的内容、不同法系的划分是不一致的。大陆法系一般采用抽象的法律行为模式，认为合同生效的要件包括：行为人具有相应的民事行为能力、意思表示真实、不违反法律强制性规定或公序良俗、标的确定和可能。其中意思表示真实的要件一般包括欺诈、胁迫和明显的不公平等。

在有些国家，明确限制或排除对于某类合同中的选择法院条款，例如消费者合同、雇佣合同、保险合同、特许合同。有些国家可能对选择法院条款做一般的公共秩序审查或者合理性检验，从而使违反这些要求的条款无效。而另外一些国家，则将公共秩序（ordre public，public policy）、善良风俗（buon costume，gute Sitten）、诚实信用等（bona fide，Treu und Glauben）等适用于包括选择法院协议在内的所有协议。由于各国对于选择法院协议实质要件的分类不一，为了行文的方便，本书简单地将选择法院协议的实质效力分为合意的真实性、合意的品质和合意的内容。

一 关于选择法院协议实质要件的各国实践

（一）合意的真实性

法院可能拒绝执行一项存在着外部证据说明当事人并未实际同意的选择法院协议。美国法院强调当事人的合意应调整选择法院协议的有效性。欧洲法院同样强调，《布鲁塞尔条例 I》的形式要件正是为了保证当事人合意的真实性而设计的。

实践中，美国法院愿意从选择法院协议的外部证明中寻找当事人合意的书面证据，如交易习惯和商业惯例。但与欧洲不同的是，美国法院更愿意执行实际缺乏合意的选择法院协议，例如当事人实际并未阅读合同条款，或者选择法院协议以当事人不熟悉的语言做成。[①] 而法国法院要求当事人在合同形成时知晓协议，并提出非常严格的书面要求。在1987年的"斯坦伯格公司诉蒙特和斯公司案"（Soc. Placage Export Steinberg v. Soc. J. - H. Montheath）中，法国法院拒绝执行提单背面以法语印制的选择

---

① Monsanto Co. v. McFarling, 302 F. 3d 1291, 1294 - 1295. (Fed. Cir. 2002).

法院条款,因为被要求执行的当事人母语为英语,提单的其他条款皆以英语书写,并且当事人的商业活动全部使用英语。①

(二)合意的品质

即使当事人的合意是真实的,合意上的瑕疵也可能影响协议的效力,例如当事人的能力欠缺、错误、欺诈、胁迫、不合理或显失公平等。即使协议完全满足形式要件,也可能因合意的品质问题而使协议无效。

在"不来梅号案"中,美国联邦最高法院特别指出"欺诈或诈骗"、"不当压迫"(undue influence)和"强势议价能力"(overweening bargaining power)使协议不可执行。② 另外,在非商事案件中,如果合同或合同条款极不公正而不可能被有理性且诚实的人同意,美国法院也可能使用"显失公平"(unconscionability)理论。③

《布鲁塞尔条例 I》对此没有规定,欧洲法院对此也没有回答。④ 法国法院很少运用合意的瑕疵来使选择法院协议无效。但德国和英格兰法院承认,"滥用经济权力"或"经济上胁迫"是回避合同义务的有效理由。

值得一提的是,合意的品质问题涉及选择法院协议的独立

---

① Soc. Placage Export Steinberg v. Soc. J. - H. Montheath, CA Paris, Dec. 18, 1987 somm. 343.

② M/S Bremen v. Zapata Offshore Co., 407 U. S. 1, 12, 15 (1972).

③ Restatement (Second) of Contracts § 208 (1981)."显示公平理论"一般不在商事案件中使用,因为美国法院假设商人有能力保护其利益,而 B2B 合同一般是表面有效的。美国州法院曾用显示公平理论使仲裁协议无效,见 James Zimerman, "Restrictions on Forum Selection Clauses in Franchise Agreements and the Federal Arbitration Act: Is State Law Preempted?", *Vanderbilt Law Review*, Vol. 51, No. 3, 1998, pp. 767 - 768.

④ Hélène Gaudemet - Tallon, *Compétence et exécution des jugements en Europe, Règlement n° 44/2001 Conventions de Bruxelles et de Lugano*, 3e édition, Paris: LGDJ, 2002, p. 110, note 152.

性，即主合同的无效是否同时导致选择法院协议无效。在国际商事仲裁方面，仲裁条款的独立性已被广泛接受。① 对于选择法院协议或条款，防止一方当事人"仅以整个合同无效为由而使其中的选择法院协议无效"，从而促进司法的确定性，欧洲法院同意将独立性适用于选择法院协议。② 但欧盟成员国法院是否把独立性扩展至选择法院协议，却不明朗。法国较低等的法院曾判决，主合同无效时不适用合同中指定外国管辖权的选择法院条款。③

美国联邦最高法院在著名的"普利马涂料公司诉弗勒德与康克林制造公司案"（Prima Paint Corp. v. Flood & Conklin Mfg. Co.）中明确接受国际仲裁条款的独立性原则。④ 后来，美国最高法院不断重申此原则，并将其扩展至非仲裁的选择法院协议。⑤ 因此，依美国联邦法，对合同主张合意瑕疵可能不足以使合同中的选择法院协议无效，尽管有联邦法院曾在信托关系的案件中作出过相反的判决。⑥

（三）合意的内容

对于合意的内容，主要引出两个问题，其一为选择法院协议的排他性问题，其二为争议的范围是否包括由合同引起的侵权问题。

---

① David Joseph Q. C. , *Jurisdiction and Arbitration Agreements and Their Enforcement*, 1st ed. , London Sweet & Maxwell, 2005, p. 104.
② Case C – 269/95 Benincasa v. Dentalkit Srl [1997] E. C. R. I – 3767, p. 29.
③ T. G. I. Paris, July 10, 1991, Rev. Critique Droit Int'l Privé 54 (1993), note Gaudemet – Tallon (Consorts Paoletti v. Privat Kredit Bank).
④ Prima Paint corp. v. Flood & Conklin Mfg. Co. , 388 U. S. 399, 403 – 404 (1967).
⑤ Scherk v. Alerto – Culver Co. , 417 U. S. 506, 519 (1974).
⑥ See, e. g. , Farmland Indus. , Inc. v. Frazier – Parrott commodities, Inc. , 806 F. 2d 848, 851 (8th Cir. 1986).

选择法院协议是否具有排他性,也会影响协议的效力。例如在 2001 年"中安置业有限公司与招商银行等借款、担保合同纠纷案"① 中,当事人约定本协议根据香港法律解释并受香港法律管辖,各方在此不可撤销地服从香港法院的非专属管辖权。中国最高人民法院认为,"从当事人管辖条款的约定内容看,香港法院拥有的是'非专属管辖权',当事人选择管辖的法院并非唯一,不应排斥其他有管辖权的法院对案件行使管辖权。因此,当一方当事人在拥有'非专属管辖权'的法院之外的内地人民法院提起诉讼时,应依照中国民事诉讼法的有关规定进行审查,并确定相关内地人民法院是否对纠纷拥有管辖权。"

美国联邦法院对排他性问题的判定是极为形式主义的,即如果选择法院协议指定具体的管辖法院,则是排他性的;如果只指定具体的管辖地而不指定具体的法院,则是非排他性的。在"赫尔 753 公司诉易北飞机制造厂案"(Hull 753 Corp. v. Elbe Flugzeugwerke GmbH)中,选择法院条款指定"管辖地应为德累斯顿",联邦地区法院认为此条款是非排他性的。② 与美国的做法完全不同,《布鲁塞尔条例 I》第 23 条假定选择法院条款是排他性的,除非当事人做另外的表示。

对于合意内容的第二个问题,即争议的范围是否包括合同引起的侵权问题。在没有明确的相反证明时,美国法院通常将条款解释为同时包括合同和侵权诉讼。③ 而《布鲁塞尔条例 I》将此问题留由各国的国内法来解决。

---

① 中华人民共和国最高人民法院(2001)民四终字第 1 号。

② Hull 753 Corp. v. Elbe Flugzeugwerke GmbH, 58. F. Supp. 2d 928 (N. D. Ill. 1999).

③ Francisco v. Stolt Achievement MT, 293, F. 3d 270 (5th Cir. 2002); Terra It'l, Inc. v. Mississippi Chem. Corp., 119 F. d 688 (8th Cir. 1997).

二 起草公约时对实质要件和法律适用的讨论

在公约的起草过程中,选择法院协议的实质效力其及法律适用问题一直是讨论的重点。代表对于与此有关的所有问题,几乎全部存在着分歧。[①]

选择法院协议可能以未满足实质效力的条件为由而被认定无效。各国对于选择法院协议的实质效力的定义是不一样的。[②] 在一些国家,合理性问题被视为实质效力,而在另一些国家不公平或使特定合同中管辖权条款无效的规则被视为实质效力。但是,一般都包括当事人欠缺能力、错误、不当代理、欺诈和胁迫。大体上,只要诉讼当事人声称选择法院协议不存在实质上的法律约束力,就引起协议的实质效力问题。

对于协议的程序或形式效力,将国内法中关于合同形式的规则纳入公约中,可以对执行国际选择法院协议产生更大的统一。但是相关的实体法通常却不能如此,因为海牙公约不打算影响各国的实体法,也不打算采用国内法上的规则。但是,公约可以提供统一规则,决定什么样的法院有权裁定特定问题,什么样的法律应该适用。[③] 如果一方当事人因为欺诈而完全误解管辖权协议的性质和可能影响,若依受案地的国内法协议无效,就难以证明强迫当事人在

[①] Andrea Schulz, "Reflection Paper to Assist in the Preparation of a Convention on Jurisdiction and Recognition and Enforcement of Foreign Judgments in Civil and Commercial Matters", Preliminary Document No. 19 of August 2002, available at http://www.hcch.net/upload/wop/jdgm_pd19e.pdf, p. 7.

[②] Stephen O'malley and Alexander Layton, *European Civil Practice*, Sweet & Maxwell, 1989, p. 568.

[③] 海牙判决公约计划并不打算处理法律选择问题,只包括管辖权和判决承认与执行,但是 2001 年 6 月外交大会期间讨论了选择法院协议中的法律选择问题,因此使之纳入海牙公约成为可能。See the Interim Text, art. 4; Forum Clauses in B2B Contracts – Report from Informal Working Group, Working Document No. 28, for the Nineteenth Session (June 8, 2001).

被选法院诉讼是正当的。参考《纽约公约》对于这个难题的处理，其第2条允许缔约国法院对案件实施管辖，尽管存在仲裁协议，只要受案法院认定协议无效、不可执行或不能履行。

2001年6月的外交会议曾讨论当事人未加谈判的协议，这种协议的一方当事人往往有压倒对方的议价能力，另外还讨论了自由职业者和网上小型非营利性软件包销售涉及的指定陌生且遥远的法院的协议。有人认为，允许法院以不公平为由否定选择法院协议的有效性，这实际上会降低公约的有效性，因为难以预见哪些管辖权可被认定为公平。而另一些代表认为不应该阻碍受案法院以这个问题质疑协议的效力。

1999年公约草案第4条第2款规定了选择法院协议的形式要件，但没有在公约中规定应该满足的实质效件，譬如合意有效的条件。根据特别委员会的意见，这个问题交由国内法解决，对实质效力的法律适用问题交由受案地法（包括其国际私法规则）。[①]这同样体现在2001年公约草案第4条第4款的选择性规则中。但是，各国代表对此意见不一。有人建议，应该在第4条第1款后加入一句，即第1款在括号中的规定，"选择法院协议是否因为缺乏合意（例如因欺诈或胁迫）或者无能力而无效，应该依据包括国际私法在内的国内法。"该建议性规定旨在确保选择法院协议的效力由受案法院地法的国内法支配，同时也确保将实质效力限定在影响当事人的合意和能力上，而不包括合理问题和公共秩序问题。同样，有关合同效力的一般原则应该毫无限制地适用于合意和能力问题。但是各国代表对此建议未达成一致性意见。

这两个公约草案的方法相同之处在于合意问题和当事人的能力问题都依靠法院地法，包括其国际私法。不同之处则在于，第

[①] Nygh / Pocar Report（August 2000），Preliminary Document No. 11 of August 2000，p. 42.

1款后的建议限制合意和当事人的能力,而第4款则扩展至任何与形式无关的事情,因此包括选择法院协议合法性的所有问题。

在起草《选择法院协议公约》时,谈判代表们曾讨论是否应该制定公约自治性的实体规则,即和形式要件的规定一样,在公约中规定选择法院协议的实质要件。代表们对选择法院协议实质要件的内容有不同的意见。一部分代表认为,将实质要件区分为合意、当事人能力和其他问题,并且适用不同的法律;另一部分代表则认为,各国对实质要件的定性是不同的,难以对实质要件问题进行区分,不如全部交由受案法院地法律来决定。[1]

公约报告人认为,公约可以建立自己的合法性标准,排除内国法的适用。这里有两种方式,其一为以公约规定的自治规则来调整选择法院协议的合法性,其二为由法院地冲突法规则指引的内国法调整能力和合意问题。这引出三个问题,(1)是否有必要区分选择法院协议的实质要件;(2)如何来划分这两种实质效力问题。例如欺诈,可能导致与缺乏合意一样的不合理条款,这也可能引起公共政策上的考量。未经协商的合同或附着合同中的选择法院条款是否成为合同的一部分,这个问题既涉及合意问题,也涉及合法性或合理性问题。另外,国内法对于当事人年龄的要求,这也可能同时引起协议的合法性问题和当事人的能力问题;(3)如何解决选择法院协议实质效力的法律适用问题。[2]

(一)公约是否应该制定关于实质效力的实体规则

代表们曾普遍认为公约应该制定有关选择法院协议实效要件的实体规则,公约不应只调整管辖权、判决的承认与执行,还应涉及冲突规则甚至实体规则,认为这对于实现公约的目的是绝对

---

[1] Andrea Schulz, "Reflection Paper to Assist in the Preparation of a Convention on Jurisdiction and Recognition and Enforcement of Foreign Judgments in Civil and Commercial Matters", Preliminary Document No. 19 of August 2002, p. 7.

[2] Ibid., pp. 8 – 9.

必要的。但是，常务委员会当时的研究，并不涉及当事人的能力和合意问题。而另一方面，各国对于合法性问题的标准不一，各国、超国家和国际层次正在进行的立法活动，特别是对于因特网引起的问题，却表现出在公约中建立关于实质效力（除合意和当事人能力之外）的自治性标准的倾向。2005年海牙《选择法院协议公约》最终没有制定关于协议实质效力的实体规则。

（二）选择法院协议实质效力的划分问题

对于实质要件内容的分类，代表们态度不一。欺诈或胁迫问题是否应该包括在"合意"中，从而交由法院地的冲突法指引的国内法标准，或者将其归入到合法性范畴，从而在公约中制定明确的自治规则。

另外，不仅如何划分实质效力存在困难，而且各国对于区分实质要件和形式要件的定性方式也各不相同。如果像2001年公约草案第4条第4款那样，简单地采取这两个术语，仍然留下概念的不确定性。以《布鲁塞尔公约》第17条为例，由于该公约对选择法院协议的形式要件和实质要件未做区分，成员国法院一再地将这个问题提交至欧洲法院，是否由国内法来区分哪些问题属于选择法院协议的形式问题。

（三）选择法院协议实质效力的法律适用问题

如果对选择法院协议实质效力中的问题不做区分，是否可以在公约中对于所有的实质问题制定自治的规则，或者，将其全部交由受案法院地法来调整，或者交由被选法院地法来调整，无论被选法院是否实际受案。

另一方面，如果区别对待选择法院协议实质效力中的不同问题，存在下列疑问：当事人的合意和能力能否依实际受案法院地法的冲突规则指引的内国法？或者，被选法院地法指引的法律选择规则，包括其国际私法，作为另一个选项？对于当事人的合意和能力以外其他实质效力问题，公约可以制定自治性规则，从而排除对合意和能力之外的实质问题适用任何内国法。

在起草选择法院协议实质效力的自治规则时，公约需要考虑如何处理目前各国内国法对特定领域中使用选择法院协议的限制。这些限制涉及不同的情形，可能与当事人不能自行约定排除的专属管辖权有关，也可能涉及当事人的议价能力，例如有些国家限制消费者合同、雇佣合同、特许合同、保险合同、代理合同中选择法院，为保护特定当事人而限制这种自由。工作组认为，要么将相关的事项排除在公约适用范围之外，要么虽然将其保留在公约内，但对其制定必要的限制，其中包括限制不公平的 B2B 合同，例如涉及中小企业（SMEs）合同、特许合同、未经协商的标准合同或附着合同。[1] 值得注意的是，1999 年和 2001 年草案在白色清单管辖权依据中就规定了这种限制，如第 7 条消费者合同管辖权、第 8 条雇佣合同管辖权、第 12 条专属管辖权。

考虑到各国对于诸如合理性、公正、公共政策等术语的不同定义，仅采用 1999 年公约草案第 4 条的术语无法实现公约在各国之间的统一适用，工作组认为，一种做法是将实质效力区分为"合法性"和"合意及能力"，这两类分别受不同的国家法律调整，前者适用公约的自治规则，后者适用法院地法冲突法指引的内国法，任何一般合法性检测方法，如合理性、公平、公共秩序保留，都尽可能地在公约中被直接和自治地加以定义，从而保证公约解释和适用尽可能地一致。另一种做法则是不在公约中制定任何标准，并且禁止使用任何国内法上的标准。如果这个建议不被采纳，则可采用公共政策条款来包括所有的例外情况。并且可以考虑区别只适用于选择法院协议的标准和国内法适用于所有类

---

[1] Andrea Schulz, "Reflection Paper to Assist in the Preparation of a Convention on Jurisdiction and Recognition and Enforcement of Foreign Judgments in Civil and Commercial Matters", Preliminary Document No. 19 of August 2002, p. 10.

型协议的标准,如公共政策、公序良俗、诚实信用等。①

三 2005年海牙《选择法院协议公约》的规定

2005年海牙《选择法院协议公约》最终采取的方法是将这个问题区分为两种情况来处理。根据公约第5条第1款,一项排他性法院选择协议所指定的缔约国法院对该协议所适用之争议的审理有管辖权,除非该协议依该国法律是无效的。即由被选法院受案时,依被选法院地法来决定,包括其冲突法规则。公约以被选法院地法来判决协议的效力,目的是为了加强结果的确定性和可预见性。

另一种情况为当非被选法院审理案件时,除当事人的能力依法院地法外,依被选法院地法判断协议的效力,同时规定了不公正和公共秩序例外条款、不可抗力例外条款和防止管辖权消极冲突的条款。根据公约第6条,非被选法院只有在以下几种情况下才能审理案件:

(1) 依被选择法院所在国的法律,该协议无效;

(2) 依受案法院所在国的法律一方当事人缺乏订立该协议的能力;

(3) 协议生效导致明显的不公正,或者明显违反受案国的公共秩序;

(4) 基于当事人不能控制的特殊理由,该协议不能合理地得到履行;

(5) 被选法院决定不审理该案。

(一) 协议无效 (null and void) 的法律适用问题

为了增强可预见性,工作组曾建议将合意问题交由当事人选

---

① Andrea Schulz, "Reflection Paper to Assist in the Preparation of a Convention on Jurisdiction and Recognition and Enforcement of Foreign Judgments in Civil and Commercial Matters", Preliminary Document No. 19 of August 2002, p. 11.

择的法律,或者在未做法律选择时由被选法院地的内国法决定。鉴于不同的国家对于实质要件的分类是不同的,不可能就实质效力,特别是合法性的法律适用达成统一,有代表建议不要将合意和其他实质要件问题归入不同的法律,建议受案地法应该决定选择法院协议的所有实质效力。①

另一些代表认为,将所有实质要件的法律问题交由受案地法不利于增加司法的确定性,降低了公约对选择法院协议的适用,因此主张合意问题交由当事人选择的法律,未选择时适用被选法院的内国法。这种观点认为,如果可以避免在公约中包括"明显的不公正"条款,则可以将当事人的合意和能力问题交由受案地法。但是,在持这种观点的代表中也有些人坚持,合法性问题应该只依据被选法院地法或当事人选择的法律,不适用受案地法。另外,他们还希望公约澄清当事人是否有权对于选择法院协议的实质效力进行法律选择。② 尽管代表们试图解决实质效力的

---

① Andrea Schulz, "Report on the Second Meeting of the Informal Working Group on the Judgments Project – January 6 – 9, 2003", Preliminary Document No. 21 of January 2003, available at http://www.hcch.net/upload/wop/jdgm_pd21e.pdf, p. 11.

② 参见2003年第21号预备文件附录草案第5条第2款可选项2-4, See Andrea Schulz, "Report on the Second Meeting of the Informal Working Group on the Judgments Project – January 6 – 9, 2003", Preliminary Document No. 21 of January 2003, p. iv. 代表们在建议公约不决定当事人的能力的法律适用之外,又提供了5条选项供讨论。选项1:公约不决定选择法院协议的效力。选项2:当事人可以决定选择法院协议应适用的法律,包括选择法院协议的效力问题。当事人未选择法律时,受案地法(包括其国际私法)应决定选择法院协议的效力。选项3:当事人可以决定选择法院协议应适用的法律,包括选择法院协议的效力问题。当事人未选择法律时,被选法院的内国法应该决定选择法院协议的效力。选项4:当事人可以决定选择法院协议应适用的法律,包括选择法院协议的效力问题。当事人未选择法律时,受案地法应该决定该选择法院协议是否有效、不可执行或不能履行。选项5:受案地法应决定该协议是否有效、不可执行或不能履行。以上选项中,第2、3、4项规定当事人对于选择法院协议的实质效力可以选择法律。在5个选项中,在当事人未选择法律时,只有第3项将效力交由被选法院的内国法,第2、4、5这三个选项则交由受案地法。第4或第5选项参照了1958年《纽约公约》第2条第3款,而第2条则采用海牙公约的一般术语。

标准问题并且规定统一的冲突法规则，但是这些建议因为无法取得可预见性和可行性而被搁置。

最后，为了尽可能地不规定选择法院协议的实质效力问题，公约采取了不同的路径，不单独规定选择法院协议的实质要件，而是在被选法院的管辖权和其他法院的义务中分别规定法律适用问题和例外条款。为了取得最大的确定性和可预见性，公约规定原则上由被选法院地法来判定协议的实质有效性，被选法院以外的其他法院只能依公约规定的例外条款或法律适用条款来拒绝执行选择法院协议。

（二）当事人的能力（capacity）

对于选择法院协议是否有效，依 2005 年海牙《选择法院协议公约》第 5 条、第 6 条和第 9 条，所有缔约国法院都应该适用被选法院地法。根据公约第 6 条（b），受案法院还可以适用其本国法包括冲突规则来决定当事人的能力问题。由于缺乏能力也是使效力无效的原因，这意味着当事人的能力问题既由被选法院地法也由受案地法决定。

2005 年海牙《选择法院协议公约》并不区别当事人能力的具体内容，例如当事人是否具有行为能力、是否有权代表合同当事人等。代表们在讨论时指出，在商对商（B2B）案件中，当事人的能力常常指当事人能否以公司的名义行事。

起草者承认，难以在这个公约中创制统一的实体性规则。即使对于当事人能力的冲突规则，起草者发现，制定让所有缔约国都接受的统一冲突规则也显得过于野心勃勃。[1] 起草者认为，将这个问题只交由被选法院地法解决是不明智的，因为这限制了其他国家法律就此问题进行审查的机会。一些国家的代表倾向于冲

---

[1] See Dogauchi / Hartley Report (March 2004), p. 23; Dogauchi / Hartley Report (Dec. 2004), p. 28; Hartley / Dogauchi Report (2007), p. 47, para. 150.

突法规则，而非完全交由内国法决定。一致的意见是包括受案地法或被选法院地法中的国际司法规则，因为无论是哪个法院审理案件，其结果在大多数情况下都是一样的。[①] 因此，公约最终允许受案地依其内国法（包括冲突规则）来决定当事人的能力。

（三）例外条款（escape clause）

对于合意问题，工作组曾讨论了几种方案，包括完全不制定规则，或者交由被选法院地法或受案地法来判定，或者制定统一的实体规则，还有方案是只交由被选法院来决定。由于无法制定实体规则，而完全由被选法院来决定也不可行，工作组曾建议采用这样的规则，"在当事人未做法律选择时，应由被选法院的内国法来决定当事人是否就协议达成合意"。在某些个案中，选择法院协议是排他性的，但是指定多个法院，对这种案件工作组建议，就合意问题，所有被选法院地法应该依次适用。只要依其中一个法院地法协议是有效的，就应认为协议是有效的（favor habilitatis）。[②]

一些代表则强烈建议采用一般性的"例外条款"，例如在个别案件中不公平、不正义、阻碍司法（denial of justice）和不合理等使选择法院协议无效的理由。而另一些代表则认为这种方案会损害确定性和可预见性。[③]

1965年11月25日海牙《选择法院公约》第4条第3款规

[①] Andrea Schulz, "Report on the First Meeting of the Informal Working Group on the Judgments Project – October 22–25, 2002", Preliminary Document No. 20 of November 2002, available at http://www.hcch.net/upload/wop/jdgm_pd20e.pdf, p. 7.

[②] Andrea Schulz, "Report on the First Meeting of the Informal Working Group on the Judgments Project – October 22–25, 2002", Preliminary Document No. 20 of November 2002, p. 7.

[③] Andrea Schulz, "Report on the First Meeting of the Informal Working Group on the Judgments Project – October 22–25, 2002", Preliminary Document No. 20 of November 2002, p. 8.

定:"如果以滥用经济权利或其他不公平方式取得,该选择法院协议应该是无效或可被撤销的。"① 1984年3月24日《美洲国家之间关于国际领域外国判决域外效力的管辖权公约》② 第1条(D)规定,选择法院条款是有效的,只要此管辖权不以滥用的方式取得。这两个公约都强调协议的取得过程,而非其结果。因此,有不少代表认为,在其本国法律中,当事人合意是否有效的问题被当成是否不公平或滥用方式问题,没有必要单独对此进行规定;对于包括选择法院条款的未实际协商的标准合同,如"一键成交协议"(click-wrap agreement)问题,这实际上是合意的效力问题。③

但另一些代表则认为,需要例外条款来规定这个问题。如果选择法院协议的取得或其结果是不公平、不公正、不合理的或类似情形,就应该否定其效力。而反对者则认为,这可能再度引入某些不方便法院原则中的因素,例如美国法院在认定条款不合理的标准与适用不方便法院原则时相似。而反驳此说法的人援引美国法院"不来梅号案"判决,只要不存在不合理和不公平,协议就不可能无效。但是,反对者认为,不公平、不正义和不合理的概念过于宽泛,而比较《纽约公约》第2条第3款没有任何此类规定。根据《纽约公约》,仲裁协议不能因

---

① 1965年海牙《选择法院公约》是单一公约,不涉及判决的承认与执行,从未生效,其中译文参见中华人民共和国外交部条约法律司编:《海牙国际私法会议公约集》,法律出版社2012年版,第57—60页。

② Inter-American Convention on Jurisdiction in the International Sphere for the Extraterritorial Validity of Foreign Judgments of 24 May 1984 (the La Paz Convention).

③ Andrea Schulz, "Report on the First Meeting of the Informal Working Group on the Judgments Project – October 22 – 25, 2002", Preliminary Document No. 20 of November 2002, p. 9. 有关电子格式合同中的仲裁条款,参见乔仕彤、何其生《电子格式合同中仲裁条款的效力——以中国消费者市场中Microsoft软件最终用户许可协议为例》,《武大国际法评论》2007年第2期。

为不公平而被认定无效。事实上，在《纽约公约》起草前，曾讨论将所有效力问题，包括正义和公平问题，都交给各国内国法决定。①

对于是否明确规定以公共秩序为由拒绝执行选择法院协议问题，这种规定未出现在1999年和2001年草案。2000年"奈与珀卡联合报告"认为，公约的管辖权部分不应该加入一般的公共秩序例外。②但是，大多数代表认为，其本国法院对任何案件都会适用公共秩序审查。工作组采纳这种观点，建立在公约中加入一般性的公共政策例外，认为这不会增加不确定性，也不会增加法院的自由裁量权。工作组这个结论是建立在多数代表观点之上的，也就是公共秩序例外不应只适用于限制合意或选择法院协议，也应该适用于所有的管辖权依据。就通常而言，公共秩序只指法院所在地的公共秩序。有一些代表认为，尽管所有的例外条款都应该严格限制适用，但是单纯的公共秩序条款仍然太过狭窄，需要加入特定条款。但在讨论时，对此并未达成一致意见。

对于未经协商的合同条款，特别是电子合同中的"一键成交协议"和"一开成交协议"（shrink-wrap agreements），一些国家将之定性为是否存在有效的合意，而另一些国家则只是将其作为应适用一般使合同无效的原因，如不公正、不合理及公共秩序等。有人建议，对于选择法院协议的无效，也可采取灵活的措施，不论这个问题在其内国法中是如何规定的。为此，工作组建议，合意问题交由当事人选择的法律，如果当事人没有选择，就

---

① Andrea Schulz, "Report on the First Meeting of the Informal Working Group on the Judgments Project – October 22–25, 2002", Preliminary Document No. 20 of November 2002, p. 9.

② Nygh / Pocar Report (August 2000), Preliminary Document No. 11 of August 2000, p. 42.

适用被选法院的内国法。[①]

由于各国内国法对上述的合同合意问题、合同条款不公正和不合理问题、公共秩序问题的定性问题都存在着有很大差距，这些问题不仅本身概念模糊，而且在含义上相互交叉，为了避免争议，取得妥协，2005年海牙《选择法院协议公约》最终将"不公正"例外和"公共秩序"例外都纳入使协议无效的理由，并且加入了"不可抗力"和"防止管辖权消极冲突"的条款。其中，不公正和公共秩序例外条款，可以通过扩大解释而认为包括了协议的合意问题。

1. 明显的不公正

2005年海牙《选择法院协议公约》允许受案法院以明显的不公正和明显地违反公共秩序为由，否定选择法院协议的效力而审理案件。在有些国家，公共秩序可以被认为包括了不公正。英美法系国家多倾向于使用不公正例外，而大陆法系国家则一般扩大公共秩序的内涵。为此，公约将这两个例外合并规定，对英美法系和大陆法系的合同效力问题进行协调，由具体案件中的法官或律师选择适用，而其效果应是一致的。

公约报告举例说明可以认为是明显的情形，如由于外国法院偏见或贿赂事件，一方当事人在外国法院未得到公正审判；或者由于特别的原因，一方当事人受对方阻挠而未能在被选法院起诉或应诉；或者选择法院协议的取得出于欺诈。尽管解释报告团没有举例说明未加实际谈判的协议，但是缔约国可以将其解释为明显的不公正。

2. 明显地违反受案地公共秩序

根据公约报告，这里的公共秩序包括国际公共秩序。公约对其

[①] Andrea Schulz, "Report on the Second Meeting of the Informal Working Group on the Judgments Project – January 6 – 9, 2003", Preliminary Document No. 21 of January 2003, p. 10.

施加了比较高的门槛,公共秩序指一国的基本法律原则,不能仅仅因为外国法院可能违反受案国的强制性规则而否定选择法院协议的效力。与不公正例外条款一样,公约报告声称,不允许受案法院仅仅因为选择法院协议不受内国法的约束而否定其效力。①

3. 不能履行

尽管选择法院协议不能履行是十分罕见的,但是并非不可能,例如因为战争被选法院失去审判职能、被选法院国消失等发生根本性的改变,在这种情况下,当事人就可以免除这种协议的约束。这种情况可以视为合同落空(doctrine of frustration)、不可抗力或情势变更(Wegfall der Geschaftsgrundlage)等相似理论,即不可归因于当事人的原因而发生的不可预计的根本性改变,以至于当事人无法履行。

4. 被选法院不审理案件

这个条款旨在避免当事人得不到司法救济,如果被选法院不审理案件,其他法院就可以审理。

在英国法院审理的"卡瓦略诉赫尔·布莱斯有限公司案"中②,就涉及海牙公约中所称的"不公正例外"和"不能履行例外"。该案中,原告卡瓦略为葡萄牙人,被告赫尔·布莱斯有限公司在英格兰注册,其全部业务都在安哥拉,原告在英格兰法院提起诉讼。在该案中,合同中包括一条指定由安哥拉罗安达地区法院管辖的选择法院条款。在合同签订时,安哥拉尚是葡萄牙的海外殖民省。1979 年安哥拉独立,原告葡萄牙人逃离安哥拉,随后其在安哥拉的全部财产被安哥拉政府国有化。

该案原审法院拒绝中止诉讼,得到上诉法院的赞同。法院以

---

① Harley / Dogauchi Report (2007), p. 48.

② Carvalho v. Hull Blyth (Angola) Ltd [1979] 1 WLR 1228; [1979] 3 ALL ER 280; [1980] 1 Lloyd's Rep. 172 (CA, England).

两条原因拒绝中止诉讼,其一为,尽管当时确有所谓的罗安达地区法院,但该法院事实上并非选择法院条款中当事人预期的法院。在合同成立时,安哥拉还是葡萄牙司法制度中的一个组成部分,罗安达地区法院的法官为葡萄牙人,该地区法院的上诉法院是里斯本的最高法院,另外合同也受葡萄牙法调整。而此时,时过境迁,当事人选择的法院事实上已不复存在,因此英格兰法院认为无法执行合同中的选择法院条款。另外,法院拒绝中止的原因之二为,原告因不能冒生命危险前往罗安达参与诉讼,故而无法在罗安达得到公正审理。在这里,此案也引出一个新的问题,即如何判断被选法院的转变。这个问题并不好解决,例如,假设当事人指定由前民主德国的某法院管辖,在德国统一后,英格兰法院是否应执行此选择法院协议,就难以判断了。

(四) 例外条款的限制与2005年海牙公约的缺陷

值得注意的是,上述例外条款不针对被选法院,而只针对被选法院以外的其他法院。如果原告在被选法院起诉,依2005年海牙《选择法院协议公约》第5条第1款,法院依被选法院地法对选择法院协议的效力作出判断。对于那些格式合同中未知悉选择法院条款的当事人而言,如果被选法院地法承认这类协议的有效性,例如美国法院,当事人就面临在无选择的情况下去美国法院诉讼的问题,并且美国法院作出的判决可能依公约而被其他缔约国法院承认与执行,在这种案件中,未知悉选择法院条款当事人就得不到应有的保护。

如果将当事人未实际知晓的格式合同中的选择法院条款作为当事人之间的合意,即作为选择法院协议的实质要件来处理,这种弱方当事人就不能从公约中得到保护。因为在这种情况下,不公正和公共政策例外条款不能适用于被选法院地法,以实质要件来抗辩的效果是有限的。

由此可见,2005年海牙《选择法院协议公约》给予的保护机制只能在被选法院以外的其他法院诉讼时起作用，而不作用于被选法院的诉讼。海牙公约的保护机制不如《布鲁塞尔条例Ⅰ》那么充分，因为欧洲法院的严格解释同样适用于被选法院和其他法院。一方面，海牙公约对于选择法院协议的形式要件过于宽泛，未能排除格式合同中的选择法院条款；与此同时，海牙公约对选择法院协议的实质要件及法律适用规则又不一定能对此提供充分的保护，或者说，海牙公约提供的是一种较低的和间接的保护，这是2005年海牙《选择法院协议公约》的缺陷。

需要指出的是，公约的缺陷并不在于被选法院地法规则本身，其主要症结在于选择法院协议的形式要件过于宽泛，使规则之间存在着罅隙。即使不采用被选法院地法来判断选择法院协议的实质效力，也不是当然地有助于实现实体正义，反而是增加了有损于判决一致性的可能性。为了保护弱方当事人，弥补公约存在的问题，较为妥当的办法是修改2005年海牙《选择法院协议公约》第3条的形式要件，对书面或者以书面为证加以严格的限制，排除格式合同中的选择法院协议。保留2005年海牙公约的被选法院地法规则，并且如果能在其形式要件中像欧洲法院那样，明确排除未经实际协商的选择法院条款，就能兼顾判决的一致性和个案的正义。

由于各国关于选择法院协议实质效力的实体规则不同，未来有可能发生当事人在使用选择法院条款时，较为集中地选择某地法院管辖。譬如，较为弱势一方的当事人可能会更倾向于选择欧洲国家的法院，因为欧洲法院对选择法院协议的书面要件作严格的解释，这种解释可能会影响到成员国法院的适用取向。[①] 而较为强势的当事人则可能更愿意选择美国的法院，因为美国法院更

[①] 这里只是提出一种规则相互影响的可能性，在涉及欧盟国家但不适用《布鲁塞尔条例Ⅰ》的情况下，欧洲法院对书面要件的严格解释的方法能否扩张到2005年海牙《选择法院协议公约》，要看实践的实际发展。

倾向于承认格式合同中选择由其自己管辖的条款，并依公约美国法院无法以不方便法院为由拒绝管辖。

第六节 判决的承认与执行规则

判决的承认与执行也是2005年海牙《选择法院协议公约》中最重要的部分之一。与管辖权相比较，各国的承认与执行外国判决的规则差异性更大。[①] 2005年海牙公约中的承认与执行规则反映了各国在此规则上的妥协与统一。尽管公约所指的判决仅限于公约有限适用范围内因选择法院协议发生的诉讼，但是这一类判决与根据其他国际民事管辖权做出的判决在性质上是一样的，同属于民商事判决。由此可以预见，公约的判决承认与执行规则会对将来海牙其他管辖权根据的公约起到示范作用。

根据2005年海牙《选择法院协议公约》第8条第1款规定，承认与执行仅得以本公约指定的理由而予以拒绝。公约中规定的拒绝理由是穷尽性的，除去公约列举的全部理由之外，缔约国法院不得以任何其他理由拒绝承认与执行判决。公约在规定例外情形的同时，又将拒绝承认与执行的理由限制在公约可以控制的范围内，这有助于确保判决最大限度地得到缔约国的承认。

一 承认与执行的根据

（一）依选择法院协议作出判决

第8条第1款是2005年海牙《选择法院协议公约》的三个关键条款之一。该款前半句规定，排他性选择法院协议指定的缔

[①] Andreas F. Lowenfeld, *International Litigation and the Quest for Reasonableness*, Oxford: Clarendon Press, 1996, p. 136.

约国法院作出的判决应在其他缔约国承认与执行。[①] 因此，承认与执行的首要条件是因排他性选择法院协议获得判决的事实。承认与执行排他性选择法院协议指定的缔约国法院作出的判决，是一项重要的公约义务。

根据公约第 8 条第 1 款后半句，承认与执行仅得以本公约指定的理由而予以拒绝。因此，如果找不到公约规定的拒绝理由，缔约国法院就不得拒绝排他性选择法院协议指定的缔约国法院作出的判决。可见，陈述公约规定的拒绝理由是法院在拒绝承认判决时的一项公约义务。

本款的这两句规定是公约判决承认与执行中最重要的规则。比较 2004 年公约草案与公约正式文本，本款的修改之大，使整个公约的格局都发生了变化。2004 年草案第 9 条第 1 款虽然规定"承认与执行仅得以下列理由而拒绝"，但在第 10 条先决问题中又规定了其他的拒绝理由，这不仅在立法技术上产生问题，而且减损了该规定的效力，公约草案本身前后矛盾可能使缔约国法院不受该规定的限制而扩大拒绝承认与执行的理由。而公约正式文本则规定"仅得以本公约指定的理由而予以拒绝"，将整个公约中所有的拒绝理由纳入该规定中。该规定将公约规定的先决问题、赔偿金问题、保险与再保险合同、声明排除事项以及公约未提及的问题都包括在内，公约一方面规定例外情形，另一方面又利用该规定将拒绝承认与执行的理由限制在公约可以控制的范围内，这将确保判决最大限度地得到缔约国的承认。有关拒绝承认与执行的理由都受本款规定的约束。

因此，除去公约列举的全部理由之外，缔约国法院不得以其

[①] 不过，2005 年海牙《选择法院协议公约》解释报告指出，缔约国没有义务执行其国内法律制度不存在的救济措施，例如非金钱救济判决。缔约国应依其国内法尽可能地给予外国判决最大程度的效力。See Dogauchi / Hartley Report（Dec. 2004），p. 15, para. 50；Hartley / Dogauchi Report（2007），p. 37, para. 89.

他任何理由拒绝承认和执行选择法院协议指定的法院作出的判决。毫不扩张地说,其他与承认和执行有关的条款都是对公约第 8 条第 1 款的补充。

(二) 有效及可执行判决

2005 年海牙公约第 8 条第 3 款规定,一项判决只有在作出地国有效,才应得到承认,只有在作出地国可执行,才应得到执行。这里清楚地对承认与执行作了区分。"承认"是指被请求法院接受作出地国法院作出的对权利和义务的判定,如果原法院裁决原告拥有或者没有某项特定权利,被请求法院也给予承认。"执行"是指对被请求法院司法程序的申请,以保证被告遵守由作出地国法院作出的判决。例如,如果作出地国法院判定被告必须支付原告一千欧元,被请求法院应确保这笔款项交付原告。因此,对判决的执行必定伴随或先行存在着对判决的承认。当然,承认却不一定必须导致执行。例如,如果原判决国法院裁定被告对原告无金钱债务,被请求法院只须简单承认这项裁决即可;如果原告就同一诉因在被请求法院再次起诉,对外国判决的承认就足够结束案件。

根据这种区分,不难看出为什么第 9 条第 3 款说一项判决只有在作出地国有效才应得到承认。所谓"有效"是指具有法律有效性或法律执行力 (legally valid or operative)。如果没有效力,就不构成对一项关于当事人权利义务的有效裁定。因此,如果判决在作出地国没有效力,依公约这项判决就不应得到任何其他缔约国的承认。此外,如果判决的效力已在作出地国终止,依本公约该判决不应再被其他缔约国承认。

同样地,如果判决在作出地国无强制执行力,依本公约该判决不应在其他国家执行。当然,有可能一项判决即将在作出地国生效,却由于未决诉讼而没有执行力。在这种情况下,只有作出地国解决未决诉讼问题后才可能得到其他缔约国的执行。此外,如果判决的执行力已在作出地国终止，依本公约该判决不应再被其他缔约国执行。[1]

在这里，判决的有效性与可执行性是判决承认或执行的必要条件，如果判决未生效或不可执行的判决则可依公约拒绝承认或执行。值得注意的是，公约对判决确定性的规定仅要求判决有效或有执行力，并不要求原判决是终局判决。

（三）对判决的审查

1. 禁止被请求法院作实质性审查

尽管2005年海牙公约允许在承认与执行之前对原判决作必要的审查，但是第8条第2款禁止对判决的实质内容进行审查。这种规定是此类公约的标准条款，如1968年《布鲁塞尔公约》第29条。如果没有这一规定，外国判决可能被请求承认与执行的法院进行实质性审查（révision au fond），而使被请求法院变成了外国原判决国法院的上诉法院，[2] 这是原判决国法院不愿意看到的。因此，原判决国法院对案件实质（the merits of the case）的认定，无论是对事实问题还是对法律问题，都不得作为被请求法院的审查对象。

2. 对协议管辖权依据的审查

2005年海牙公约第8条第2款的第二句规定，除非缺席判决，被请求法院应受原判决法院为确认管辖权所作之事实认定（finding of fact）的约束。这里管辖权指依本公约取得的协议管辖权。由于法院管辖权源自于选择法院协议，此规定适用于认定涉及协议形式或实质效力的事实，包括对当事人缔约能力的认定，也适用于与协议范围有关的任何事实之认定。

因此，如果被请求法院适用公约第9条（a）或（b），必须

---

[1] Hartley / Dogauchi Report (2007), p. 52.
[2] Ibid., p. 50, para. 165.

接受原判决国对协议效力或当事人能力这种事实的认定。但是，却不受原判决国对其他事实的司法评估。例如，如果原判决国法院裁定由电子方式订立的选择法院协议满足公约第3条（c）(ii)对协议的形式要求，而被请求法院可以以信息的可达性未满足公约的要求为由作出相反的裁定。[1]

需要指出的是，这种审查与公约第9条（c）、（d）和（e）所规定的不承认的理由是不同的，这三种情况不涉及管辖权问题，而仅涉及公共秩序和程序公正。因此，被请求法院应自己决定被告是否被传票，是否存在一定程序上的欺诈以及审判是否公正。

当然，在保障程序公正方面，这与第9条的（e）又有相同之处。例如，如果被告以原判决的程序与被请求国的程序正义的基本原则不相容反对承认与执行，他声称他不能到原判决国抗辩是因为他可能因政治原因被监禁，那么，原判决国否认这一点的认定将不能约束被请求法院。[2]

3. 关于原判决国的审查

2005年海牙《选择法院协议公约》第8条第4款规定，如果判决是原判决国的审查对象或者申请普通审查的时限未过，承认与执行可以延期或拒绝。这意味着，被请求法院可以推迟承认与执行，如果判决可能被作出地国的另一法院撤销或修改。但是，如果判决在作出地国可予执行，则被请求法院不一定要拒绝。当然，本款仅适用于原判决国对判决的执行没有因上诉而中止的情形，如果判决被中止，则第8条第3款有关既判力的规定应得到适用。

2005年海牙公约考虑到一些国家对执行外国判决持积极态度。如果这种判决随后被判决作出地国撤销，被请求法院就应取

---

[1] Hartley / Dogauchi Report (2007), p. 50.
[2] Ibid., p. 51.

消执行程序。在这种情况下，被请求法院可以要求判决的债权人（judgment‑creditor）提供担保，以确保判决的债务人（judgment‑debtor）不会因此受到损害。[1]

如果法院不愿立即执行判决，公约第8条第4款给予法院选择的余地，即法院可以延期而中止执行程序或者拒绝执行有关判决。例如一些大陆法系国家限制法官对案件的中止，如果法院欲中止执行程序，则可援引本款。另外，如果法院选择拒绝执行，这不妨碍在原判决国澄清案件后，当事人在该法院重新申请执行判决。因此，这种情况下的拒绝意味着对判决驳回而不损害判决的效力。[2]

4. 判决作出国对案件的移交

2005年海牙《选择法院协议公约》第5条第3款规定，公约不影响缔约国法院之间的内部管辖权分配规则，但当被选法院对于是否移送案件有自由裁量权时，应适当考虑给予当事人选择的自由。公约第8条第5款与之相呼应，规定对判决的承认与执行也适用于案件移送时的情形。

该款但书指出，如果法院不顾当事人在该国及时地反对移交案件，被请求法院可以拒绝承认与执行该国法院作出的判决。这是对当事人意思自治的保护，因为案件移交本身可能违背当事人的意愿而破坏选择法院协议。据此，如果当事人在原判决国及时地表示反对，被选法院国应适当尊重当事人对移送的反对。被请求法院可以以此为由拒绝承认与执行这种判决。

二　公约第9条规定的一般拒绝理由

依2005年海牙《选择法院协议公约》第8条第1款规定，被请求法院仅得以公约规定的理由拒绝承认与执行。公约第9条

---

[1] Hartley / Dogauchi Report (2007), p. 52.
[2] Ibid.

与第 8 条相互呼应,规定了 7 项可以拒绝的理由。除去这 7 项理由之外,公约还在其他条款中也涉及可以拒绝的理由。因此,这 7 项理由并不是穷尽性的。

需要注意的是,公约用"可以"而不是"应当",当出现这些可拒绝情形时,公约不强行要求被请求法院承认或执行相关判决,同时也不妨碍法院这么做。因此,这些情况下,对判决的拒绝并非是缔约国的公约义务,可是由被请求国依其内国法来自行决定。当然,拒绝的理由仅得以公约规定。换言之,依公约的理由来拒绝,才是缔约国的公约义务。

2005 年海牙《选择法院协议公约》第 9 条 (f) 和 (g) 都涉及不一致判决,可以合并为一项来规定,为了与公约规定保持一致,本书这里按第 9 条 (a) 至 (g) 的顺序分别论述。

(一) 协议无效 (null and void)

2005 年海牙《选择法院协议公约》第 9 条 (a) 规定,如果依照被选法院地法排他性选择法院协议是无效的,承认与执行可被拒绝。拒绝的理由是协议无效。协议无效也是公约第 6 条规定的未被选法院应中止或驳回诉讼的情形之一。

但是,该规定后面补充"除非被选法院认定协议有效",表示被请求法院不能代替被选法院来对此作出判断。因为原判决国法院作出判决的事实,并不意味着该法院认为选择法院协议有效,它可以依据其内国法的其他管辖权规则来审理案件。本款规定的目的,在于避免不同缔约国法院对协议效力作出相互矛盾的裁决,应依被选法院国的法律来统一判断协议的效力,而且必须尊重被选法院对此作出的任何裁定。[①]

(二) 当事人缺乏订立合同的能力 (incapacity)

2005 年海牙《选择法院协议公约》第 9 条 (b) 规定,拒

---

① Hartley / Dogauchi Report (2007), p. 54, para. 183.

绝的理由可以是当事人欠缺订立合同的能力。与第6条（b）相呼应，本项规定的拒绝理由以被请求国法律认定当事人订立协议的能力。这两者都要求当事人订立合同的能力由法院地法判定，法院地法包括国际私法规则。不过，这两种情况中的法院是不同的，在第6条（b）中指违背管辖权协议的法院，而第9条（b）中则指被请求承认与执行被选法院所作判决的法院。①

（三）送达程序缺陷

2005年海牙《选择法院协议公约》第9条（c）规定的拒绝理由涉及对当事人送达传票上的两种缺陷。如果被告未被适当通知，公约允许被请求法院不承认相应的判决。这里分为两种情况，第9条（c）（i）涉及被告的利益，（c）（ii）涉及通告国的利益。公约对"通知"（notification）一词的使用，是一般意义上的使用，并非法律或技术概念。②

1. 对被告的保护

公约第9条（c）（i）设计了一项标准，以确保被告得到适当通知。它规定，如果载有诉请实质因素（essential elements of the claim）的提起诉讼的文书或同等文件，没有在充分及时的时间内以能让被告安排答辩的方式通告给被告，被请求法院可以拒绝承认与执行由此作出的判决。

但是，这条规则不适用于被告出庭陈述案件而不对通知作出抗辩的情形，因为这种情况属于默示管辖。因此，如果被告本可以在原审法院对通知作出抗辩但没有抗辩，就不能在被请求法院以此为由申请拒绝承认与执行该判决。这条仅适用于尽管被告被通知并且出庭，但是通知并没有使他有足够的时间来为抗辩做好

---

① Hartley / Dogauchi Report (2007), p. 54, para. 184.
② Ibid., note 223.

准备。在这种情况下,他可以请求诉讼延期以获得救济,否则他将无权以缺乏适当通知为由提出不予承认之抗辩。①

2. 对通知国(State of notification)的保护

包括主要普通法国家在内的许多国家都不反对在没有当局的任何参与下在其领土送达外国传票,这些国家将其简单地视为一种信息传送。因此,如果日本律师要在英格兰送达日本的传票,他可以直接到被告家送达传票。但是其他国家,尤其是一些民法法系国家,则持有不同的观点,他们通常视送达传票为主权行为或公务行为,认为未得到允许而在其领土之内送达传票损害了该国主权。例如,1965年海牙《关于向国外送达民事或商事司法文书和司法外文书公约》(《海牙送达公约》)②第13条规定,文书发往国在其认为执行请求将损害其主权或安全时,可拒绝执行。据此,该公约的缔约国法院可以拒绝承认以损害其主权方式送达传票而取得的外国判决。另外,有些国家拒绝承认因直接送达传票而在此后作出的判决,例如1998年4月日本最高法院曾作出一项判决,认为日本律师按香港律师要求所作的直接送达程序不符合《海牙送达公约》的规定,也不满足日本《民事诉讼法》第118条第2款有关送达的要求。③

2005年海牙《选择法院协议公约》第9条(c)(ii)考虑到上述问题,当传票以违反被请求国公共秩序的方式通知给被告时,被请求法院可以拒绝承认与执行相关判决。不过,与不承认

---

① Hartley / Dogauchi Report (2007), p. 54, para. 186.
② 《关于向国外送达民事或商事司法文书和司法外文书公约》于1965年11月15日订于海牙,1969年2月10日生效,中文译文参见中华人民共和国外交部条约法律司编:《海牙国际私法会议公约集》,法律出版社2012年版,第49—56页。
③ 日本最高法院1998年4月28日判决,载《日本最高裁平成九年十月三十一日判决民集》52卷3号853页。该判决的概要与全文,见http://www.courts.go.jp/search/jhsp0030? hanreiid = 52536&hanreiKbn = 02,英译文见 *Japanese Annual of International Law*, No. 42, 1999, p. 155.

的其他根据不同,第 9 条(c)(ii)仅适用于在传票传达地国的承认与执行。①

(四)程序上的欺诈(fraud)

2005 年海牙《选择法院协议公约》第 9 条(d)规定的拒绝理由为就程序上欺诈而取得的判决。欺诈是指故意地欺骗或故意地行恶。这里所指的欺诈不是实体法上的欺诈,仅涉及程序问题。例如,原告故意地向错误地址传送传票,或故意导致传票被传至错误地址;又如,原告故意向被告提供错误的审理时间和地点信息;又如,一方当事人向法官、陪审员或证人行贿,或隐瞒证据。欺诈也可能与选择法院协议本身有关,例如原告在伪造文件上假冒被告的签名。对本规定而言,欺诈可能由任何一方当事人或法院所为。②

(五)公共秩序保留(public policy)

2005 年海牙《选择法院协议公约》第 9 条(e)规定,承认与执行将明显与被请求国"公共政策"(public policy)不相容的情形,包括导致判决的特别诉讼程序与被请求国"程序公正"(procedural fairness)的基本原则不相容的情形,在这种情况下被请求国可以拒绝承认与执行。

第 9 条(e)前一部分重申了此类公约中常常规定的"公共秩序保留",并以"明显地"作为限定,这是海牙公约的惯常做法。公共秩序保留这一规定给予缔约国法院在判决承认与执行方面自由裁量的巨大空间。例如,对于惩罚性的赔偿金,公约第 11 条实际上不统一各国对惩罚性赔偿金的承认与执行规则,因此缔约国法院可以以惩罚性的赔偿金违背其本国的公共秩序为由拒绝承认执行。对于惩罚性的赔偿金,本书另有论述。

---

① Hartley / Dogauchi Report (2007), p. 54, para. 187.
② Ibid., p. 55, para. 188.

第9条（e）后一部分将程序公正作为特殊的公共秩序，特别规定具体案件中在程序上的严重错误，从而避免侵犯承认判决的法院地国程序法的一般准则。当然，后一部分规定并不限制前一部分规定，因为外国判决与被请求国实体法相冲突时也可以引起公共秩序保留。

公约第9条（c）、（d）和（e）这三个拒绝理由有相当多的重叠，他们都部分或全部地涉及程序公正。[①] 例如，由于原告的欺诈，传票未送予被告且被告不知晓诉讼，（c）、（d）和（e）规定的拒绝理由都可以作为援引。程序公正在不同国家包括不同的含义，如正当程序（due process of law）、自然正义（natural justice）或要求公正审判的权利（the right to a fair trial）。在一些国家程序公正是宪法性规定，承认在程序上存在根本违反这一原则的情形而由此获得的外国判决可能违反这些国家的宪法。如美国宪法第5修正案和第14修正案规定了涉及正当程序。另外，1950年罗马《保护人权与基本自由公约》（《欧洲人权公约》）第6条规定了要求公正审判的权利。欧洲人权法院在2001年"佩莱格里尼诉意大利案"（Pellegrini v. Italy）的判决中认为，《欧洲人权公约》第6条阻止缔约国法院承认由非缔约国作出的、其诉讼程序违反该第6条标准的判决。[②] 这意味着，《欧洲人权公约》的成员国都不能承认一项违反公正审判权利的判决，无论判决作出国是否是该人权公约的成员国。[③]

（六）与被请求国的判决不一致（inconsistent judgments）

2005年海牙《选择法院协议公约》第9条（f）和（g）规定的拒绝理由都与不一致判决（inconsistent judgments）有关，

[①] Hartley / Dogauchi Report (2007), p. 55, para. 190.
[②] Pellegrini v. Italy [2001] ECHR Rep. VIII 369.
[③] Dogauchi / Hartley Report (Dec. 2004), pp. 32 - 33.

都处理相同当事人之间依公约寻求承认与执行的判决与另一判决之间的冲突。在这里,海牙公约区别对待被请求法院作出的判决和其他国家法院作出的判决,给予被请求国法院作出的判决优先效力。

第9条(f)涉及被请求国法院作出的判决与被要求承认的判决不一致的情形。在这种情况下,被请求国的判决无论是否先作出都优先于其他国家法院作出的判决,即使判决后于依选择法院协议所作的判决,并且无须诉因相同。①

如果法院判决与依选择法院协议所作判决相冲突,只有当该法院认为应适用第6条的排除情况时才引起第9条(f)适用的判决冲突。如果不符合适用条件,即未被选的法院有义务中止或驳回诉讼时,审理该案件将违反本公约。但是如果满足第6条规定的某项排除情况,依据选择法院协议被请求法院可以基于公约第9条(a)、(b)或(e)而拒绝承认相关判决,因为第6条的所有排除情况都在第9条上述规定中得到反映。因此,最可能适用第6条(f)的情形是,认为判决冲突的法院错误地认为依第6条其有权审理案件。在这种情况下,公约允许被要求法院依选择法院协议拒绝承认判决以避免在同一国作出不一致的判决。②

(七)与外国判决不一致的情形(inconsistent judgments)

2005年海牙《选择法院协议公约》第9条(g)涉及判决由外国法院作出的情形。如果以下条件被满足,法院可以拒绝承认与执行依选择法院协议所作的外国判决:

第一,依选择法院协议所作的判决必须后于相冲突的判决;第二,当事人必须相同;第三,诉因必须相同;第四,相冲突的

---

① Hartley / Dogauchi Report (2007), pp. 55 – 56, para. 192.
② Dogauchi / Hartley Report (Dec. 2004), p. 33.

判决必须满足在被要求国承认的必要条件。[1]

对于判决的不一致,公约 2004 年草案的报告中提出了两种观点。第一种观点认为,第 9 条 (f) 仅适用于两判决在裁决上的冲突,而不涉及论证上的冲突,也不涉及对先决问题的裁决。第二种观点则认为后一类冲突也可能包括在内。[2] 从公约最后文本第 9 条与第 10 条的联系来看,第 10 条处理后一类冲突时的部分情形,从公约立法逻辑上看,公约实际上采纳了后一种观点,因此公约第 9 条 (f) 和 (g) 可以理解为同样适用于判决与先决问题的冲突问题,对于这种情况,本书将会在下面的先决问题中论述。

三 先决问题(Preliminary questions)

在对国际民商事案件作出最后的判决之前,法院往往要对案件所涉初步事项的不同事实问题或法律问题进行先行裁定。例如在专利侵权案中,就需要先裁决专利的效力,这就是对先决问题[3]的初步裁决。初步裁决为最后判决铺平道路,那么被请求法院在承认外国判决时,是否也要承认对先决问题的裁决呢?

在大陆法系国家,判决(judgment)的效力通常只及于对诉讼请求的最后裁定——判决主文(法国:dispositif;德国:Tenor;奥地利:Spruch)。[4] 但与此不同的是,在普通法法系国家,如英国的禁止反言规则(issue estoppel)和美国的间接禁止反言(collateral estoppel)或争点排除(issue preclusion)规则,要求

---

[1] Hartley / Dogauchi Report (2007), p.56, para. 193.
[2] Dogauchi / Hartley Report (Dec. 2004), p. 33.
[3] 对于先决问题,民法法系和普通法系采用不同的术语和基本概念,容易引起误解。例如普通法系学者不称"先决问题"(incidental questions),而称其为"争点"(issues)。
[4] Dogauchi / Hartley Report (Dec. 2004), p. 37.

法院在某些情况下承认在先前判决中对先决问题的裁决。[1] 这包括两种情况，一种是原判决和对先决问题的裁决都由同一国的法院作出，另一种情况是原判决和对先决问题的裁决由不同国家的法院作出。

（一）对先决问题的裁决

2005年海牙《选择法院协议公约》第10条涉及对先决问题的裁决，第1款明确规定，如果被本公约第2条第2款或第21条所排除适用的事项在诉讼中作为先决问题产生，那么对这些先决问题的裁决在本公约下不被承认与执行。根据公约的解释报告，公约并不妨碍缔约国根据其本国法承认这些裁决。[2] 2005年海牙公约之所以这样规定，主要原因在于那些被排除出公约适用范围的事项具有特殊的性质，缔约国一般不希望在这些事项上当事人协议选择法院；如果承认对这些先决问题的裁决，将会削弱公约第2条第2款和第21条的意义。另外，该款规定与公约第2条第3款规定排除事项作为先决问题并不排除适用本公约的规定，是前后照应的，虽然排除事项作为先决问题时的诉讼被包括在本公约的适用范围，但对这些事项的裁决在公约下却不给予承认与执行。

2005年海牙《选择法院协议公约》一方面将一些事项排除在适用范围外，另一方面又对这些事项引起的先决问题作出规定，这可能引起条约之间的矛盾，即与其他规定某个排除事项的条约相冲突。为此，公约第26条关于与其他国际法律文件的关系，对此加以协调。依第26条，本公约不影响其他条约在缔约国的适用。因此，在本公约下，不承认与执行的情形不影响缔约

---

[1] "请求排除"与"争点排除"的区别，参见孙劲《美国的外国法院判决承认与执行制度研究》，中国人民公安大学出版社2003年版，第93—95页。

[2] Hartley / Dogauchi Report (2007), p. 56, para. 195.

国依其他条约承认与执行。

需要指出的是，2005年海牙《选择法院协议公约》在第9条（f）和（g）中涉及不一致判决的两种情况，根据公约第4条第1款对"判决"的定义，对先决问题的裁决可以理解为包括在判决之内。根据公约第10条第1款的措辞，公约并不禁止对排除事项之外的先决问题的裁决的承认与执行，当先决问题裁决与某判决不一致时，公约第9条（f）和（g）可以理解为也适用于这种情况。对于这一点，公约草案报告在解释第9条（f）和（g）时，认为这种观点是对不一致判决的广义理解，将扩大这两款规定的适用范围，进而增加了拒绝承认与执行的理由。①

（二）根据先决问题裁决而作出的判决

与第10条第1款不同，2005年海牙《选择法院协议公约》第10条第2款、第3款和第4款不是对先决问题裁决的拒绝，而是对以相关先决问题的初步裁决为依据而作出的判决的拒绝，前者拒绝的对象是先行裁决，后者拒绝的对象是基于此初步裁决而作出的判决。缔约国法院可以以此为由拒绝承认与执行这种判决，或者达到拒绝的程度。这三款是对2005年海牙公约第9条的补充，即另外的、可供援引的、公约规定的拒绝理由。

1. 对于公约第2条第2款排除事项的先决问题的判决

2005年海牙《选择法院协议公约》第10条第2款规定，对于以对公约第2条第2款排除事项作出裁决为基础作出的判决，缔约国被请求法院可以拒绝承认与执行或达到拒绝的程度。

2. 对于公约第21条声明排除事项的先决问题的判决

2005年海牙《选择法院协议公约》第10条第4款规定，对于以对公约第21条声明排除事项作出裁决为基础作出的判决，缔约国被请求法院可以拒绝承认与执行或达到拒绝的程度。从逻辑上

---

① Dogauchi / Hartley Report（Dec. 2004），p. 33.

看，公约将第2款和第4款分立，与第1款并不协调，因为第1款包括这两种排除事项，而第2款和第4款分别涉及这两种排除事项，将第2款和第4款合并规定可使公约显得更为协调和简洁。

3. 对于知识产权先决问题的判决

2005年海牙《选择法院协议公约》第10条第3款特别涉及知识产权（不包括版权及其邻接权）的有效性作为先决问题的情况，对于以该先决问题裁定为基础而作出的判决，被请求法院仅可以在两种情况下拒绝和拖延。这两种情况都是将知识产权的效力问题交由依据其法律产生的国家决定，肯定知识产权的原审国法律对知识产权效力的专属管辖：（a）知识产权依一国的法律产生，被请求的裁定与该国有管辖权的机关对知识产权效力所作的判决或决定不一致；（b）有关知识产权效力的诉讼在该国尚在审理之中。

2005年海牙《选择法院协议公约》专门就知识产权作为先决问题单立一款进行规定，主要意图是，对先决问题裁定不予承认和执行再作一个例外规定，也就是例外的例外。[①] 在2005年海牙公约第一章适用范围的条款中，公约有意将知识产权侵权案件纳入调整范围，对于版权及邻接权以外的知识产权的效力尽管不适用本公约，但是依本公约却可以承认对其效力的先行裁决。2005年海牙《选择法院协议公约》只规定两种拒绝承认与执行理由，将知识产权的效力交由知识产权依据其法律产生的国家的有权机关决定，同时禁止其他国家以知识产权效力是先决问题为由而拒绝承认与执行相关判决。

四 赔偿金问题（Damages）

在2005年海牙《选择法院协议公约》的起草过程中，有关

[①] 徐国建：《建立国际统一的管辖权和判决承认与执行制度——海牙〈选择法院协议公约〉述评》，《时代法学》2005年第5期。

赔偿金的规定方面一度变动很大，最后正式文本与2004年公约草案采用的措词相差甚远。

（一）关于赔偿金的拒绝理由

2004年公约草案试图尽可能地承认与执行原判决中包括惩戒性或惩罚性（exemplary or punitive damages）的非补偿性赔偿金（non-compensatory damages）。草案第15条以被请求法院可能作出的相同或相当金额赔偿金为底线，来判断赔偿金的金额是否得当，并允许对过分赔偿金进行限制。由于国际商事案件的当事人往往以赔偿金为诉讼的标的物，如果依该草案规定，以被请求法院在相同情况下可能作出的赔偿金为衡量标准，那么包括非补偿性赔偿金的判决要在不承认非补偿性赔偿金的国家得到承认与执行，就遇到很大的问题。因为被请求法院可援引该草案第15条第2款（a），认定赔偿金是过分的而作出较低的赔偿金裁定；反之，不包括非补偿性赔偿金的判决要在承认非补偿性赔偿金的国家得到承认与执行，被要求法院则可援引该草案第15条第2款（b）认为该赔偿金低于该法院在相同情况下的可能判决金额而拒绝承认这项判决，这无疑会使公约的目的落空。

2005年海牙《选择法院协议公约》抛弃了以被请求法院在相同情况下作出赔偿金判决的标准。依海牙公约第11条第1款规定，当赔偿金不能补偿当事人实际损失或所受伤害时，判决可以拒绝或者达到拒绝的程度，即使该赔偿金包括了惩戒性或惩罚性赔偿金。据此，2005年海牙公约实际上回避对惩罚性赔偿金作统一性的规定。根据该款，可以得出以下关于赔偿金的推论：

（1）拒绝的理由以当事人的实际损失或所受伤害为衡量标准；

（2）赔偿金可以只是补偿性的，也可以包括惩戒性或惩罚性赔偿金；

（3）赔偿金不能补偿当事人实际损失或所受伤害时，法院可以拒绝，但拒绝不是强制性的；

（4）如果原判决赔偿金不能弥补当事人的实际损失或所受伤害，法院可以采取其他方式，如作出新的较高的赔偿金判决，而达到拒绝的程度。

但是，由于2005年海牙公约第11条并未就惩罚性赔偿金作出明确的规定，缔约国法院可以援引第9条（e）以公共秩序为由而拒绝惩罚性赔偿金。由于2005年海牙公约在赔偿金问题上只列出了这一项拒绝理由，如果被请求法院不援引公共秩序保留的理由，2004年4月草案中所规定的过高赔偿金、较高赔偿金、较低赔偿金只要能够补偿当事人的实际损失或所受伤害，就都应在公约下承认与执行。这里引起两个问题，一个问题是依哪一国的法律来审查当事人的损失，2005年公约里没有明确规定；另一个问题是，如果被请求法院重新对赔偿金作出判决，即使不改变原判决中的其他裁定，也会在实际上减损原判决的效力，因为当事人的诉讼目的主要就是为了获得金钱赔偿。

（二）诉讼费用和开支

2005年海牙《选择法院协议公约》第11条第2款还涉及诉讼费用和开支问题，它规定，被请求法院必须考虑作出判决的法院判出的赔偿金是否以及在何种程度上包括了与诉讼有关的费用和开支。该款规定考虑到了不同法系的国家在诉讼成本和费用上的实践差异。在多数国家，原告在胜诉后可要求补偿诉讼费用，因此包括了诉讼费用和开支的赔偿金往往是一大笔金额。但是，各国有关主张诉讼费用的规则又大相径庭。很多国家的诉讼费用是包括律师费的，但在美国，诉讼费用通常不包括律师费。为了对此作出弥补，美国法院常常判给较高的赔偿金，有时还特别指定其中一部分作为惩罚性赔偿金。[1] 为此，法院应考虑将判决金额与包括费用的总额进行比较，并且，法院也应该考虑判决作出

---

[1] Dogauchi / Hartley Report（Dec. 2004），p. 45.

国的一般律师费用。①

五 应出示的文书

2005年海牙《选择法院协议公约》第三章"承认与执行"下的第13条涉及当事人在寻求承认或申请执行外国判决时应出示的文件。公约使用了"应当"一词,表明当事人在判决承认与执行程序中有按公约出示文书的义务。

公约第13条第1款首先列出了寻求判决承认与执行的当事人依公约应出示的文书清单。该条规定与1999年公约临时文本第29条第1款的(a)至(c)相同。② 出示文书本身,并不意味着这是一项特别程序。

公约第13条第1款(a)要求出示完整和经核准的判决副本,这里的"判决"指全部判决,不仅仅限于最后裁决书。(b)要求出示排他性选择法院协议及其核准的副本,或者其存在的证据。所谓"存在的证据"(evidence of its existence)包括通过电子手段订立的排他性选择法院协议存在的证据。(c)要求在缺席判决时,应出示被告被通知诉讼的文件证据。③ 这一要求与公约第9条(c)都是为了保护当事人在被选法院获得适当的通知。(d)要求出示证实判决已生效或可执行的文书,这与公约第8条第3款相对应。(e)涉及法院和解,要求出示由原审国法院出具的和解在该国的可以与判决相同的方式予以执行的证明。在这五项文书要求中,(a)、(b)和(d)适用于一般情况,(c)和(e)仅涉及特别情况。

公约第13条第2款规定,如果判决内容无法使被请求法院

---

① Dogauchi / Hartley Report (Dec. 2004), p. 46.
② Nygh / Pocar Report (August. 2000), pp. 109 – 110.
③ Hartley / Dogauchi Report (2007), p.61.

核验本章所规定的条件是否相符，该法院可以要求其他必要文件。被请求法院可以要求出示另外的文书，以考察公约第三章的要求是否得到满足。由此可见，第1款列举的清单并未穷竭文书上的要求，但是，应避免给当事人不必要的文书负担。

公约第13条第3款规定，当事人依公约申请承认与执行时，可以附加海牙国际私法会议推荐和公布的表格，使用该表格并非义务。公约推荐的表格并不构成公约的组织部分，海牙会议可以根据需要对表格进行适当修改。

公约第13条第4款规定，被请求法院可以要求本条中所涉及的任何文书的翻译。除非缔约国有其他规定，应按公约要求附加以被请求国的官方语言制成的证明文件，即被请求国的程序法优先于本款规定。

另外，公约第18条规定，依本公约发送或递交的所有文书免于认证等类似形式，这一规定是海牙公约的通常做法。[1]

2005年海牙《选择法院协议公约》在第13条中没有提及拒绝的理由，因此，申请人没有按公约要求出示文书的后果应依被请求国法律。[2] 由此可以推断，在这种情况下被请求法院可以以当事人未出示相关文书或出示的文书不符合公约为由，推延审理案件以待当事人补足，但不得以此为由拒绝承认与执行。另外，过分的形式要求应该避免，如果对原判决的败诉方无害，就应允许胜诉方适当减省应出示的文书。

六 程序问题

（一）有关程序问题的法律适用

2005年海牙《选择法院协议公约》第14条处理承认与执行

---

[1] Dogauchi / Hartley Report (Dec. 2004), pp. 41–42.
[2] Ibid.

过程中的程序问题，除公约另有规定之外，承认、可执行性声明或执行登记的程序以及判决执行的程序都应受被请求法院所在地法律支配。被请求法院应行动迅速。除去在用词上有所差异，该条规定与1999年公约临时文本的第30条相同。[①]

如果被请求法院所在地法对外国判决的承认程序未作出规定，则判决仅依公约第8条可被自动承认。如果该地法律对承认外国判决要求履行强制程序，则相关程序应依本公约而予以遵守。

在海牙公约第14条所包括的所有程序中，尽管公约对延迟没有明确限制，但是公约希望被请求法院高效行事。这意味着，被请求法院在程序事项上应尽可能地高效，至于如何高效，则交由被请求法院所在地的程序法。缔约国在实施2005年海牙公约时，应考虑采取措施以避免不必要的推延。[②]

（二）有关执行程序的必要推延

2005年海牙《选择法院协议公约》第8条第4款和第10条第3款都涉及对承认与执行判决的推延，这两种情况都是对程序的必要推延。

公约第8条第4款规定，判决是作出地国的普通审查对象或普通审查未完时，承认与执行可予以推延或拒绝，这使被请求法院可以（但无义务）暂停审理执行程序，直到原判决国普通审查结束。因为如果判决在原判决国尚在普通审查之中，则判决效力存在瑕疵。

公约第10条第3款涉及除版权及邻接权以外知识产权效力的先决问题的裁决，这使被请求法院可以（但无义务）暂停审理执行程序，直到使知识产权产生的法律所属国对该知识产权的效力作出裁决。该规定防止知识产权产生的法律效力问题交由其他国

---

① See Nygh / Pocar Report (August 2000), p. 116.
② Hartley / Dogauchi Report (2007), p. 62.

家,换言之,知识产权的效力由依其权利产生国的法律专属管辖。对于这一点,可参见本书在先决问题中的相关论述。

七 保险及再保险合同(Contracts of insurance and reinsurance)

2005年海牙《选择法院协议公约》第17条将保险及再保险合同作为一般条款规定,这是在公约起草过程中最后被加入的条款。该条既适用于管辖权问题,也适用于判决的承认与执行问题。公约之所以将该问题单独规定,是为了避免缔约国以保险及再保险合同涉及公约不适用的事项,或者涉及赔偿金问题为由,不作出裁决,或者拒绝承认与执行相关判决。[①]

2005年海牙《选择法院协议公约》第17条第1款明确规定,公约适用于保险及再保险合同的诉讼,无论其是否涉及与公约不适用的事项。第17条第2款规定,对保险或再保险合同项下责任的判决,不得以合同项下责任包括(a)公约不适用的事项,或者(b)可能依第11条作出的赔偿金裁决与赔偿被保险人或被再保险人的责任有关为由,而限制或拒绝承认与执行。

由于第17条只是规定不得拒绝的理由,因此2005年海牙公约的上述规定并没有将保险及再保险合同与其他合同的诉讼作出特别的区分,而只是对其特别重申,以免减损公约的适用范围和效力。对于保险及再保险合同的其他情形,只要不满足公约其他条款中规定的拒绝理由,被请求法院就不得拒绝。概言之,保险及再保险合同诉讼并不因为其涉及第三人的特殊性,而在判决的承认与执行问题上有特别之处。

[①] Andrea Schulz, "Report on the Meeting of the Drafting Committee of 18 – 20 April 2005 in Preparation of the Twentieth Session of June 2005", Preliminary Document No. 28 of April 2005, available at http://www.hcch.net/upload/wop/jdgm_pd28e.pdf, p. 4.

八 涉及承认与执行的声明条款（Declarations）

（一）限制承认与执行的声明

2005年海牙《选择法院协议公约》第20条规定，缔约国可以作出限制承认与执行的声明。第20条声明条款涉及被请求法院国纯国内案件的判决，如果当事人都居住在被请求国，除被选法院所在地之外，当事人的关系和所有与争议有关的其他因素仅与被请求国有联系，声明国法院可以拒绝承认与执行另一缔约国法院作出的判决。

在2005年海牙《选择法院协议公约》的适用范围上，公约第1条第2款仅就公约第二章管辖权而设，只对管辖权方面的国际性作限制，而不适用于公约第三章判决的承认与执行。第1条第2款排除了选择法院协议指定的缔约国纯国内案件的管辖权，但是对于承认与执行而言，第1条第3款情况下的案件因具有国际性而属于公约适用范围。因此，是否要承认第1条第2款排除情况下的外国判决，公约在第20条中允许缔约国通过声明，请求国法院拒绝承认与执行别国对自己纯国内案件的判决。

举例说明会使问题更清楚，所谓甲国的纯国内案件，即当事人都居住在甲国，当事人的关系和与争议有关的其他因素都仅与甲国有关，如果当事人通过选择法院协议指定由毫无关联的另一缔约国乙国法院排他性管辖有关争议，对于2005年海牙《选择法院协议公约》第1条第2款管辖权而言，这种情况排除在公约适用范围之外。但是对于公约第1条第3款而言，如果乙国法院依选择法院协议的指定作出判决（即乙国未按第19条作出声明且依其国内法法院对这种情况有管辖权[①]），当事人欲在甲国或

[①] 2005年海牙《选择法院协议公约》第19条允许缔约国作出限制管辖权的声明，如果被选法院所在国与当事人或争议之间并无联系，缔约国法院可以拒绝裁决该排他性选择法院协议所提交的争议。该声明条款仅涉及管辖权问题，与第20条的内容相比不要求当事人的居所问题。

者丁国申请承认与执行这项判决,该判决对于甲国和丁国而言都是外国判决,由此属于国际性案件而在公约适用范围之内。如果当事人欲在丁国申请判决的承认与执行,并且丁国也是2005年海牙公约的缔约国,依公约,该判决应得到承认与执行。如果当事人欲在甲国申请承认与执行判决,甲国对于别国判决自己的纯国内案件是否给予承认,这就取决于该国是否依公约作出第20条声明。

值得注意的是,尽管公约仅定义"国际案件"(international case),未使用"国内事项"(internal matters)的术语,无论国际还是国内案件,公约都以当事人的居所作为判断依据。换言之,2005年海牙《选择法院协议公约》以当事人的居所为连结点来确定案件的国际属性。

(二)关于非排他性选择法院协议的互惠声明

2005年海牙《选择法院协议公约》第22条允许缔约国基于互惠而承认与执行因非排他性选择法院协议而产生的判决,并规定应该承认与执行的情形。由于非排他性选择法院协议在实践中经常使用,对此进行规定有助当事人使用选择法院协议来解决他们之间的争议,也扩大了公约的适用范围。

2005年海牙《选择法院协议公约》第22条第1款给"非排他性选择法院协议"做出了定义,该定义与排他性选择法院协议的唯一区别在于选择多个缔约国的法院,而其形式要求与排他性选择法院协议一样,即依公约第3条(c)。该款允许缔约国承认其他缔约国由此作出的判决,由于该声明是互惠的,未作出该声明的缔约国和非缔约国不适用本条规定。

2005年海牙《选择法院协议公约》第22条第2款涉及依本公约应得到另一个作出同样声明的缔约国的承认与执行的情形。(a)规定判决由非排他性选择法院协议指定的法院作出;(b)规定判决之前不存在其他判决,也不存在相同当事人就同一诉因的未决诉讼，即实际上判决具有唯一性；（c）规定作出判决的法院是最先受理案件的法院。第2款下（a）、（b）和（c）是重叠性的适用规则，必须同时满足这三个条件，并且除去这三个条件之外也应满足公约承认与执行判决的其他要求。需要指出的是，公约只规定应该承认与执行的条件，对于不满足该条件的其他情形是否应承认与执行，则由被请求国的国内法解决，公约在这里只是提供承认与执行非排他性选择法院协议引起的国际民商事案件的最严格条件。

九 涉及法制不统一国家（non-unified legal systems）

2005年海牙《选择法院协议公约》第25条处理复合法域国家的区际私法问题。如前所言，在适当场合，公约中的"État / State"既可以指作为整体的国家，也可以指其中一块具有独立司法制度的领土，如加拿大安大略省、中国香港特区、英国苏格兰或美国新泽西州。如果当事人指定由复合法域国家审理案件，并且审理案件涉及该国的某一法域，法院就必须解决适当的区域是国际公法上的国家，还是该国的某一法域。

公约第25条第1款规定，当公约任何问题涉及适用不同法律制度的领土区域时，只要适当，公约可以解释为适用于国际公法意义上的国家，也可以解释为国际私法意义上的有关法域。第1款规定了公约中所涉及的四种可以适当时将"State"解释为相关法域的情况：（a）任何涉及一国的法律或程序；（b）任何涉及一国的居所；（c）任何涉及一国的法院；（d）任何涉及与一国的联系。

第25条第2款进一步规定，就复合法域国家而言，可以不完全适用公约于其内国案件。该款规定，尽管有上述第1款规定，复合法域的缔约国没有义务要将公约适用于案件只涉及不同法域的情形。对于适用这项规定而言，被选法院必须位于复合法域国家,如果被选法院位于另一缔约国,要排除外国对其内国案件所作判决的承认与执行则引起对公约第 20 条的适用。举例而言,如果被选法院位于英格兰,案件情况完全是联合王国的内部事件,联合王国没有必要因为一方当事人居住在苏格兰的事实而适用本公约。但是,如果被选法院在加拿大,联合王国法院必须承认与执行该法院作出的任何判决,除非联合王国依第 20 条作出声明。

第 25 条第 3 款规定,复合法域缔约国中某一法域的法院没有义务仅仅因为另一缔约国判决已经被本国的另一法域依本公约承认与执行而承认与执行该判决。据此,纽约法院没有义务承认日本作出的判决,仅仅是因为新泽西州法院已经承认该判决,纽约法院必须亲自决定该判决是否满足公约的承认与执行条件。

海牙国际私法会议从 1961 年《遗嘱处分方式法律适用公约》以来,一直注意在公约中规定复合法域国家的区际私法问题。但是,海牙各公约在处理区际私法问题上所使用的方法是不同的。如 1961 年《遗嘱处分方式法律适用公约》规定法律适用问题应先由复合法域国家法律中有效的区际冲突规则确定,没有此类规则时则由该国法律中与立遗嘱人最有实际联系的任何一种法律确定。① 从立法政策而言,该规定实际上以缔约国的区际冲突法优先,没有区际冲突规则时适用最有实际联系的法律,既可能适用缔约国的法律,也可能适用独立法域的地方法。但是,1973 年海牙《产品责任法律适用公约》则不同,其第 12 条规定若一国为复合法域国家,则应将该国的各法域视同于国家。前者以缔约国的区际冲突法优先,而后者以径直规定公约自己的区际冲突规则,后者与本公约规定所用的方法相同。

另外,2005 年海牙《选择法院协议公约》在第 28 条允许法

---

① 参见刘仁山主编《国际私法》,中国法制出版社 2007 年版,第 328 页。

制不统一国家声明将公约适用于其所有领土或仅适用其部分领土，并可在任何时候提交另一声明以修改该声明。公约允许缔约国只将公约适用于局部，这为复合法域国家的加入提供了方便。特别要指出的是，根据公约第28条第3款，如果一国未按本条作出声明，则本公约扩展适用于其所有领土区域。因此，公约不仅处理国家之间的关系，而且涉及一国内部不同地区之间的关系。

由于将公约适用于各领域区域之间的关系，对于中国而言，如果我国加入2005年海牙《选择法院协议公约》而不依第28条作出声明，依公约规定，本公约除适用于内地之外，也适用于香港、澳门和台湾地区，并适用于他们之间的相互关系。这将使该公约有可能适用于中国的区际案件。

十　2005年海牙公约与其他国际文件的关系

2005年海牙《选择法院协议公约》第26条处理公约与其他关于管辖权和判决承认与执行的条约关系，例如《布鲁塞尔公约》、《卢迦诺公约》和《布鲁塞尔条例Ⅰ》以及缔约国之间的双边协定等等。

公约第26条第1款规定，本公约应尽可能解释为与在缔约国有效的其他条约相一致，而无论其缔结于本公约之前或之后。第2款则规定如适用本公约将使缔约国违背其对任何非缔约国承担的义务，则本公约不影响该缔约国适用任何在本公约之前订立并对该缔约国生效的条约。本款规定亦适用于对本公约之前订立并对该缔约国生效之条约的修订或替代条约。这两款旨在尽可能地减少对其他公约的影响。

第3款规定如果适用本公约将与缔约国对非缔约国的义务相矛盾，本公约则不影响缔约国先前缔结的任何条约对该国的适用。该规定涉及缔约国与本公约非缔约国之间的缔结于本公约之前的条约,这种情况下本公约没有优先力。该款又规定,如果以后对该条约的修订或替代并不造成新的矛盾,本公约也没有优先力。

第4款处理本公约与几个缔约国都另外加入的另一条约的关系,而无论其缔结于本公约之前或之后,本公约都不影响该条约在缔约国的适用。尽管如此,公约要求判决承认与执行的程度不应比本公约低,即该条约拒绝承认与执行的理由多于本公约时,应适用本公约的相关规定。据此,本公约并不影响那些涉及本公约中排除事项的条约。

第5款规定本公约不影响缔约国在特别事项上有关管辖权和判决承认与执行的先前或未来条约,即使与条约有关的国家都是本公约的成员国。这旨在避免公约在公约排除适用事项上与其他条约发生冲突。本款仅在缔约国依本款规定对有关条约作出声明的情形下适用。该款还规定,如果被选法院所在国作出声明,其他缔约国便不应就该特别事项在任何不一致的范围内适用本公约,即就被请求法院的义务和判决的承认与执行而言,在特别事项上其他缔约国应适用另一条约而不适用本公约,但对该条约适用的效果不一定要与适用本公约不一致。

第6款涉及区域经济一体化组织成员国在公约与组织规则上的关系,本公约不影响组织规则在以下两种情况的适用,而无论其缔结于本公约之前或之后,即(a)当事人均不居住在非区域经济一体化组织的缔约国,或者(b)对于组织成员国之间的判决承认与执行问题。据此,如果当事人均居住在该组织的成员国或者涉及组织成员国之间判决承认与执行问题,区域经济一体化组织的规则优先于本公约。举例而言,如果当事人居住英国和法国两国,或者对于英国和法国之间的民商事判决承认与执行,应先适用欧盟《布鲁塞尔条例I》,在该规则没有规定的情况下才适用本公约。

小　结

（一）海牙公约的管辖权规则

2005 年海牙《选择法院协议公约》规定排他性的选择法院协议指定的法院应该有权审理协议适用的争议，除非依被选法院地法协议无效。被选法院不应以争议应由其他国家的法院审理为由而拒绝实施管辖。对于被选法院国法院之间对案件的移交，公约规定应由当事人适当地考虑。

2005 年海牙《选择法院协议公约》提供了排他性选择法院协议的定义，其中包括协议的书面及电子形式的要求，这种要求是穷竭性的，不允许缔约国依内国法判断。同时，公约假定协议具有排他性，并且明确规定选择法院协议的独立性，这有助于提高协议效力的确定性。由于公约未能在其实质要件上形成实体性的规则，协议的实质效力交由被选法院地法判断。

尽管 2005 年海牙《选择法院协议公约》以《布鲁塞尔公约》为模板规定选择法院协议的形式要求，但是《布鲁塞尔公约》特别保护附着的、未经协商的消费者附着合同（adhesion, non‐negotiated contracts），强调保护消费者合同多于合同自由。[①]

[①] 例如，1993 年《关于消费者合同不公平条款的欧共体理事会指令》要求成员国制定关于标准格式合同方面的规则，见 Council Directive 93/13/EEC of 5 April 1993 on Unfair Terms in Consumer Contracts, O. J. L 95, 21.4.1993。1994 年英国依该指令制定了《消费者合同不公平条款条例》，见 The Unfair Terms in Consumer Contracts Regulation, 1994, S. I. 1994/3159 (U. K.)。对于《布鲁塞尔条例 I》和《卢迦诺公约》的相关规定，可参见 E. Scoles, P. Hay, P. Borchers and S. Symeonides, *Conflict of Laws*, 4th ed., St. Paul, Minn. & West Group, 2004, Chapter 11.2, p. 481, n. 12。也可参见 John Adams, "Digital Age Standard Form Contracts under Australian Law: 'Wrap' Agreements, Exclusive Jurisdiction, and Binding Arbitration Clauses", *Pacific Rim Law & Policy Journal*, Vol. 13, No. 3, 2004, p. 528。

欧洲法院在形式要件上的严格解释未能在海牙公约的文本中显示出来。在被选法院诉讼时，被选法院地法能否保护弱方当事人，是不确定的。这是公约的一项重要缺陷。

对于其他法院的管辖权，公约限制被选法院以外的其他法院对案件进行审理。未被选法院必须中止或者驳回起诉，除非存在公约规定的协议无效、当事人无能力、导致明显不公平和违反法院地的公共政策、当事人不可控制的原因而不能履行协议以及被选法院决定不审理案件等理由拒绝。弱方当事人可以利用这种规则来保护自己，但这种保护是间接的和被动的，低于《布鲁塞尔公约》对弱方当事人在被选法院阶段的直接保护。

（二）海牙公约判决承认与执行的拒绝理由和特点

在决定由适当的法院对审理争议之后，2005年海牙《选择法院协议公约》专门规定由被选法院作出的判决在其他缔约国的承认与执行问题。被选法院作出判决之后，其他法院不得对判决的实体问题进行审查，并且应该执行其判决。非被选法院只得以公约规定的理由拒绝承认以执行被选法院作出的判决。

2005年海牙《选择法院协议公约》对拒绝承认与执行的理由进行了限制，指定可以拒绝的理由并不限于公约第9条的（a）至（g）项规定，除了这7条项规定之外还包括其他理由。这些理由在公约中比较分散，这里将其他理由归纳如下：（1）判决是作出地国的审查对象或普通审查尚未到期，被请求法院可以推延或拒绝；（2）判决作出地法院未考虑当事人在判决作出地以适时的方式反对移交案件，被请求法院可以拒绝这项判决；（3）对于第2条第2款或第21条排除事项所引起的先决问题，对此类先决问题的裁决在本公约下不应承认与执行，并且以这些先行裁决为判决的根据，判决的承认与执行可予拒绝或达到拒绝的程度；（4）对除版权及邻接权以外的知识产权的有效性这一先决问题进行裁决时，拒绝或推延的理由仅为该裁定与知识产权据以产生之法律所属国就该事项所作的判决或主管当局的决定不相一致，或者关于知识产权有效性的诉讼在该国尚未结束；(5)原判决作出的包括惩戒性或惩罚性赔偿金在内的赔偿，如果不能补偿一方的实际损失或所遭受的损害，可以拒绝或达到拒绝的程度；(6)如果缔约国按第20条作出声明，缔约国法院可以拒绝承认与执行外国法院作出的实质属于自己本国内国案件的判决。

2005年海牙《选择法院协议公约》适用于民商事领域订有排他性法院选择协议的国际案件，公约试图推动基于排他性法院选择协议而作出判决的承认与执行。在判决的承认与执行规则中，公约强行性地规定缔约国法院仅得以公约指定的理由拒绝承认与执行相关判决，由此排除了公约未列举的其他任何理由，如"不方便法院"，这使得"拒绝承认与执行"成为公约的个别或例外情况，从而加强了判决效力的可预见性。

具体而言，2005年海牙《选择法院协议公约》在判决的承认与执行方面有以下主要特点：(1)公约对拒绝的理由作清单式的穷竭列举，规定仅得以公约指定的理由拒绝。公约限制拒绝的理由，消除了以公约未加规定的理由拒绝承认与执行的可能性。(2)公约规定的拒绝理由大多是选择性的，不具有强制性，是否应该拒绝仍要由被缔约国的国内法决定。(3)保护当事人的利益，包括保护当事人的意思自治，保护选择法院协议的效力并规定当事人在移交案件时的权利；保护当事人程序法上的权利，如被告应被适当地通知以有充足时间准备抗辩，规定程序上的公正和排除程序事项上的欺诈等；便利当事人，允许被请求法院中止执行程序而待判决效力瑕疵在作出国的消除。(4)规定判决和法院和解是承认与执行的对象，判决是对案件实质内容所作的裁决，明确临时保全措施不是判决，而法院和解则应以判决相同的方式执行。(5)海牙公约尽可能地保证原判决的效力，规定仅应对原判决作非实质审查，规定判决的可分性，尽可能地保证可执行部分的效力。(6) 在公约与其他法律文件的关系上,其他条约不应比公约承认与执行的程度更低。公约这些措施从判决的不同方面来确保判决的承认与执行,因此如果公约被广泛接受,将能有力地推动缔约国法院在判决的承认与执行上的互信和合作。

当然,2005年海牙《选择法院协议公约》的承认与执行规则更多地表现出了海牙国际私法会议的与会国家在具体制度上的妥协与让步。公约对拒绝承认与执行的理由作清单式列举,由缔约国在这些理由中进行选择。另外,公约对赔偿金的规定充满了妥协精神,承认程度虽然以能弥补当事人的实际损失或所受伤害为标准,无论赔偿金是否包括惩罚性赔偿金,但是公约并不禁止被请求国在这种情况下对赔偿金作出新的裁决。如果被请求国认定赔偿金具有惩罚性质与其公共秩序相违背而拒绝这项判决,被请求国可能依其国内法作出新的赔偿金裁决。此外,本公约没有规定判决被拒绝承认与执行之后的救济措施,这些问题仍然要交由被请求国的国内法。因此,本公约在国际民事诉讼程序上的统一仍然是有限的,相当多的问题都必须交由缔约国的国内法来解决。

第 四 章

中国加入2005年海牙公约的可行性

第一节 中国需要什么样的公约——拟定的理论模型

一 问题的提出与研究方法

对于中国是否批准海牙《选择法院协议公约》，已有多位中国学者从不同方面进行了论证。有学者从细节入手，考察2005年海牙《选择法院协议公约》与中国法律是否相冲突，得出中国可能会加入公约的结论。[①] 也有学者考察海牙公约对发展中国家的影响，阐述中国互惠原则的局限性，以此说明中国加入公约的必要性。[②] 也有学者主要通过批判公约被选法院地法这一法律适用规则无前例可循，认为公约为了稳定性牺牲个案正义，从而反对中国加入该公约。[③]

诚然，以上中国学者对海牙公约可能对中国的潜在影响所进

[①] See Guangjian Tu, "The Hague Choice of Court Convention – A Chinese Perspective", *American Journal of Comparative Law*, Vol. 55, No. 2, 2007, pp. 347–365.

[②] 参见王吉文《2005年海牙〈选择法院协议公约〉研究》，东南大学出版社2008年版，第240—255页。

[③] 参见陈隆修《2005年海牙法院选择公约评析》，台北五南图书出版公司2009年版，第142—153页。

行的研究，无疑是有益的。这些角度，使我们能深入理解和讨论公约的实质，而不是停留在公约的文本之上。但是，前述研究大多是从实在法的角度出发，论证公约规则与现行制度的冲突，必须指出的是，这种研究方法本身是消极的和被动的，不能或者难以充分说明中国对于批准海牙公约的价值取向和内在需求。

需要强调的是，对于缔结一个前所未有的全球性公约而言，最吸引各国参与的原因正是其造法的功能，在尽可能地消除各国管辖权冲突的同时，为各国国内成文法或判例法上的缺陷提供一个弥合的平台。[①] 它的作用在于创造一个全新的规则体系，统一不同法系和不同国家的协议管辖权和判决承认与执行规则，与此同时，又为不同法系、不同国家之间难以妥协的特殊规则留有一定的余地。因此，仅从公约对中国现行规则的影响这个消极角度来考察，不可避免地失之偏颇。

本书的研究路径是首先试图建立一个理想化的公约理论模型，采用理性主义方法抽象地提出符合中国利益，契合中国经济水平、法治发展和社会现实的民商事管辖一般原则。从中国目前的立法思路看，接受或者拒绝某项国际公约，都需要提供充分的理由来说明其是否符合中国的利益，或者尽管并非完全符合中国利益，但是批准的结果利大于弊。

如果仅仅论证与中国现行法律是否相冲突，还不能充分论证中国是否需要加入该公约，因为这只是说明中国加入公约是否存在困难或障碍而已；而从必要性的角度来论证可行性问题，则可能扩大公约的作用而忽略其潜在的危险。另外，仅就某一具体规则来全盘反对海牙公约，尽管能促使我们带着更多的批判精神进

[①] See "Private International Law – Civil Procedure – Hague Conference Approves Uniform Rules of Enforcement for International Forum Selection Clauses – Convention on Choice of Court Agreements, concluded June 30, 2005", *Harvard Law Review*, Vol. 119, No. 3, 2006, p. 937.

行研究,但是这种研究仅从单一价值取向出发,难免有因噎废食的嫌疑,不仅不利于正义的实现,可能还会损害正义。忽视国际法律秩序对稳定性的追求,无益于国际管辖权冲突的协调,而且有可能导致更为严重的管辖权分歧和地方保护主义。我们不能忘记,"一个法律秩序的存在较之于它的公正更为重要。公正是法律的双重重要使命,但首先是法律安全,即安宁"。① 毕竟,撇开冲突正义来追求个案正义,其结果必然是对法律共同体"平等和民主"的漠视,② 不利于建立司法互信和合作,实际上也会降低当事人通过诉讼来解决国际商事争议的信心。

二 模型的参照物

本书所提出的原则充分借鉴了两位荷兰国际私法学者在对《布鲁塞尔公约》的实证研究后所得出的理论化结论。他们认为,布鲁塞尔公约体系最基本的原则是"加强建立在共同体内对个人的司法保护原则",在这个基本原则之下是四个主要的原则:

(1) 判决的自由流动原则;
(2) 保护被告抗辩权利原则;
(3) 司法的确定性原则;
(4) 争议应在适当法院解决的原则。③

1. 选择这一参照物的原因

之所以借鉴这一理论化结论,一方面是因为《布鲁塞尔公

---

① [德]拉德布鲁赫:《法学导论》(1929年第7/8版),米健、朱林译,中国大百科全书出版社1997年版,第22页。

② 参见宋晓《当代国际私法的实体取向》,武汉大学出版社2004年版,第348—356页。

③ Jannet A. Pontier and Edwige Burg, *EU Principles on Jurisdiction and Recognition and Enforcement of Judgments in Civil and Commercial Matter – According to the Case Law of the European Court of Justice*, T. M. C. Asser Press, 2004, p. 17.

约》及其继承者《布鲁塞尔条例I》是迄今为止最为成功的管辖权和判决规则体系,自1968年公约生效以来的40多年里,欧洲法院及各成员国法院的大量判例不断地修正或解释《布鲁塞尔公约》或《布鲁塞尔条例I》[①],使之成为一个有着自我革新能力的规则体系;另一方面,《布鲁塞尔公约》最初的成员国均为大陆法系国家,而中国近代法律制度沿袭德国法传统,借鉴其理论化结论可以避免比较不同法系时所常见的概念差异。

当然,正如美国学者在批评2001年海牙判决公约草案时所指出的,完全模仿《布鲁塞尔公约》的框架来起草全球性的海牙公约是不合适的。因为这个地区性的公约和规则是以共同的法律、文化传统和高度融合的区域经济化为前提的,而世界性的公约必须正视各国法律巨大差异和经济发展严重不平衡的现实。但是,这个对公约草案的批评性论据主要是针对管辖权依据在公约草案中的地位而言的,也就是说,如何在必需的、禁止的和可允许的管辖权依据中进行分配的问题。与之不同的是,2005年海牙《选择法院协议公约》只涉及一个管辖权依据,并且各国对2001年公约草案中关于选择法院协议的规定分歧并不太大。另外,本书所借鉴的是《布鲁塞尔公约》的原则,而非具体的规则,法律原则往往比具体的规则具有更大的普遍适用性。

另一个将其作为比照的理由是,《布鲁塞尔公约》与海牙《选择法院协议公约》相比,由于其涉及多个管辖权依据并且调整各管辖权依据之间的关系,它更有可能提供一种完整的、鸟瞰式的原则,而单一管辖权公约有可能会出现规则的碎片化。因

---

① 除非论述具体的规则,为了行文方便,本章往往以《布鲁塞尔条例I》广义地指代自《布鲁塞尔公约》至《布鲁塞尔条例I》以来的欧盟管辖权规则体系。

此,借鉴《布鲁塞尔公约》的理论化结论,而非具体规则,可以从更高的角度对2005年海牙《选择法院协议公约》的价值进行全面考察。

2. 参照相关原则可能存在的缺陷

通过比照《布鲁塞尔公约》的管辖权原则,可以为建立中国的管辖权理论提供鲜活、实用的参考。但是,不可否认,中国目前的法治化发展程度与欧洲发达国家相比,仍然有着非常大的差距。借鉴《布鲁塞尔公约》的理论化结论,可能出现的最大缺陷,是脱离我们经济发展和法治现状的实际。

《布鲁塞尔公约》与《布鲁塞尔条例Ⅰ》建立在统一的经济共同体之上,对于欧盟各成员国而言,《布鲁塞尔条例Ⅰ》提供了一种类似美国宪法中的"充分诚信条款"机制,使各个成员国之间的判决尽可能地自由流动。欧盟需要这样的结果来起到统一欧洲司法的目的。正是由于其政治与经济一体化程度很高,欧盟各成员国司法主权原则服从这一诚信机制。

而对于司法传统和法律文化迥异的世界各国,特别是中国而言,"判决的自由流动"更多的是学者对于法律结果对称性的理想主义表达,摆在首要位置的不是外国判决的自由流动,甚至不是本国判决在外国的自由流动,而是出于司法主权原则,考虑本国法院对外国判决审察的可能程度。具体而言,就是本国当事人在外国诉讼的过程和结果是否取得在本国法院审理的相同或类似保护,或者不低于本国最低标准,或不达到本国不可容忍的程度。如果本国法院对外国判决做实质审查,就使得在外国诉讼毫无意义可言。因此,对于国际性的管辖权和判决公约而言,避免管辖权冲突和保护弱方当事人的利益常常只是法律术语对于内在价值取向的表面化说明,而"充分保护本国当事人"和"平等保护外国当事人",特别是前者,却是各国立法和司法机关心照不宣的目的。

三 为考察海牙公约而使用的理论模型

国际民商事管辖权问题是国际民商事案件要解决的首要问题，在未明确法院的管辖权之前，法律适用问题与当事人权利与义务都无从谈起。由于涉及当事人诉讼权利，并且影响法院对法律适用的判断，管辖权问题往往极大地影响案件的结果。俗语云"选择正确的战场往往意味着胜利"，这用来说明管辖权对案件结果的影响，是颇为妥帖的。

在20世纪末，中国学者卢松曾提出了国际民事管辖权的三条原则。其一，"国家主权原则"；其二，"国际社会法律协调发展原则"；其三，"管辖权法定与法院自由裁量相结合原则"。国家主权原则体现为，一国除去国际义务之外可以制定其认为合适的任何管辖权规则；对于相同当事人就同一争议提起的诉讼，外国法院的审理并不影响本国法院再次对该案行使审判权。国际社会法律协调发展原则是为了使国际司法分工和协作顺利进行而对前述主权原则的调整。管辖权法定与法院自由裁量相结合原则，则是在法律无明确规定下法院可以自由裁量。[①] 从整体上讲，这三条原则是符合当时中国法制环境的，也考虑到了国际社会法律的协调。不过，以现在的眼光和国际私法的统一化角度来看，20世纪提出的这三条原则存在明显的封闭和消极倾向，它们强调从国家层面保护司法主权，强调本国法院对案件的审判，而不考虑对当事人权利的保护，尽管提到了法律的协调，但是本质上不利

---

① 卢松：《关于涉外民事管辖权的几项原则》，黄进、刘卫翔等编：《当代国际私法问题——庆祝韩德培教授八十五华诞论文集》，武汉大学出版社1997年版，第311—315页。根据本书作者的不完全检索，此后的中文国际私法教材、专著和论文极少观照国际民事管辖权的"基本原则"，有关教材在使用管辖权原则的"原则"一词时，往往不是在基本原则这个意义上使用。这里重新引述卢松先生的原文，望引起学界对"管辖权基本原则"的重视。

于国际司法合作。其中的国际社会法律协调原则由于过于强调法院审查，只不过是一种幻象而已。这三条管辖权原则的提出，有其政治、经济与法律的原因。20世纪末，中国经济发展仍处于成长期，法制建设远不如现在充分。那时中国还没有加入世界贸易组织（WTO），参与制定国际规则和融入国际社会的能力不够，信心也不足。

目前，中国已经成为仅次于美国和欧盟的第三大经济体，并且未来有望超过美国成为第一大经济体。面对快速融合的全球经济，作为和平发展与崛起的大国，参与国际规则的制定而不只是被动的承受者，中国的国际民商事管辖权原则也需要作出符合时代要求的转变。这种转变，应该是建立在积极参与国际合作的基础之上的，是一种开放的国际主义，而不是封闭的保守主义。但是，这种国际主义不能牺牲本国当事人的利益，因为中国当事人在国际交易中往往是经济上的弱方当事人。由此，符合中国利益和当前国际形势的民商事管辖权原则，必须"充分保护中国当事人的利益，同时也平等地保护外国当事人的权利"。与突出国家司法主权不同，新的管辖权原则应该体现对管辖权冲突的国际协调，强调对经济和诉讼地位上弱方当事人的保护。

考虑到前述《布鲁塞尔条例Ⅰ》的四大原则是建立在欧盟内部统一的基础之上，不足以体现对于"充分保护中国当事人的利益和平等保护外国当事人的权利"的需求。为了与中国的现实需要相适应，本书在借鉴欧盟原则的基础上，提出四项略有先后顺序而并非完全平行的法律原则：

（1）争议应在适当法院解决；
（2）保护被告诉讼权利；
（3）司法的确定性和可预见性；
（4）合理和公正判决的自由流动。

在"争议应在适当法院解决原则"中，强调不得与中国专属管辖权相冲突,强调保护经济地位上的弱方当事人,尊重当事人意思自由和为法院的合理审查留有适当的空间。在"保护被告诉讼权利原则"中,强调对在诉讼地位上的弱方当事人保护,避免中国当事人在作为被告时得不到有效的司法救济。在"司法的确定性和可预见性原则"中,强调一事不再理原则,而将平行诉讼作为例外。在"合理和公正判决的自由流动原则"之中,重视国际司法的合作,在前述原则实现之上再行推动判决的自由流动。由此,从内涵上来讲,这四项原则尽管来源于《布鲁塞尔公约》,但由于以"争议应在适用法院解决"为首要原则,而与《布鲁塞尔公约》所反映的四项原则有较大的差异,尽管它们在措辞上十分相近。

对于中国加入海牙公约的可行性问题,本书试图通过这四项原则对公约进行全面考察,以此来全面透析 2005 年海牙《选择法院协议公约》所体现的价值、目标和缺失,从而为是否加入以及如何加入海牙公约提供较全面和深入的论证。

第二节 争议应在适当法院解决之考察

"争议应在适当法院解决原则"包括保护弱方当事人原则、当事人意思自治原则和合理的法院管理原则。[①] 将这一原则而不是将判决的自由流动作为首要的原则,其一是为了突出保护社会经济地位上的弱方当事人,这对于发展中国家的当事人来说具有特别的意义。其二是为了尊重当事人的意思自治。因为选择法院协议这项极为有用的机制,它能克服管辖权冲突对跨地区及跨国

---

① Jannet A. Pontier and Edwige Burg, *EU Principles on Jurisdiction and Recognition and Enforcement of Judgments in Civil and Commercial Matter – According to the Case Law of the European Court of Justice*, T. M. C. Asser Press, 2004, p. 116.

交易造成进一步的不便，降低了涉外合同在各国法律差异、管辖权重叠和冲突法的不确定性与不可预见性等方面的国际风险。①其三，因为国际公约的起草常常是发达国家之间的讨价还价，不可避免地主要反映发达国家的利益，而在相当大的程度上忽视发展中国家的经济发展和法律传统。目前中国在参与制定国际规则中的话语权相对微弱，对于是否加入这个对法院施加义务的管辖权和判决公约，中国应该注意法院是否保留一定的审查和管理空间，以保护中国及中国当事人的利益。

有学者批评 2005 年海牙公约实际上根本的问题，可能与许多国际公约一样——第一世界所要求的稳定性是建筑在第三世界弱势人民的牺牲之上。②但是，海牙公约是否真如该学者所言无视弱方当事人的利益，海牙公约能否在司法确定性与保护被告诉讼权利之间取得某种平衡，这正是本节要重点考察的内容之一。

一 保护弱方当事人原则

片面追求司法的确定性和判决的一致性往往以牺牲弱方当事人的诉讼权利为代价，就调整选择法院协议的海牙公约而言，由于公约的多项规则旨在强调司法的确定性，这就需要考察公约是否给予弱方当事人以足够的保护。

布鲁塞尔条例将弱方当事人分为三种情况，诉讼地位上的弱方当事人、社会经济地位上的弱方当事人和未知悉自身受选择法

---

① Friedrich K. Juenger, *Choice of Law and Multistate Justice*, Martinus Nijhoff Publishers, 1993, p. 214. 或参见该书再版的中译本，[美]弗里德里希·K. 荣格：《法律选择与涉外司法》，霍政欣、徐妮娜译，北京大学出版社 2007 年版，第 273—274 页。

② 陈隆修：《2005 年海牙法院选择公约评析》，台北五南图书出版公司 2009 年版，第 150 页。

院协议约束的当事人。本书分别对这三种情况进行考察。尽管最后一种情况可归入当事人意思自治原则之中，但是厝于此更宜于考察弱方当事人问题。

（一）关于诉讼地位上的弱方当事人

欧洲法院认为，被告作为被起诉的一方通常是诉讼地位上的弱方当事人。[①] 如果被告在其本国法院为自己辩护更为容易，管辖权就应该分配给被告的住所地法院。抑制原告住所法院地诉讼（forum actoris），抑制其他有利于原告的管辖权依据。要求管辖权分配给被告的住所地法院，即诉讼住所地主义或以原告就被告（actor sequitur forum rei），体现在《布鲁塞尔条例I》第2条。保罗·杰纳德关于布鲁塞尔公约的报告（Jenard Report）就认为，诉讼住所地主义的最大化即有利于被告的规则，在国际案件中更为重要。一般来说，在外国应诉要比在其住所地应诉困难得多。[②]

2005年海牙《选择法院协议公约》只涉及选择法院协议形成的管辖权，公约除影响不方便法院原则和先受案规则外，并不处理其他管辖权依据，如被告住所地管辖、合同履行地管辖等依据。依海牙公约第5条、第6条和第9条，除公约规定的理由之外，被选法院应该审理案件，其他法院应该中止诉讼或承认与执行被选法院作出的判决。即如果当事人之间存在有效的选择法院协议，在一般情况下，由该协议产生的管辖权优先于其他管辖权依据。[③] 就管辖权问题而言，由于当事人之间达成选择法院协

[①] Case C-295/95 Jackie Farrell v. James Long [1997] E. C. R. I-1683.

[②] Report by Mr P. Jenard on the Convention of 27 September 1968 on Jurisdiction and the Enforcement of Judgments in Civil and Commercial Matters, 27 September 1968, Official Journal C 59, 5 March 1979, p. 18.

[③] 值得注意的是，2005年海牙《选择法院协议公约》不影响已生效的其他有关管辖权的国际公约的效力。例如《布鲁塞尔条例I》，若案件可能适用两公约，则优先适用《布鲁塞尔条例I》；在这种情况下，海牙公约的协议管辖权规则没有优先力。

议，出于尊重当事人意思自治和减少管辖权冲突，选择法院协议中一般不认为存在诉讼地位上的弱方，而需要强调保护社会经济地位上的弱方当事人。

（二）关于社会经济地位上的弱方当事人

《布鲁塞尔条例Ⅰ》所谓社会经济地位上的弱方当事人为保单持有人（包括被保险人和保险受益人）、消费者、被扶养人和雇员。[1]

1. 保险合同

对于与保险有关的管辖权，《布鲁塞尔条例Ⅰ》第3节的规定给予被保险人广泛的管辖权依据，并排除任何有利于保险人的管辖权条款。欧洲法院在"格林诉特索罗案"（Gerling v. Tesoro）中认为，被保险人最常面对的是预先制定的保险合同，不能对其中的条款进行协商，是经济地位上的弱方当事人，《布鲁塞尔条例Ⅰ》第3节的目的就是为了保护他们。[2]

保险合同往往使用的都是由保险公司单方面拟订的格式合同，而在这种合同中，一般都会订入有利于保险人的条款，被保险人一方很难加以改动。一旦发生纠纷，面对议价能力强大的保险公司，经济地位与能力弱小的被保险人常常处于劣势。[3]《布鲁塞尔条例Ⅰ》第13条第1项至第3项对与保险有关的管辖协议做了限制性规定：（1）管辖协议是在纠纷发生之后达成的；（2）管辖协议允许保单持有人、被保险人或保险受益人到本节规定以外的法院起诉；（3）管辖协议是在于同一缔约国境内有

---

[1] Jannet A. Pontier and Edwige Burg, *EU Principles on Jurisdiction and Recognition and Enforcement of Judgments in Civil and Commercial Matter – According to the Case Law of the European Court of Justice*, T. M. C. Asser Press, 2004, p. 124.

[2] Case 201/82 Gerling Konzern Speziale Kreditversicherungs – AG and others v. Amministrazione del Tesoro dello Stato [1983] E. C. R. 2503.

[3] 参见罗剑雯《欧盟民商事管辖权比较研究》，法律出版社2003年版，第139页。

住所的保单持有人和保险人之间订立的；除非协议与该国法律相抵触，否则，即使侵害事件发生在该国之外，管辖协议仍具有授予该国法院以管辖权的效力。

但是对于保险合同，2005年海牙《选择法院协议公约》第2条不仅不加排除，反而在第17条十分明确地将其包括在适用范围之内。即使被保险的风险涉及公约第2条的排除范围事项和缔约国依第21条声明排除的事项（如某缔约国声明排除适用于因石棉引起的人身或财产损害），依公约第17条，公约也可以适用于相关保险合同。极少的例外是雇员对保险人提起的直接诉讼。[①] 就此而言，公约并未给予被保险人、保单持有人和保险受益人特别的保护。除非缔约国依第21条，将未加实际协商的选择法院条款明确排除在公约适用范围之外。

有欧洲学者认为，如果保险客户是实力雄厚的大型企业，作为保险人的保险公司有可能处于劣势地位，此时究竟谁是弱者，不可一概而论。[②] 但是，这种理由经不起推敲，它对于协议管辖权而言毫无说服力。我们很难想象一家保险公司在面对实力雄厚的大型企业时，会抛出一份与其他普通当事人一样的格式合同。这种情况下，保险合同的条款更可能被双方当事人一一协商，包括其中的选择法院条款。事实上，《布鲁塞尔公约》之所以特别保护被保险人，是因为保险合同一般为格式合同，并且保险合同涉及第三人，使被保险人、保单持有人和保险受益人受未经实际协议的选择法院协议约束是明显不公平的。当保险合同的投保人有能力与保险公司进行实际协商时，就不存在对格式合同的限制问题了。

[①] Harley / Dogauchi Report (2007), pp. 31, 63.
[②] 参见罗剑雯《欧盟民商事管辖权比较研究》，法律出版社2003年版，第148页。

就中国是否加入 2005 年海牙《选择法院协议公约》的问题，这里需要考察公约是否有利于保护中国保险公司和中国企业。假设保险或再保险合同中都含有由保险公司所在国管辖的条款，那么中国保险公司可以从公约中取得在本国法院诉讼的优势。但是，如果中国在加入公约时排除适用于保险合同，则中国的保险公司只不过得不到公约的保障而已，并不实质减损其现有的利益。而另一方面，正如前面论述所言，相对于投保人而言，保险公司并不是弱方当事人，即使是中国的保险公司。

然而，如果中国企业向外国保险公司投保，以中国企业的一般实力，往往无法对外国保险合同中的选择法院条款进行实际的协商，一旦发生纠纷，被保险人、保单持有人和受益人（其居所可能在外国）则将不得不面临在其他国家诉讼。因此，如果中国加入 2005 年海牙《选择法院协议公约》，中国应利用第 21 条，明确将未加实际协商的选择法院条款完全排除在公约适用范围之外，尽可能地保护被保险人、保单持有人和保险受益人免受保险格式合同的不利影响。

2. 被扶养人、消费者及受雇者

对于消费者合同，1997 年欧洲法院在"本宁卡萨诉牙科工具箱公司案"（Benincasa v. Dentalkit）中认为，《布鲁塞尔公约》第 13 条和第 14 条将消费者作为经济上的弱方当事人加以保护。[1] 对于被扶养人，1995 年欧洲法院在"法雷尔诉朗案"（Farrel v. Long）中强调，《布鲁塞尔公约》第 5 条第 2 款将被扶养人作为弱方当事人加以保护。对于受雇者，《布鲁塞尔公约》起草时未对其特别规定，而是通过欧洲法院 1989 年"伊维内尔诉施瓦布案"（Ivenel v. Schwab）和 1993 年"六建公司诉安贝尔案"（Six Constructions v. Humbert）给予其管辖权上的保护，并

---

[1] Case C－269/95 Francesco Benincasa v. Dentalkit Srl [1997] E. C. R. Ⅰ－3767.

在 1989 年对第 5 条第 1 款进行了修改。① 在 2000 年的"普格利泽诉芬梅卡尼卡集团阿莱尼亚宇航公司案"（Pugliese v. Finmeccanica）② 中，欧洲法院又重申，将受雇者作为社会经济地位上的弱方当事人进行适当的保护。③

2005 年海牙《选择法院协议公约》主要适用于与"商对商"（B2B）合同有关的诉讼，为了避免影响消费者、雇佣合同和扶养义务的选择法院协议，公约将与其有关的诉讼排除在公约的适用范围之外。依海牙公约第 2 条第 1 款（a），公约不适用于自然人主要为个人、家庭或家用之目的（消费者）作为协议的一方的选择法院协议。依第 2 条第 1 款（b），公约不适用于涉及雇佣合同，包括集体劳动协议的选择法院协议。依第 2 条（b），公约不适用于扶养义务。由此可见，公约不影响消费者、雇佣合同和扶养义务，这种排除规则避免消费者、雇佣者和被扶养人免受不公平选择法院协议的影响，可以看作是一种间接的保护。

3. 未知晓合同中选择法院条款的当事人

《布鲁塞尔条例 I》所体现的第三个保护弱方当事人原则与选择法院协议的效力有关，即其第 23 条第 1 款不仅确保司法的确定性，还保证当事人之间实际达成合意，以保护未知晓合同中选择法院条款的当事人。欧洲法院在不少案件中确认了这种观点，例如在"卡斯泰莱蒂海运公司诉雨果·特伦皮海运公司案"（Castelletti v. Trumpy）中，欧洲法院认为，该规定的目的是为了

---

① 这两个案例可参见罗剑雯《欧盟民商事管辖权比较研究》，法律出版社 2003 年版，第 120—121 页。

② Case C-437/00 Giulia Pugliese v. Finmeccanica SpA, Betriebsteil Alenia Aerospazio [2003] E. C. R. I-3573.

③ Jannet A. Pontier and Edwige Burg, *EU Principles on Jurisdiction and Recognition and Enforcement of Judgments in Civil and Commercial Matter – According to the Case Law of the European Court of Justice*, T. M. C. Asser Press, 2004, pp. 125-126.

保护合同的弱方当事人免受未加注意的管辖权条款。①

这种情况通常出现于当事人无法对格式合同中的选择法院条款进行实际的协商，欧洲法院将这个问题归入选择法院协议的形式要求。在1976年的"科尔扎尼诉鲁瓦案"（Colzani v. Rüwa）中，欧洲法院要求书面协议的要件必须得到严格解释，即使外在证据显示当事人意图选择法院。法院最终判定一般销售条件中包含的选择法院条款不被视为书面协议，除非合同文本的正面明确提示在文本背面存在一般销售条款。法院特别强调，这种书面要求的目的正是为了保证当事人选择法院的合意得到清楚明白的证明。② 这种情况下无法证实一方当事人是否真正同意管辖权条款。在"塞古拉诉博纳克达瑞安案"③ 中，欧洲法院认为对于口头达成的销售合同，要满足公约第17条的形式要件就应该在合同书面确认书中附加一项提示，表明一般销售条件已被另一方接受。另外，欧洲法院又在"贝尔贺费尔案"④ 中认为，如果以口头协议指定管辖权，要满足公约形式要件，就必须为一方当事人收到另一方以书面作出的协议确认书且不做反对。

海牙公约所规定的形式要件规则，其一为书面或有书面证明，其二为适用于电子通信的方式，尽管表面上与布鲁塞尔条例的措辞一致，但由于欧洲法院的解释布鲁塞尔条例与海牙公约在选择法院协议形式要件规则的差异是十分突出的。依公约解释报告，公约的形式要求是必需的且充分的，在适用公约时不得再依

---

① Case C-159/97 Trasporti Castelletti Spedizioni Internazionali SpA v. Hugo Trumpy SpA 19 [1999] E. C. R. I-1597 (re Mainschiffahrts 17); Case C-106/95 Mainschiffahrts-Genossenschaft eG (MSG) v. Les Gravières Rhènanes SARL 15 [1997] E. C. R. I-911 (re 24/76 Salotti 7; 25/76 Segoura 6), 17; Case C-116/02 Erich Gasser GmbH v. MISAT Srl 50 [2003] E. C. R. I-14693.

② Case 24/76 Estasis Salotti and Colzani v. RÜWA [1976] E. C. R. 1831.

③ Case 25/76 Segoura v. Bonakdarian [1976] E. C. R. 1851.

④ Case 221/84 F. Berghoefer GmbH & Co. KG v. ASA SA [1985] E. C. R. 2699.

据缔约国的内国法。当协议采取第一种形式时，即采用书面协议或协议的确认书，其形式效力不依赖于当事人的签字。另外，公约解释报告称缔约国法院不能因为以下原因拒绝承认选择法院协议的效力：协议以外国文字书写；条款未采用特别的粗体形式；条款是小写的或者当事人未在主合同之外单独签字。[1] 从解释报告来看，格式合同中的选择法院协议符合海牙公约的形式要求。

欧洲法院的判例实质上修改了《布鲁塞尔公约》中的形式要件规则，而这种修改后的规则并没有从海牙公约的规则中反映出来。对于格式合同中的选择法院协议，为了保护弱方当事人，一种方法就是借鉴欧洲法院的方法对选择法院协议的形式要件进行严格解释，显然，这种方法与海牙公约的解释报告相冲突。另一种方法，则是将其归入选择法院协议效力的实质要件之中。

除当事人的能力依法院地法之外，2005年海牙《选择法院协议公约》规定选择法院协议的实质要件依被选法院地法来判定。公约同时规定其他法院在审查原判决时，可以以该协议生效将导致明显的不公正，或者明显违反受案国的公共政策等理由拒绝原判决（公约第6条和第9条）。对于格式合同中当事人未能实际协商的选择法院条款，如果在非被选法院，当事人可援引公约的不公正例外或公共政策例外来支持其诉讼或拒绝承认与执行被选法院已经作出的判决。从这一点来说，2005年海牙公约可以给予这种弱方当事人一种防护机制。

但是，如果原告在被选法院起诉，依2005年海牙公约第5条第1款，法院依法院地法作出判决。如果被选法院地法承认这类协议的有效性，如美国法院，对选择法院条款未加知晓的当事人则可能在美国法院面临诉讼，美国法院作出的判决则可能依公约而被其他缔约国法院承认与执行。

---

[1] Hartley / Dogauchi Report (2007), pp. 40–41.

如果将当事人未实际知晓格式合同中选择法院条款作为合意，即作为选择法院协议的实质要件来处理，这种弱方当事人并不一定能从2005年海牙公约中取得保护，在这种情况下，不公正和公共政策例外条款不能适用于被选法院地法，以实质要件来抗辩的效果是有限的。由此可见，2005年海牙《选择法院协议公约》给予的保护机制只能在被选法院以外的其他法院诉讼时起作用，而不作用于被选法院的诉讼。

与《布鲁塞尔条例Ⅰ》相比，2005年《选择法院协议公约》的保护机制不那么充分，因为欧洲法院的严格解释同样适用于被选法院和其他法院。2005年《选择法院协议公约》的规则更接近于美国法院的做法。2005年《选择法院协议公约》对于选择法院协议的形式要件过于宽泛，未能排除格式合同中的选择法院条款，其实质要件及法律适用规则又不一定能对此提供充分的保护，或者说海牙公约提供的是一种较低的和间接的保护，这是2005年《选择法院协议公约》的一个缺陷。

需要指出的是，2005年《选择法院协议公约》的缺陷并不在于被选法院地法规则，而在于选择法院协议的形式要件过于宽泛。从上述假设案例来看，采用其他的法律适用规则并不当然地有助于实现实体正义，而且也有损于判决的一致性。为了保护弱方当事人并有利于判决的一致性，更为有效和充分的办法是修改该公约第3条的形式要件，而不必修改公约的被选法院地法规则。如果能在其形式要件中像欧洲法院那样明确排除未经实际协商的选择法院条款，就能兼顾判决的一致性和个案的正义。

尽管2005年海牙《选择法院协议公约》存在这种缺陷，但是这个缺陷还不足以说服中国否定批准或加入该公约。对于指定外国法院的诉讼，无论中国是否批准或加入该公约，无论是否对这种情形依公约第21条作出排除公约适用的声明，都不能影响该外国判决在判决作出国的效力或在第三国的承认与执行。弱方当事人可以取得救济的方法，只能是利用公约第6条和第9条所提供的例外条款在非被选法院或被请求法院提出管辖权的抗辩，即当事人以格式合同中的选择法院条款造成明显的不公正，或者明显违背法院地的公共政策为由否定被选法院的管辖权。

对于指定由中国法院管辖的选择法院协议，从便利中国当事人的角度来看，中国法院可以接受这种管辖。但是从前述所举的假设案例来看，为了保护弱方当事人的利益，特别是保护中国企业在外国投资的利益，中国应该向海牙国际私法会议提出修改的建议。

二　当事人意思自治原则

争议应在适当法院审理的第二个原则是当事人意思自治，当事人意思自治原则意味着，双方当事人依其自由意愿而同意由某法院审理案件，也就是说当事人有权自己决定某国法院拥有管辖权。

《布鲁塞尔条例 I》第 23 条和第 24 条明确承认当事人指定管辖权的自由，这些条款都涉及法院的选择，尽管这种当事人的意思表达形式不同，前一条处理选择法院协议，后一条处理被告到庭而被反对法院管辖的默示管辖。欧洲法院在"大象鞋业诉雅克曼案"[①] 和"施皮茨莱诉佐默案"（Spitzley v. Sommer）[②] 中确认了这一观点。

《布鲁塞尔条例 I》第 23 条规定了 4 条选择法院协议的形式要求，在"安特里斯特诉里昂信贷银行案"（Anterist v. Crédit

---

[①] Case 150/80 Elefanten Schuh GmbH v. Pierre Jacqmain [1981] E. C. R. 1671.

[②] Case 48/84 Hannelore Spitzley v. Sommer Exploitation SpA. [1985] E. C. R. 787.

Lyonnais)中，欧洲法院认为："公约第 17 条体现了以当事人意思自治来决定法院管辖权的原则。"① 根据条例第 23 条，当事人指定管辖权的协议应该以书面形式，或者有书面证明，或者以符合当事人之间已经建立的习惯形式，或者在国际商贸中以符合当事人知晓或应该知晓的惯例，且这种惯例在这种贸易或商业中众所周知且被习惯地遵守，当事人的合同类型涉及这种特定的贸易或商业。根据欧洲法院的判决，《布鲁塞尔公约》的缔约国不能随意在公约规定之外规定其他的（形式）要求。《布鲁塞尔条例 I》列举选择法院协议形式要求的一个目的是为了确保司法的确定性，这种列举可以使当事人合理地预见哪些法院可能拥有管辖权。② 欧洲法院严格要求当事人合意在形式上的反映，以免一方当事人并不知道自身受合同中选择法院条款的约束，这个问题在前面已有论述。

2005 年海牙《选择法院协议公约》在给排他性的选择法院协议所做的明确定义中提出了五个要件：第一，选择法院协议必须是两个或两个以上的当事人之间的协议；第二，必须满足公约第 3 条（c）规定的形式要求，其一为书面形式或有书面为证；其二为其他任何提供可获取的信息以备日后援用的通信方式；其三，协议必须指定一个缔约国的法院，一个或多个特别法院以排除任何其他法院的管辖；其四，被指定的法院必须为缔约国法院；其五，指定法院必须以裁决已经发生或可能引起的与特定法律关系有关的争议为目的。根据本条规定，如果当事人仅对案件的实质进行抗辩而不反对管辖权，这并不是对法院的指定，公约不视为给予该法院管辖权，即本公约不适用于应诉管辖。

---

① Case 22/85 Anterist v. Crédit Lyonnais [1986] E. C. R. 1951.
② Case 150/80 Elefanten Schuh v. Jacqmain [1981] E. C. R. 1671, 24 – 26; Case C – 269/95 Benincasa v. Dentalkit [1997] E. C. R. I – 3767, 28 (re Mainschiffahrts 74), 29.

海牙公约在起草时曾经完全照搬《布鲁塞尔条例Ⅰ》对选择法院协议的形式要求，但是在 2004 年商讨时删除了当事人之间的习惯和商业惯例方式。《布鲁塞尔公约》早先也只包括书面形式和书面为证的形式要求，后来在欧洲法院判例的推动下才加入符合当事人之间的习惯和符合商业惯例的方式。当事人的习惯和惯例，实际上是一种默示的、在争议发生之前的选择法院协议。这种不要式协议，不仅不符合中国合同法对合同形式的书面要求，而且不宜于保护弱方当事人。所谓当事人的习惯和商业惯例，绝大多数由发达国家来制定，往往不过是强势一方的单方面规则，弱势当事人为了取得交易上的利益，不得不忍受这种规则。就管辖权条款这种极为重要和严肃的条款而言，需要减少可能有损于弱方当事人的规则。海牙公约最后文本删除这两种形式要求，符合发展中国家当事人的利益。

对于其他形式要求，有书面为证是书面要求的适当扩大，符合书面的本质；电子信息方式，则实质是书面要求在不同介质上的延伸，是一种表现当事人合意的载体的技术性改变，与纸张形式记录信息并没有本质的区别。

与《布鲁塞尔条例Ⅰ》和《纽约公约》不同，2005 年海牙《选择法院协议公约》不仅规定选择法院协议的形式要件，以及其他法院否定选择法院协议的例外条款，还对协议实质要件的法律适用进行了明确规定。就管辖权而言，根据第 5 条第 1 款、第 6 条（a）项，选择法院协议的有效性依被选法院所在地法。根据第 6 条（b）项，当事人的能力依受案法院所在地法。根据第 6 条（c）项，受案地法院可因该协议生效将导致明显的不公正，或者明显违反受案国的公共政策而中止或驳回诉讼。就判决的承认与执行部分，根据公约第 9 条（a）项，选择法院协议的效力依被选法院所在地法和被选法院对其效力的裁决。根据公约第 9 条（b）项，当事人的能力依被请求国法院地法，公约第 9 条

(e) 项规定了公共秩序保留。

根据 2005 年海牙公约解释报告，公约中缔约国法律包括该国的国际私法规则。[①] 因此，如果被选法院依本国的冲突规则适用另一国的法律，就应该适用另一国法律。由此可能出现下面这种情况，当事人指定了合同的选择法律条款，而依照被选法院地的冲突规则，选择法院协议的效力由整个合同的准据法决定。另外，如果受案地法院不是被选法院，依公约规定，受案地法院不能依本国法去判断选择法院协议的效力，而要适用被选法院地的法律（包括其国际私法规则）。这一规定不同于 1958 年《纽约公约》，因为《纽约公约》第 3 条对仲裁协议效力的法律适用问题未加规定。由此可见，从海牙公约第 5 条第 1 款、第 6 条（a）项有助于受案法院和被选法院对选择法院协议的效力作出一致性的判决。[②]

就判决的承认与执行而言，2005 年海牙公约仍以被选法院地法为准据法（包括其国际私法规则）。另外，公约补充一项规则，即被请求法院不能取代被选法院对选择法院协议效力的判决。这一规则的立法目的在于，避免在不同缔约国之间对选择法院协议的效力作出冲突性的认定，即都应该适用被选法院地法，且必须尊重被选法院对此作出的任何裁决。[③]

2005 年海牙公约唯一的直接管辖权依据就是选择法院协议，这种协议体现的正是当事人意思自治原则，公约判决承认与执行规则也是为了尊重当事人意思自治。

综上所述，2005 年海牙《选择法院协议公约》在当事人意思自治这个问题上有以下特点：

---

① Hartley / Dogauchi Report (2007), p. 43.
② Ibid., p. 47.
③ Ibid., p. 54.

（一）海牙公约给予当事人的自由

（1）当事人可以选择缔约国的一个或数个法院，并认为这种选择具有排他性，即排除其他国家法院的管辖；

（2）当事人可以具体指定缔约国的某个法院，也可以不具体指定，而只指定由某缔约国的法院管辖；

（3）当事人是否可以选择几个缔约国的法院，这取决于缔约国是否依公约第22条扩张适用于非排他性的选择法院协议；

（4）争议与诉讼地之间无须具有某种联系；

（5）当事人选择法院的时间无限制，可以是争议发生之前达成，也可以是在争议发生之后达成协议；

（6）当事人可以仅就与特定法律关系有关的争议选择法院，也可以将双方之间发生的所有争议都指定给某法院管辖；

（7）被选法院在移送案件时，需要适当考虑当事人的选择；

（8）当事人可以将内国案件提交给外国法院管辖，除非缔约国作出排除性的声明；

（9）选择法院协议具有独立性，不受主合同是否有效的影响。

（二）海牙公约对当事人意思自治的限制

（1）公约可适用的范围有限，公约将一般意义上的专属管辖权、不适宜协议管辖的事项、受其他公约调整的事项、各国未能接受的事项等排除在外；公约允许缔约国作出约束管辖权或判决承认与执行的声明，也允许缔约国就特定事项作出声明（第21条）；

（2）公约适用的当事人不包括消费者和雇佣者，可以理解为是具有商人性质的当事人；

（3）当事人的选择须满足公约规定的形式要件，不要式的选择法院协议和当事人应诉而不抗辩法院管辖权不适用公约规定；

（4）当事人的选择须符合被选法院地法，从公约起草报告来看，似乎当事人不可以对选择法院协议的实质效力问题进行法律选择，但公约文本并没有排除这种可能性；

（5）当事人的选择不影响与争议事项或请求数额有关的管辖权规则；

（6）当事人选择缔约国法院才能适用本公约。

三　合理的法院管理原则

与保护弱方当事人和当事人意思自治不同，合理的法院管理原则重点考虑在将案件分配到特定的法院时，法院能以适当的方式审理案件，从而有效地进行诉讼。这里需要考虑法院是否具有直接取得案件事实的优势，能否方便地获取证据或适用准据法来审理案件，简而言之，即争议应被具有某种实际上优势的法院审理。[1] 另外，法院管理的目的也在于审查当事人是否能获得司法救济，是否有必要接受当事人提出的平行诉讼，审查外国判决的结果是否与本国已经作出的判决相冲突，外国判决是否符合本国的宪法规定或者公共政策，或者是否有损于本国的特殊利益。

对于选择法院协议，由于其兼具契约性和程序性的双重特点，在尊重当事人意思自治的同时，也须对其进行合理的限制以体现诉讼法上的国家主导。这种限制通常表现在当事人的选择不能违背有关国家的专属管辖权，不能在某些事项上进行法院选择，例如有些国家如德国只允许商人之间选择法院，中国民事诉讼法仅允许就财产争议问题进行法院选择。

---

[1] Jannet A. Pontier and Edwige Burg, *EU Principles on Jurisdiction and Recognition and Enforcement of Judgments in Civil and Commercial Matter – According to the Case Law of the European Court of Justice*, T. M. C. Asser Press, 2004, p. 161.

（一）选择法院协议不得与专属管辖权相冲突

专属管辖权往往反映了某种权利对有关国家的特别归属，或者基于保护国家政治利益以及某些特别重大的经济利益而采取专属管辖。有学者认为，专属管辖权是内国法适用的最后和最有力的担保。[①]

《布鲁塞尔公约》第16条规定了5条专属管辖权，包括不动产物权或其租赁权为标的的诉讼，关于公司或其他法人组织的有效性及其机构决议的有效性、以确认公共登记效力为标的的诉讼，有关专利、商标、设计模型或必须备案可注册的其他类似权利的注册或效力的诉讼和有关判决执行的事项。对于不动产物权或其租赁权争议，保罗·杰纳德关于布鲁塞尔公约的报告（Jenard Report）认为："这类纠纷往往需要在当地作出调查、咨询和专家审查。并且，争议问题往往部分受习惯做法的制约并一般不为不动产所在地以外的其他地方或国家的法院所周知。最重要的是，还须考虑财产所在地的土地登记。"[②] 对于其他专属管辖权，欧洲法院在"桑德斯诉范德普特案"（Sanders v. Van der Putte）中认为，《布鲁塞尔公约》第16条第2、3、4和5款规定的有专属管辖权的法院是处理相关争议最合适的场所。[③]

由于2005年海牙《选择法院协议公约》只处理协议管辖权，为了不影响各国法院的专属管辖权，海牙公约第2条通过排除性规定将一般作为专属管辖权的事项排除在公约适用范围之外。《布鲁塞尔公约》规定的前4项专属管辖权都被海牙公约直

[①] 李双元、谢石松：《国际民事诉讼法概论》，武汉大学出版社2001年版，第175页。

[②] Report by Mr P. Jenard on the Convention of 27 September 1968 on Jurisdiction and the Enforcement of Judgments in Civil and Commercial Matters, 27 September 1968, Official Journal C 59, 5 March 1979, p. 35.

[③] Case 73/77 Theodorus Engelbertus Sanders v. Ronald van der Putte [1977] E. C. R. p. 2383.

接排除，如第2条第2款第（l）项排除不动产物权及不动产租赁；第（m）项排除法人的批准生效、无效或解散及其机构所作决定的有效性；第（n）项排除版权或有关权利之外的知识产权的有效性；第（o）项排除侵犯版权或有关权利之外的知识产权，但侵权诉讼系因违反与此种权利有关的当事人之间的合同，或者可因违反该合同而提起；第（p）项排除公共登记的有效性。① 从上述分类可见，2005年海牙《选择法院协议公约》的排除性规则比《布鲁塞尔公约》更为细致明确。

另外，海牙公约也排除本质上不属于民商事而涉及公法的事项，如第（h）项反托拉斯（竞争）事项，第（i）项核损害责任。海牙公约第2条第6款规定公约不影响国家或国际组织及其财产所享有的特权与豁免，但第5条规定不能仅因当事一方系国家，包括政府、政府机构或代表国家行事的任何人，而将诉讼排除在本公约适用的范围之外。这里实际采用的是有限豁免，即政府作为民事关系主体时仍可以适用海牙公约规定，但是其本身和财产享有特权和豁免。

除此之外，为了弥补这些清单的不足，以使更多的国家批准或加入海牙《选择法院协议公约》，公约允许缔约国依第21条作出排除性的声明："如果一国有强烈利益不适用本公约于特殊事项，该国可声明不将本公约适用于该事项。作出此项声明的国家应确保该声明在必要范围之内，且清晰明确地定义被排除的特殊事项。"这条规则在起草时仅涉及石棉引起的损害赔偿案件，后来扩展到对缔约国有强烈利益的任意事项。它是公约非常重要的排除条款，尽管会减损公约的适用，但是却能为各国批准或加

---

① 有关2005年海牙《选择法院协议公约》适用范围的详细分析，参见本书第三章第一节。或参见叶斌《2005年海牙〈选择法院协议公约〉适用范围之评析》，《华中农业大学学报》（社会科学版）2006年第2期。

入海牙公约扫除不少障碍，各国可充分利用该条将与本国有特殊利益的事项排除在公约适用范围之外。

依中国《民事诉讼法》第34条和第242条，中国法院的专属管辖包括以下内容：（1）因不动产纠纷提起的诉讼，由不动产所在地人民法院管辖；（2）因港口作业中发生纠纷提起的诉讼，由港口所在地人民法院管辖；（3）因继承遗产纠纷提起的诉讼，由被继承人死时住所地或者主要遗产所在地人民法院管辖；（4）因在中国履行中外合资经营企业合同、中外合作经营企业合同、中外合作勘探开发自然资源合同发生纠纷提起的诉讼，由中国人民法院专属管辖。另外，中国《海事诉讼特别程序法》第7条规定了三条海事法院享有的专属管辖权：（1）沿海港口作业纠纷提起的诉讼，由港口所在地海事法院管辖；（2）因船舶排放、泄漏、倾倒油类或者其他有害物质，海上生产、作业或者拆船、修船作业造成海域污染损害提起的诉讼，由污染发生地、损害结果地或采取预防污染措施地海事法院管辖；（3）因在中国境内领域有管辖权的海域履行的海洋勘探开发合同纠纷提起的诉讼，由合同履行地海事法院管辖。由于以上规定中港口作业纠纷和三种合同有关的诉讼是中国特有的专属管辖，海牙公约第2条诸项并不能完全涵盖，为了与中国法律相一致，同时也为了保护中国在这些事项上的特别利益，可以利用公约第21条提出排除性的声明。

（二）减少平行诉讼原则与可以平行诉讼的适当理由

《布鲁塞尔条例Ⅰ》倡导争议由一个法院解决而避免平行诉讼。由于《布鲁塞尔条例Ⅰ》第27条（《布鲁塞尔公约》第21条）防止平行诉讼，在缔约国之间执行选择法院条款并不存在太大的问题。依规则第27条，对于在不同缔约国有住所的当事人之间的争议，由最先受案的法院决定管辖权条款的有效性。这一规则反映出成员国法院之间的相互信任，公约起草者认为，在欧洲司法领域内管辖权条款的效力问题无论在哪个法院都会得到同样的结果。《布鲁塞尔条例Ⅰ》采用先受案法院管辖原则,以期在欧盟成员国之间建立一个和谐的管辖权分配体系,这一原则也因此成为解决欧盟各成员国法院管辖权积极冲突的基本原则。[①]

在"埃里希·加塞有限公司诉 MISAT 案"(Erich Gasser GmbH v. MISAT)[②] 中,欧洲法院被要求澄清《布鲁塞尔公约》第17条和第21条的关系。欧洲法院以《布鲁塞尔公约》第21条的用语明确以及成员国相互信任原则为由,判定《布鲁塞尔公约》第21条优先于第17条,由此,后受案的法院必须中止诉讼,即使该法院受选择法院协议的指定。另外,欧洲法院认为先受案法院的被告可以在先受案的法院到场,依第17条请求驳回原告的诉讼,从而防止对方采取诉讼拖延策略。在这里,防止诉讼拖延策略的理由不足以使欧洲法院偏离公约明确的用语。或许当债权人获得充分公正的宪法权利因为债务人滥用拖延策略而严重受损时,欧洲法院才会在防止明显的滥用程序上作出更为平衡的判决。在这种情况下,即使该法院不是最先受案法院,被选法院亦有权审理案件。遗憾的是,欧洲法院的判决使得债务人可以利用推延策略而滥用程序。

如果住所不在成员国的当事人指定由欧洲司法领域的法院管辖,《布鲁塞尔条例Ⅰ》第23条第3款提供了不同于上述的解决方案。在这种情况下,其他的欧盟成员国法院不能审理案件,除非被选法院拒绝管辖。除被选法院之外的其他成员国法院必须中止诉讼,因为决定协议效力的资格被指定给被选法院,《布鲁塞

[①] 参见肖永平主编《欧盟统一国际私法研究》,武汉大学出版社2002年版,第278页。

[②] Case C - 116/02 Erich Gasser GmbH v. MISAT Srl [2003] E. C. R. Ⅰ - 14693.

尔条例I》第27条的优先原则不再适用。

与《布鲁塞尔条例I》明显不同，2005年海牙《选择法院协议公约》第5条要求被选法院必须审理案件，除非根据该国法律选择法院协议无效，第6条要求其他法院应该中止或驳回诉讼。除去公约第6条规定的原因之外，其他法院则必须中止或驳回诉讼。海牙公约的目的极为明确，以选择法院协议优先，尽可能地排除其他造成平行诉讼的可能性，如先受案规则和不方便法院。既尊重当事人意思自治，也尽可能地避免不必要的平行诉讼。

但是，平行诉讼并不被海牙公约所完全禁止。尽管一事两诉或平行诉讼是当代各国立法和司法管辖权扩大化的必然结果，也是国际民事管辖权积极冲突的集中体现。[①] 但是不可否认，平行诉讼在特定情况下是合理的和必要的。事实上，造成平行诉讼的原因往往是有关国家的法院为了特别保护当事人而保证个案的正义，避免当事人在不适当的法院诉讼。

海牙公约第6条提供了5项被选法院以外其他法院可以进行平行诉讼的理由：（a）该协议依被选法院所在国的法律为无效；（b）依受案法院所在国的法律一方当事人缺乏订立该协议的能力；（c）该协议生效将导致明显的不公正，或者明显违反受案国的公共政策；（d）基于当事人不能控制的特殊理由，该协议不能合理地得到履行；或（e）被选择的法院决定不审理该案。在这五项例外规则中，(a)、(b)、(c) 三项是关于选择法院协议的效力，(a) 和 (b) 项为选择法院协议实质效力的法律适用规则，(c) 项可视为实质要件的例外条款；(d) 项可视为情势变更或不可抗力条款；(e) 项则旨在避免管辖权的消极冲

---

① 李先波：《论国际民事案件管辖权协调的基本原则》，《中国国际私法与比较法年刊》2000年卷，法律出版社2000年版，第575页。

突，避免为了僵化地依照选择法院协议而出现法院选择落空时当事人无法得到司法救济的情形。

关于 2005 年海牙公约中选择法院协议的效力规则，本书前面有专题讨论，这里不再赘述。这里仅论及海牙公约的情势变更条款和避免管辖权消极冲突的条款。海牙公约虽然规定在发生情势变更和管辖权消极冲突时其他法院可以审理案件，但没有提供一条有用的规则来规定哪个国家的法院优先管辖。假设当事人 A 和 B 选择甲国法院管辖，但甲国法院因战争或政治原因而不能履行当事人所预期的正常司法功能，或者甲国法院不遵守公约义务而拒绝管辖，当事人发生纠纷时 A 可能向乙国法院起诉，而 B 则向丙国法院起诉。就 2005 年海牙《选择法院协议公约》而言，乙国法院和丙国法院均可以受理案件而不违反公约义务。当然，这种情况似乎已经超出选择法院协议公约这个小公约所能涵括的管辖权依据，这个问题留待未来海牙其他管辖权公约来解决。

前述《布鲁塞尔公约》和 2005 年海牙《选择法院协议公约》在处理平行诉讼上的比较，并不能得出孰优孰劣的结论，其实也不必得出这种结论。《布鲁塞尔公约》是建立在成员国相互信任的基础之上的，除去其相似的法律、文化传统和统一的市场之外，由于其地理优势，人员与物资往来极为自由和费用相对低廉，管辖权上的不方便和不合理并不像其他非欧洲国家那么严重。地区性的《布鲁塞尔公约》旨在尽可能地促进其成员国法律的融合，促进判决在欧洲司法领域的自由流动。而全球性海牙公约的背景则是世界各国地理上的隔离、法律传统的迥异和人员与物资往来的相对不自由和费用相对高昂，因此，海牙公约更须强调对当事人的保护，注重有关国家的利益，防止不合理的法院管辖。

总而言之，以追求个案正义为目标的平行诉讼，可以避免为了片面追求司法的确定性和判决自由流动而带来的负面影响。对于全球性的管辖权公约而言，为保护弱方当事人和有关国家的特别利益，平行诉讼有其存在的合理理由和必要空间。

第三节 保护被告抗辩权之考察

与争议应在适当法院解决原则、司法确定性原则和判决自由流动原则不同，保护被告抗辩权利并不是《布鲁塞尔公约》起草时的目的，在公约导言中并不包括保护被告抗辩权利。不过，该原则在《布鲁塞尔公约》的管辖权和判决承认与执行规则的设计中起着十分重要的作用。欧洲法院在"德尼劳勒诉库谢兄弟公司案"（Denilauler v. Couchet Frères）中指出，"《布鲁塞尔公约》的所有条款，包括第 2 章管辖权和第 3 章承认与执行，在公约目标范围内表现出这样的意图，即确保那些导致判决移转的诉讼以遵守抗辩权利的方式进行"。[1]显然，这条原则正是为了实现"加强共同体内已经建立的对个人的司法保护原则"这一布鲁塞尔条例的基本原则。

《布鲁塞尔条例 I》对被告抗辩权的保护，既在原诉讼阶段，也在判决的承认与执行阶段。值得一提的是，在原诉讼中被告的权利显得更为重要。因为，如果被告在原诉讼得到足够保护，将有利于外国法院对判决的承认与执行。

依荷兰学者的总结，《布鲁塞尔条例 I》下的"保护被告权利"首先意味着，提起诉讼的所有文书应该适当地通知被告，被告应该有机会在法院出庭，有机会在诉讼开始之前准备抗辩。其次，"保护被告权利"也意味着，被告应该被适当法院审理，特别是在其住所所在国法院。另外，"保护被告权利原则"也意

---

[1] Case 125/79 Bernard Denilauler v. SNC Couchet Frères [1980] E. C. R. 1553.

味着诉讼应该体现被告权利的对抗性（inter partes），包括被告有平等地陈述案件实质内容的权利，被告有权由律师为其辩护，在原判决国上诉时应该中止执行等。最后，"保护被告权利"也涉及判决应该被适当地送达被告。荷兰学者将其细分成7项分原则：（1）被告应得到适当的传唤；（2）被告被适当法院审理的权利；（3）当事人之间申诉的权利；（4）被告由律师抗辩的权利；（5）对案件实质的抗辩权；（6）被告被起诉或法院受理时，被告请求中止执行的利益；（7）外国判决适当送达被告的权利。[1]

一　2005年海牙公约的间接和较低保护

考察2005年海牙《选择法院协议公约》的条款可以发现，上述大多数的被告权利并未在公约的条款中直接表现，公约对于上述被告权利除去提供有限的实体性外，主要通过法律适用规则和例外条款的方式来间接体现。需要强调的是，从海牙公约的文本来看，被告的这些权利并不能当然地在原判决阶段得到保护，保护被告的权利仅体现在判决的承认与执行。与《布鲁塞尔条例Ⅰ》强调在原判决阶段保护被告权利不同，海牙公约提供的是一种间接的和较低的保护。

海牙公约只在第9条拒绝承认与执行外国判决的理由中直接涉及保护被告的权利，依第9条（c），如果提起诉讼的文书或同等文件，包括请求的基本要素，未充分及时并可使其安排答辩的方式通知被告，除非被告在原审法院出庭并陈述案件且未对通知提出异议，而作出地国法律允许对通知提出异议，或者通知被

---

[1] Jannet A. Pontier and Edwige Burg, *EU Principles on Jurisdiction and Recognition and Enforcement of Judgments in Civil and Commercial Matter – According to the Case Law of the European Court of Justice*, T. M. C. Asser Press, 2004, pp. 45–47.

请求国的被告方式,与该国有关文书送达的根本原则不符。

值得注意的是,2005年海牙《选择法院协议公约》第9条(d)和(e)分别规定了程序欺诈例外和公共政策例外,由于涉及程序正义和公共政策,这两条也可以为被告提供保护。由此可见,公约的例外条款,特别是公共政策条款应该理解为包括了上述保护被告利益的原则。换句话说,公共政策条款极有可能成为被经常性地援引而用以保护被告诉讼权利的工具。

二 2005年海牙公约间接和较低保护的潜在影响

由于2005年海牙公约未提供在被选法院保护被告的任何实体性规则,而在发生争议后双方当事人都可能成为被告,公约实际上将这个问题交由当事人自己去决定。因为作为选择法院的当事人,在决定由某一国法院解决其争议时,必须考虑被选法院国是否以及何种程度保护被告的诉讼权利。进而言之,当事人必然会考虑被选法院国的司法制度、法治化程度和被选法院解决争议的能力。

不可否认,法治发达国家强调通过保护程序正义来实现实质正义。如《美国宪法》第5修正案和第14修正案保证正当程序。又如1950年罗马《保护人权与基本自由公约》(《欧洲人权公约》)第6条,要求保护公正审判的权利。欧洲人权法院在2001年"佩莱格里尼诉意大利案"(Pellegrini v. Italy)的判决中认为,《欧洲人权公约》第6条阻止缔约国法院承认由非缔约国作出的、其诉讼程序违反该第6条标准的判决。[①] 这意味着,《欧洲人权公约》的成员国都不能承认一项违反公正审判权利的判决,无论判决作出国是否是该人权公约的成员国。因此,出于保护自身的诉讼权利,当事人将会倾向于选择那些更能体现程序

---

① Pellegrini v. Italy [2001] ECHR Rep. VIII 369.

正义的国家解决其争议。

在当事人选择法院的考量上，2005年海牙《选择法院协议公约》的一个潜在影响，将是造成当事人趋向或集中于选择某些国家或地区的法院。可以想象，在经济更为全球化的背景下，当事人在选择解决其争议时不是均衡地指向各国法院，而是向少数国家和地区集中。这对于发展中国家的司法制度来讲，无疑是一种潜在的挑战。

这种当事人选择法院的另一个可能的影响，是促成各国法律在管辖权与判决承认与执行上的博弈。一旦相关国家选择加入公约，进入这个规则体系，可能的和乐观的结果，则是能够促进各国更加注重维护当事人的诉讼权利，特别是保证程序正义。从这个意义上讲，2005年海牙《选择法院协议公约》尽管未能提供直接和最高程度的保护，却可能在客观上有助于促使各国法律对被告诉讼权利的重视。在达成国际性统一规则面前，我们必须承认，对于一个全球性的公约而言，各国能达成的妥协是有限的，求全责备地要求公约满足全部目标既不务实，也不明智。

第四节　司法的确定性之考察

2005年海牙《选择法院协议公约》在其导言中声明，"相信加强司法合作特别需要稳定的国际法律机制，以保障商事交易的当事人达成的排他性法院选择协议的效力，调整基于此种协议进行诉讼所导致的判决的承认和执行"。稳定的国际法律机制（secure international legal regime）与司法的确定性（legal certainty）和可预见性（predictability）只是表达的侧重点不同，并没有实质上的差异。稳定的国际法律机制强调整体的确定性，司法的确定性则侧重司法功能的实现，而可预见性表现确定性对当事人和法官的影响，在本书中一般不加区别地使用这三种表达方式。

美国著名冲突法学者弗里德里希·K. 荣格教授（Friedrich K. Juenger）极力肯定选择法院协议，他认为选择法院协议这项机制极为有用，能克服管辖权冲突对跨地区及跨国交易造成的进一步不便，降低涉外合同在各国法律差异、管辖权重叠和冲突法的不确定性与不可预见性等方面的国际风险。[①] 诚然，选择法院协议的目的，就是通过当事人决定其管辖权来避免管辖权冲突，进而避免或减少平行诉讼，从而最终加强司法的确定性和判决的可预见性。

对于 2005 年海牙公约而言，司法的确定性涉及两个方面，其一为公约本身适用的确定性，其二为公约关于选择法院协议和判决承认与执行的规则所产生的司法的确定性问题。换言之，前者意味着需要清楚地划定公约适用范围内的事项，后者则明确被选法院是否有管辖权、其他法院实施管辖的条件和被请求法院承认与执行其他国家法院判决的条件。

一 2005 年海牙公约适用的确定性考察

2005 年海牙《选择法院协议公约》在公约适用范围和适用事项上极力表现其对司法确定性的追求。为避免不同法系、不同国家可能出现的错误理解和不当适用，公约以极为细致和明确的规则来力图保证适用的确定性。不仅如此，尽管公约的适用范围有限，但公约仍尽可能地囊括那些可能适用公约的情形。

（一）公约适用范围的确定性考察

1. 案件的国际性与声明条款

2005 年海牙《选择法院协议公约》分别从管辖权和判决承

---

① Friedrich K. Juenger, *Choice of Law and Multistate Justice*, Martinus Nijhoff Publishers, 1993, p. 214. 或参见该书再版的中译本，[美] 弗里德里希·K. 荣格：《法律选择与涉外司法》，霍政欣、徐妮娜译，北京大学出版社 2007 年版，第 273—274 页。

认与执行两个方面来限定国际性案件。第1条第2款从直接管辖权规则的角度定义"国际性"。该款规定,除非当事人均是同一缔约国的居民(不论该国法院是否是被选法院,也不论该国法院是否有合法管辖权),且当事人的关系和与争议有关的其他所有因素(不考虑被选法院位置这一因素)仅与该国有联系,则可以判定案件是国际性的。由此可见,对于直接管辖权问题,公约排除内国案件的适用。尽管公约排除这种适用,但不禁止缔约国法院对其他缔约国内国案件的管辖,这种管辖得出的判决只是得不到公约的保护。正因为如此,公约第19条允许缔约国作出限制自己管辖别国内国案件的声明。

第1条第3款从判决的承认与执行的角度来定义"国际性"。如果要承认与执行的判决是外国的,该案件就是国际性的。这意味着非国际性的案件要在其他缔约国得到承认与执行时,在其他缔约国看来,要求承认与执行的案件是国际性的。公约在管辖权和判决的承认与执行这两个部分的适用范围是不同的,承认与执行的范围大于管辖权的适用范围。公约同样提供了一种缔约国可以利用的声明,公约第20条允许缔约国作出限制承认与执行的声明,即对于外国法院作出实质属于本国内国案件的判决,该国法院可以拒绝承认与执行。

从公约对国际性的规定来看,公约的规定是极为明确的,一方面将一国的内国案件排除在公约适用范围之外,另一方面,又允许缔约国限制自己的管辖权。在保证适用公约确定性的同时,也有利于选择法院协议效力的确定性。

2. 清单列举的排除方式

2005年海牙《选择法院协议公约》第2条以穷竭性的列举方式将一些特别事项排除在公约的适用范围之外,这些被排除的事项涉及对弱方当事人的保护、专属管辖权、家庭法事项、部分知识产权、人身伤害、非因合同引起的侵权、公路铁路空运和部分海事问题、反托拉斯问题、仲裁及其程序、政府豁免等等。尽管有学者批评公约因为其大量的排除事项而使其适用范围狭窄,质疑公约的影响力。但是,只要对这些排除事项略加审视,就会发现这些排除事项本身多与公约调整商事"商对商"(B2B)合同的目标背道而驰。

3. 解决仲裁的诉讼化的一个途径

1958年《纽约公约》的适用范围显然要比2005年海牙公约广泛。尽管《纽约公约》在适用上的广泛性似乎可以归因于当时"有利仲裁"的观念,但是两公约适用范围上的显著差异,实际上反映了选择法院协议与仲裁条款的本质差别——前者更注重法院的审查,而后者偏重于当事人意思自治。即使"仲裁在苍穹中自由遨游"的时代或许真会终结,但是仲裁的"自治"与选择法院协议的"他治",更能体现不同争议解决机制的特点。

关于仲裁的诉讼化问题,如果我们把视野放诸国际诉讼中判决承认与执行的困难之上,就能理解,这其实是国际民事管辖权问题未得到合理解决下的畸形现实。当仲裁用于更多领域的争议时,难免发生水土不服,仲裁的诉讼化正是试图修正这一畸形的无奈和权宜之举。仲裁并不是适用于国际商事争议的万全之策,要从根本上消除仲裁诉讼化的负面影响,适当的办法是让诉讼与仲裁各得其所,这也正是海牙国际私法会议起草一部与《纽约公约》相匹敌的管辖权与判决公约的目的。2005年海牙《选择法院协议公约》为国际商事交易的当事人提供了商事仲裁之外的一种有保障的选择。①

---

① See Louise Ellen Teitz, "The Hague Choice of Court Convention: Validating Party Autonomy and Providing an Alternative to Arbitration", *American Journal of Comparative Law*, Vol. 53, No. 3, 2005, pp. 543–558.

4. 公约第 21 条声明条款

2005 年海牙《选择法院协议公约》第 21 条提高了公约的存在价值，它有助于各国批准或加入公约。缔约国可以依该条，排除那些特别的专属管辖权依据和对本国有强烈利益的事项。

由于 2005 年海牙公约在选择法院协议效力问题上过分强调司法的确定性，而在被选法院受理案件时不能充分保护弱方当事人的利益，因此第 21 条就提供了一种可能，缔约国可以通过扩大对"事项"（matter）的解释，将保护未加实际协商的协议的当事人、涉及不公平交易等作为与本国有强烈利益的事项而明确地排除于公约适用之外。由此，前述中国台湾地区学者对于海牙《选择法院协议公约》确定性的批评，可以通过利用这条声明条款而加以化解。

诚然，尽管公约第 21 条减少了缔约国的适用范围，但是这种明确允许例外的规定，却能够有利于各国法院对公约的适用。这种声明，可以降低缔约国法院援引公约中的例外条款（不公正、公共政策等）来拒绝被选法院作出的判决，这实际上可以提高公约适用的可预见性，客观上有利于司法的确定性。

（二）2005 年海牙《选择法院协议公约》术语的确定性

1. 判决、临时保护措施和司法和解

2005 年海牙公约对"判决"的定义，指任何对案件"实质问题"（on the merits）所作的决定，不论其称谓如何，并且包括缺席判决。这一定义排除了程序上的裁决，但包括对诉讼费用或开支的判定。需要注意的是，本公约对判决的定义与《布鲁塞尔公约》、《卢加诺公约》、《布鲁塞尔条例 I》及 2001 年公约"临时文本"所规定的判决是不同的，它们将临时保全措施等同于判决或直接将临时保全措施纳入判决的定义。与它们对判决的定义相比，海牙公约增加"实质内容"的限定词，缩小了判决的范围，由此将临时保全措施排除在判决的定义之外。为明确起见，公约又特别地指出临时保全措施不是判决。由此，普通法系国家法院作出的禁诉令不受本公约调整。

与判决有关的是，公约所称的"法院"，指常规履行司法功能的权力机关。这排除不具有司法性质的行政机关或其他权力机关，但是不限制法院的类型和级别。公约所指的"法院判决"，可以指刑事法院作出的附带民事赔偿判决，[1] 也可以指由专利局作出的关于专利的决定。当然，裁决不一定由法官作出，也可以由有资格代表法院的办公人员作出。[2]

2005年海牙公约无意规范临时保全措施。尽管公约把第7条对临时保全措施的规定放在第二章管辖权之下，但该条同样适用于判决的承认与执行。除公约第4条第1款明确指出临时保全措施不是判决的规定之外，公约在第7条又规定："临时保全措施不受本公约规制，公约既不需要也不妨碍缔约国法院对临时保全措施的承认、拒绝或解除，且不影响一方当事人是否可能需要或法院是否应该承认、拒绝或解除这些措施。"公约所指的"临时保全措施"，主要是指为了延缓判决以保护一方当事人的临时性措施，当然也包括旨在辅助判决执行的措施。例如，冻结一方当事人财产的裁定、防止被告作出侵害原告权利的临时禁令、防止一方当事人在其他法院提起诉讼的禁诉令以及用于被选法院诉讼程序前提供证据的命令。这些临时措施都旨在促使选择法院协议更为有效，它们有助于达成本公约的目的。

一旦被选法院作出判决，与判决相矛盾的临时措施必须撤销。允许该措施继续有效，将与海牙公约第三章承认判决的要求相冲突。例如，被选法院以外的法院为保护原告主张的权利而作出一项临时禁令，如果被选法院认定原告无此权利，则应

---

[1] Nygh / Pocar Report (August 2000), p. 99.
[2] Hartley / Dogauchi Report (2007), p. 41.

解除此项禁令。同样地，如果被选法院欲为被告作出判决，一项冻结财产的裁定应被解除，除非依本公约此判决不被承认。

法院依其国内法作出临时措施，其他缔约国法院不必对其承认或执行，当然也不得妨碍其承认或执行。所有这些情况都依据于法院的国内法。但是，这并非说，被选法院只要觉得适当就可以承认任何临时措施。如果被法院承认的临时措施，譬如禁令，随后被长期化，依本公约该措施应得到其他缔约国法院的执行。如果它只是临时性的，它就不构成公约第4条第1款定义的"判决"。在此情况下，其他缔约国法院可以依其国内法决定是否执行这种措施，而依本公约其他缔约国并没有执行这种措施的义务。

2005年海牙公约第12条还将对判决的执行类推至"法院和解"（judicial settlement, transaction judiciaire）。该条规定，排他性选择法院协议指定的缔约国法院在诉讼过程中承认的和解或之前达成的和解，如果该和解在该国可以以判决的形式执行，也应在其他缔约国以判决的形式得到执行。公约1999年草案第36条也有相似规定。此类和解有时也称为"司法和解"。和解是民法法系所特有的，普通法系无此概念。所谓和解，指当事人为终止诉讼在法官面前所达成的协议，通常相互作出让步。司法和解不同于普通法意义上的合意判决（consent order），因为合意判决是法院根据当事人之间的合意作出的判决，可依公约第9条承认与执行。另一方面，司法和解也不同于法院外和解（out-of-court settlement），因为司法和解是在法官面前达成的，有终止诉讼的效力。

值得注意的是，2005年海牙公约第12条只规定对和解的执行，而没有规定对和解的承认。其意义可由下例说明：假设A和B订立了一项包括指定甲国法院的排他性选择法院协议的合同，此后A在该国法院起诉B以主张1000欧元，这笔数额依合同是适当的。后来双方达成一项B同意支付给A仅800欧元的司法和解，甲国为司法和解作出地国。如果B未予履行，A可在另一缔约国乙国提起执行该和解的诉讼，因为这种诉讼被公约第12条包括在内。但是，如果A在乙国法院提起一项主张另外200欧元的新的诉讼，B就不能以要求法院承认和解作为对A这项请求的抗辩。公约之所以不规定对和解的承认，主要是因为和解的效力在不同的法律制度下差异很大，有的国家根本不承认和解的既判力。另外，公约不妨碍法院将和解视为合同之债而作为抗辩的理由。

由上述可见，2005年海牙《选择法院协议公约》对于"判决"、"临时保全措施"和"司法合解"的规定极为细致，这无疑有助于司法的确定性。

2. 非自然人的居所

1968年《布鲁塞尔公约》第52条规定依法院地法决定当事人在法院地是否拥有住所，第53条规定公司和法人的注册事务所视为其住所，其准据法为受案法院地法。1988年《卢加诺公约》对住所的规定与《布鲁塞尔公约》几乎相同。《布鲁塞尔条例I》第60条除采用"住所"这个术语和对法定所在地进行特定化之外，[①] 实际上与2005年海牙《选择法院协议公约》规定相同。就法人的场所而言，2005年海牙公约与《布鲁塞尔公约》和《卢加诺公约》的不同之处在于，一是海牙公约采用"居所"的概念，而抛弃"住所"这个僵化的术语；二是改变依法院地法决定住所的方式，而是在海牙公约中直接规定居所的定义，依海牙公约的规定可以避免分歧；三是不仅规定注册事务所为其居

[①] 《布鲁塞尔条例I》第60条第1款规定，公司、其他法人、自然人或法人之组织的住所为：法定所在地（本座）、中心管理地或主要营业地。第2款规定，对于英国和爱尔兰，法定所在地指官方注册地，没有官方注册地时为成立地，没有成立地时为所依成立的法律所属地。

所，而且增加其他连结点作为确定居所的根据，调和普通法系和大陆法系对于居所的概念。

有意思的是，2005年海牙《选择法院协议公约》并未使用海牙国际私法会议最先提出的"惯常居所"这一术语，而仍使用"居所"一词。但是，公约"居所"的内涵与"惯常居所"是一致的，只不过是采取任意选择型规范将"惯常居所"的内涵固定化。2005年海牙公约的居所概念的含义更明确、详尽和灵活，容易被各国法院理解和适用，有利于扩大公约的适用，同时也能促进司法的确定性。海牙国际私法会议之所以淡化"惯常居所"这一术语，可能与惯常居所在不同国家有不同的理解有关，毕竟，过于灵活的概念不利于公约的适用。本公约对居所的处理，可以视为海牙国际私法会议在术语的灵活性与确定性之间所作的令人赞赏的平衡。

（三）公约调整内容的确定性

除上述公约在适用范围上对确定性所做的努力之外，海牙公约还在保险和再保险合同、法制不统一国家、区域经济一体化组织和与其他国际文件的关系问题上，制定非常明确的规定。这些规定，毫无疑问都是为了保证公约适用的确定性。

二 选择法院协议机制的确定性考察

在海牙公约规定的三条关键规则之外，另有三项关于选择法院协议效力的规定来强化司法的确定性。其一，海牙公约第3条（b）规定，除非当事人另有明示约定，指定缔约国的法院或缔约国一个或几个特定法院的法院选择协议，应被视为排他性的。其二，第3条（d）规定，构成合同一部分的排他性法院选择协议，应被视为独立于合同其他条款的协议。不能仅以合同无效为由而抗辩排他性法院选择协议的有效性。其三，第5条第1款、第6条（b）和第9条（a），都以被选法院地法来判断选择法院协议效力。① 简而言之，即选择法院协议的排他性、选择法院协议或条款的独立性和实质效力的被选法院地法规则。

(一) 选择法院协议的排他性

与《布鲁塞尔公约》对排他性问题不加规定不同，《布鲁塞尔条例 I》第 23 条假定条款是排他性的，除非当事人做另外的表示。而美国联邦法院对排他性问题的判断则极为僵化，如果选择法院协议指定具体的管辖法院，则是排他性的；如果只指定具体的管辖地而不指定具体的法院，则是非排他性的。在"赫尔753 公司诉易北飞机制造厂案"(Hull 753 Corp. v. Elbe Flugzeugwerke GmbH) 中，选择法院条款指定"管辖地应为德累斯顿"，联邦地区法院认为此条款是非排他性的。② 值得注意的是，《关于内地与香港特别行政区法院相互认可和执行当事人协议管辖的民商事案件判决的安排》③（简称《内地与香港协议管辖安排》）第 3 条规定："本安排所称'书面管辖协议'，是指……以书面形式明确约定内地人民法院或者香港特别行政区法院具有唯一管辖权的协议。"由此可见，《内地与香港协议管辖安排》并不假定协议具有当然的排他性，判断选择法院协议的排他性需要依协议的字面解释，并依其准据法。

排他性选择法院协议的优点，在于当事人以私法最大化自治的方式在多个管辖权中选择一个国家的法院对争议进行管辖，而使当事人对案件结果在合理的范围内存在可预见性和确定性。相

---

① 2005 年海牙《选择法院协议公约》采用了"分割方法"(Dépeçage)，将选择法院协议的实质效力区分为当事人的能力与其他问题，前者依法院地法，后者依被选法院地法。有关冲突法中的"分割方法"，参见 Willis L. M. Reese, "Dépeçage: A Common Phenomenon in Choice of Law", *Columbia Law Review*, Vol. 73, No. 1, 1973, pp. 58–75；亦可参见徐伟功、蔡鑫《美国冲突法中的分割方法评析》，《武汉大学学报》2008 年第 3 期。

② Hull 753 Corp. v. Elbe Flugzeugwerke GmbH, 58. F. Supp. 2d 928 (N. D. Ill. 1999).

③ 2006 年 6 月 12 日最高人民法院审判委员会第 1390 次会议通过，法释[2008] 9 号。

反地，非排他性选择法院条款则仅有排除某些特别国家法院管辖的意义，不具有对结果的可预见性和司法的确定性。因此，假设协议具有排他性，无疑会加强这种机制的作用，体现这种管辖权机制的稳定性。

排他性假设可以促使当事人对于排他性问题进行明确的约定，避免当事人起草合同时用语上的不谨慎和缺漏。同时，以当事人另外的表示来作为排他性的例外，既照顾到当事人意思自治，体现规则的灵活度，又能促进其效力的确定性。这一规则能兼顾多种立法精神，令人赞赏。海牙公约明智地采纳了《布鲁塞尔条例I》这一"排他性假设和当事人例外"的规则，然而《内地与香港协议管辖安排》却放弃了这一规则，不能不令人遗憾。

(二) 选择法院协议的独立性

在国际商事仲裁方面，仲裁条款的独立性已被广泛接受。[①] 对于选择法院协议或条款，防止一方当事人"仅以整个合同无效为由而使其中的选择法院协议无效"，从而促进司法的确定性，欧洲法院同意将独立性适用于选择法院协议。[②] 但欧洲各国法院是否把独立性扩展至选择法院协议却不明朗，法国低级法院曾判决主合同无效时不适用合同中指定外国管辖权的选择法院条款。[③] 美国联邦最高法院在"普利马涂料公司诉弗勒德与康克林

---

① See David Joseph Q. C., *Jurisdiction and Arbitration Agreements and Their Enforcement*, 1st ed, London Sweet & Maxwell 2005, p. 104. 多项公约接受仲裁协议的独立性原则，如《联合国国际商事仲裁示范法》第16条第(1)款规定："仲裁庭可以对它自己的管辖权包括对仲裁协议的存在或效力的任何异议，作成裁定。为此目的，构成合同一部分的仲裁条款应视为独立于其他合同条款以外的一项协议。仲裁庭作出关于合同无效的决定，不应在法律上导致仲裁条款的无效。"1965年《解决国家与他国国民间投资争端公约》第41条第1款及《欧洲国际商事仲裁公约》第5条均有相关规定。

② Case C-269/95 Benincasa v. Dentalkit Srl [1997] E. C. R. I-3767.

③ T. G. I. Paris, July 10, 1991, Rev. Critique Droit Int'l Privé 54 (1993), note Gaudemet-Tallon (Consorts Paoletti v. Privat Kredit Bank).

制造公司案"（Prima Paint Corp. v. Flood & Conklin Mfg. Co.）中明确接受国际仲裁条款的独立性原则。[①] 后来美国法院不断重申此原则，并将其扩展至非仲裁的选择法院协议。[②]

选择法院协议的独立性有利于明确其司法管辖条款的法律性质，有利于确认司法管辖条款的合法性，便于国际民商事合同法律争议的解决，并体现确认合同效力的"分割"方法（Dépeçage）。[③] 毫无疑问，承认选择法院协议的独立性会加强选择法院协议的效力，从而强化司法的确定性。

值得一提的是，选择法院协议的独立性原则并不是绝对的，它受公约例外条款及被选法院地法的约束。选择法院协议的独立性原则绝非洪水猛兽，而是司法确定性的内在要求。很难想象，一个受主合同效力支配的选择法院协议能在管辖权争议上起到多大的作用。事实上，选择法院协议的独立性并不当然地牺牲个案正义，否定其独立性无疑是对协议管辖制度的彻底颠覆。

（三）选择法院协议效力的法律适用规则

由什么法律来决定选择法院协议的效力，如果没有国际公约，就需要由受案法院地的国际私法规则决定。一般而言，一项选择法院协议的效力可能受以下几个地方的法律调整：主合同的准据法、选择法院协议自身的准据法、被选法院所在地法、受案法院地法、有合法管辖权却被排除的法院所在地法。换句话说，协议的效力与当事人的能力由哪国法律调整，当事人能否在选择法院协议中明示或默示选择协议自身的准据法，能否由国际合同中主合同的准据法

[①] Prima Paint corp. v. Flood & Conklin Mfg. Co., 388 U.S. 399, 403 – 404 (1967). 可参见丁颖《美国商事仲裁制度研究——以仲裁协议和仲裁裁决为中心》，武汉大学出版社 2007 年版，第 33 页。

[②] Scherk v. Alerto – Culver Co., 417 U.S. 506, 519 n. 14 (1974).

[③] 刘卫国：《论国际民商事司法管辖条款的独立性》，《法商研究》2002 年第 6 期。

来调整选择法院协议的效力，能否由仅依法院地法来确定选择法院协议的效力，能否由被选法院地法来确定选择法院协议的效力，是否考虑有合法管辖权却被排除的法院所在地法。

在给选择法院协议定性时，我们会发现难以将其归属到某种单一性质的范畴，原因在于这种管辖权选择条款既可归于与程序有关的协议，也可归于与实体有关的协议。在国际民商事诉讼中，这两种不同的对待方式会产生明显不同的结果。将管辖权条款理解为程序问题，将导致被选法院所在地法的适用；而将其定性为实体问题，则往往导致适用于合同自体法。德国学者一般视选择法院协议为"混合型契约"（hybrid contracts），其效力受程序法的支配。但是，当事人之间的协议也可以认为是实体法上的契约，其准据法由主合同的准据法决定。因此，选择法院协议可能受制于两种不同的制度，被选法院地法和主合同的准据法。[①] 如果不同的法院同时受理案件，法院适用不同的准据法和程序法，就会产生平行诉讼和不一致判决。但是在实践中，大多数国家的法院却往往不对选择法院协议的效力做法律选择分析，而是直接适用法院地法。

1. 美国

在实践中，美国法院在决定国际选择法院协议的效力和可执行性时，往往不作法律适用上的分析，而是直接适用法院地法，即使主合同中存在选择法律条款。顺便指出，由于美国的联邦司法体制，美国法院还需要在适用联邦法与州法之间作出选择。[②]

[①] Burkhard Hess, "The Draft Hague Convention on Choice of Court Agreements, External Competencies of the European Union and Recent Case law of the European Court of Justice", in Arnaud Nuyts and Nadine Watté (eds.), *International Civil Litigation in Europe and Relations with Third States*, Bruxelles: Bruylant, 2005, p. 272.

[②] See Peter Hay, Patrick J. Borchers and Symeon C. Symeonides, *Conflict of Laws*, 5th ed., West Law School, 2010, pp. 537–544.

对于国际选择法院协议,美国法院通常援引"不来梅号案"①的"表面初步有效"规则,来衡量选择法院协议的有效性和可执行性,而不去考虑是否可能依合同的准据法而使选择法院协议无效。在"劳合社"系列案件中,美国法院的这种倾向性特别明显。在这些案件中,巡回法院依"不来梅号案"规则,直接分析指定由英国法院管辖的选择法院条款的可执行性,而不考虑英格兰有关选择法院协议的法律。②

即使法院在讨论外国法可能调整条款的可执行性时,这种讨论也丝毫不影响案件的结果甚至分析过程。例如新泽西联邦地区法院在"英特美特尔公司诉汉诺威保险公司案"(Intermetals Corp. v. Hanover)中认为,"不来梅号案"的可执行性规则应适用于国际海事保险合同中的选择法院协议,即使选择法院条款指定为英格兰法,并且选择法院条款指定澳大利亚具有排他性的管辖权。③ 该法院在案中适用了联邦法,并草率地声称冲突法的分析是不重要的,并自以为是地认为"不来梅号案"判决和英格兰的选择法院规则是一致的,法院根本没有考虑澳大利亚的选择法院规则也可能适用。同样地,对于选择法院协议的形式效力与实质效力,美国法院也不考虑对外国法的适用。④

2. 欧洲

欧洲的经验也同样是适用法院地法处理国际选择法院协议的

---

① The Bremen v. Zapata Offshore Co., 407 U. S. 1, 12, 15 (1972).

② 参见李国清《美国证券法域外管辖权问题研究》,厦门大学出版社 2003 年版,第 135—154 页。

③ Intermetals Corp. v. Hanover Int1 AG fur Industrieversicherungen, 188 F. Supp. 2d 454, 458 (D. N. J. 2001).

④ Jason Webb Yackee, "Choice of Law Considerations in the Validity & Enforcement of International Forum Selection Agreements: Whose Law Applies?", *UCLA Journal of International Law and Foreign Affairs*, Vol. 9, No. 1, 2004, pp. 70 – 73.

可执行性和效力。根据《布鲁塞尔条例 I》第 23 条，只要一方当事人在欧盟拥有住所，当事人指定由欧盟内的法院管辖，该条就约束并直接适用于欧盟成员国法院。由此，凡适用《布鲁塞尔条例 I》的选择法院协议，欧盟成员国法院先适用条例中关于选择法院协议可执行性和形式要件的规定。由于《布鲁塞尔条例 I》并没有规定选择法院协议的实质要件，欧盟成员国法院有权依本国法或由冲突法的指引而适用外国法。与此相关的是，尽管 1980 年 6 月 19 日《罗马合同义务法律适用公约》已于 1991 年 4 月 1 日生效，但是它明确将选择法院协议排除在适用范围之外［第 1 条第 2 款（d）］。

在 1981 年"大象鞋业诉皮埃尔·雅克曼案"① 中，欧洲法院佐审官戈登·斯林讨论了选择法院协议效力的法律适用问题。他建议，为了法律的确定性，选择法院协议的有效性应该适用被选法院地法。但是欧洲法院对这一点并没有明确表态，至今尚无判决来解决这个问题。②

在法国，在 1990 年 10 月 10 日的一个案件中，巴黎上诉法院依法国普通法（受案法院就是被选法院）审查选择法院协议的有效性，判决指出"该选择法院协议没有违反未被选法院地毛里求斯的法律"。③ 在另一起案件中，法国最高法院第一民事庭认为，法院地法并不"当然或完全地"调整选择法院协议的效力，并不"当然或完全地"不考虑对双方都有管辖权的法

---

① Case 150/80 Elefanten Schuh GmbH v. Pierre Jacqmain ［1981］E. C. R. 1671.

② Hélène Gaudemet - Tallon, *Compétence et exécution des jugements en Europe, Règlement n° 44/2001, Conventions de Bruxelles et de Lugano*, 3e éd, Paris : LGDJ, 2002, p. 110.

③ Paris 10 oct. 1990, R. C. 1991, 605. 在该案中，列支敦士登公司与毛里求斯岛公司之间的合同中指定由巴黎商事法院管辖，巴黎上诉法院承认了该法院协议的效力。

律。① 在学说上，法国著名国际私法学者皮埃尔·梅耶教授（Pierre Mayer）建议，被选法院地法和被排除的法院地法律都应支配选择法院条款的合法性，但是对于其最终效力，与所有合同一样适用当事人选择的法律。②

德国法院的做法则与欧洲其他国家大异其趣，他们以一般合同冲突法规则来解决选择法院协议的法律适用问题。但是，对于选择法院协议的形式效力，德国法院则适用德国法的特别规定，而不考虑主合同的准据法。③

3. 2005 年海牙《选择法院协议公约》

2005 年海牙《选择法院协议公约》除了对选择法院协议的形式要件和实质要件做出规定之外，还对选择法院协议效力的法律适用制定了明确规则。就管辖权而言，根据公约第 5 条第 1 款、第 6 条（a）项，选择法院协议的有效性依被选法院所在地法。根据公约第 6 条（b）项，当事人的能力则依受案法院所在地法。又根据第 6 条（c）项，受案地法院可以因为该协议生效将导致明显的不公正，或者因为明显违反受案国的公共政策，而中止或驳回诉讼。在判决的承认与执行阶段，根据公约第 9 条（a）项，选择法院协议的效力依被选法院所在地法和被选法院对协议效力的裁决。根据公约第 9 条（b）项，当事人的能力依被请求国法院地法。公约第 9 条又规定了公共秩序保留等例外条款。由此可见，2005 年海牙公约将效力问题"分割"（Dépeçage）为当事人的能

---

① Cass. Civ. 1re, 3 déc. 1991, R. C. 1992, 340.
② Pierre. Mayer et Vincent Heuzé, *Droit international privé*, 7e éd., Paris : Montchrestien. 2001, n° 301 – 302.
③ Max Planck Institute for Foreign Private and Private International Law, "Comments on the European Commission's Green Paper on the Conversion of the Rome Convention of 1980 on the Law Applicable to Contractual Obligations into a Community Instrument and Its Modernization", *Rabels Zeitschrift fuer auslaendisches und internationales Privatrecht*, Vol. 68, No. 1, 2004, p. 24.

力和其他效力问题,前者依法院地法,后者依被选法院地法。海牙公约的法律适用规则,与前述欧洲法院佐审官戈登·斯林的建议大体上是一致的。

必须注意的是,2005年海牙《选择法院协议公约》还隐含了一条反致规则。根据公约解释报告,公约中缔约国法律包括该国的国际私法规则。① 因此,如果被选法院应依本国的冲突规则适用另一国的法律,就应该适用另一国法律。由此可能出现下面这种情况,当事人指定了主合同的选择法律条款,而依照被选法院地的冲突规则,选择法院协议的效力由整个合同的准据法决定。另外,如果受案地法院不是被选法院,依公约规定,受案地法院不能依本国法去判断选择法院协议的效力,而要适用被选法院地的法律(包括其国际私法规则)。这一规定不同于1958年《纽约公约》,《纽约公约》第3条对仲裁协议效力的法律适用问题未加规定。从上诉分析可见,《海牙公约》第5条第1款、第6条(a)项有助于受案法院和被选法院对选择法院协议的效力作出一致性的判决。②

就判决的承认与执行而言,除了当事人的能力问题,2005年海牙《选择法院协议公约》仍然以被选法院地法为选择法院协议的准据法(包括其国际私法规则)。另外,公约补充一项规则,即被请求法院不能取代被选法院对选择法院协议效力的判决。这一规则的立法目的在于,避免在不同缔约国之间对选择法院协议的效力作出冲突性的认定,即他们都应该适用被选法院地法,并且必须尊重被选法院对此作出的任何裁决。③

---

① Hartley / Dogauchi Report (2007), p. 43.
② Ibid., p. 47.
③ Ibid., p. 54.

4.《内地与香港协议管辖安排》

《内地与香港协议管辖安排》尽管以 2005 年海牙《选择法院协议公约》为蓝本，但由于海牙公约同时统一直接管辖权规则和间接管辖权规则，而《内地与香港协议管辖安排》只涉及间接管辖权规则，这使得我们有理由怀疑《内地与香港协议管辖安排》在解决管辖权冲突中的实际成效。也就是说，内地与香港在选择法院协议本身的规则上，并没有达成统一，只不过在判决与执行部分采用相似的规则。

就法律适用问题而言，《内地与香港协议管辖安排》第 9 条规定的不予认可和执行的理由其一为，"根据当事人协议选择的原审法院地的法律，管辖协议属于无效，但选择法院已经判定该管辖协议为有效的除外"。另外，"内地人民法院认为在内地执行香港特别行政区法院判决违反内地社会公共利益，或者香港特别行政区法院认为在香港特别行政区执行内地人民法院判决违反香港特别行政区公共政策的，不予认可和执行"。这里与海牙公约的规定是一致的，不再赘述。

关于反致问题，根据 2007 年 7 月 23 日公布的《最高人民法院关于审理涉外民事或商事合同纠纷案件法律适用若干问题的规定》[①] 第 1 条，"涉外民事或商事合同应适用的法律，是指有关国家或地区的实体法，不包括冲突法和程序法"，可见中国法院不适用反致。因此，根据《内地与香港协议管辖安排》第 9 条，当事人协议选择的原审法院地的法律只指实体法，不包括冲突规则。

5. 小结

在 2005 年海牙《选择法院协议公约》之前，关于选择法院协议效力的法律适用问题一直未有定论，甚至经常被法院忽

---

① 2007 年 6 月 11 日最高人民法院审判委员会第 1429 次会议通过，法释〔2007〕14 号。

略,这使得选择法院协议这种机制往往处在确定与不确定的摇摆之间。当事人往往通过否定选择法院协议的效力,来拒绝执行选择法院协议,这使得尊重当事人意思自治和便利诉讼的期望陷入落空的境地。2005年海牙《选择法院协议公约》首次以被选法院地法解决了选择法院协议效力的法律适用问题,具有下列特点:

(1)避免了完全适用法院地法的不足

从2005年海牙《选择法院协议公约》的规定来看,完全以法院地法来判断选择法院协议的效力,可能会导致受案地法院和被选法院地法院就选择法院协议效力做出冲突性的判决。并且,法院地法规则会导致当事人不顾选择法院协议而挑选法院。另外,法院地法规则也忽视了合同中的法律选择规则。

依法院地法来判断选择法院协议效力的好处在于,受案法院可以依本国法对协议的有效性进行审查,避免其违反本国的强制性规则。但是,机敏的当事人可以通过选择更为严苛的法院来使选择法院协议无效,这无疑会导致选择法院协议效力的不确定。在分析公约的规则时,不能只局限于某条的单一规则,而需要结合其他规则进行通盘的考察。值得强调的是,由于2005年海牙《选择法院协议公约》将公约的适用范围主要限定在"商对商"(B2B)合同争议,其针对的主要是纯粹的商事交易,排除了专属管辖权及非商事等诸多事项,这个有限的领域更偏向于商人的自治,而需要适当淡化司法的干涉。因此,依被选法院地法来判断协议的效力,比较好地兼顾到了当事人意思自治、法院合理审查和司法的确定性三个原则之间的协调。

(2)兼顾当事人的意思自治和法院地法

2005年海牙《选择法院协议公约》以被选法院地法来确定选择法院协议的效力,兼顾了当事人的意思自治和法院地法规则。一方面,如果受案地即被选法院时,本规则将便于法官审理被选法院协议的效力。另一方面,当事人合意选择法院,即使另外选择其他国家的法律,也意味着当事人双方合意接受被选法院地法律的约束。毫无疑问,被选法院地的法官总是以本国法的角度为出发点来审理案件。另外,如果受案地不是被选法院,受案地依被选法院地法审理,有利于避免产生对于选择法院协议效力的不一致判决。

(3) 反致的灵活性与局限性

由于2005年海牙《选择法院协议公约》的解释报告中承认反致,这使得被选法院地法规则变得具有灵活性。当事人意思自治在选择法院协议的法律适用问题,以及对未选法院地法的考虑,都可能因为缔约国的冲突规则而发挥实际作用。例如,如果被选法院地为德国,根据其规则选择法院协议的实质效力依一般合同的准据法,将最终适用主合同的自体法。但是,由于目前大多数国家在选择法院协议的合法性和实质效力上适用法院地法,并不一定出现反致现象。

对于选择法院协议的有效性,出于冲突法的逻辑,当然存在法律适用问题。一方面,特别是关于实质性问题可能适用主合同的准据法、选择法院协议的准据法、被选法院所在地法、有合法管辖权却被排除的法院所在地法,但是一般合同法上的合意原则却没有对选择法院协议这个特殊合同给予足够的回应。而另一方面,在2005年海牙公约之外,很难找到任何其他规则像被选法院地法规则这样能同时兼顾结果的确定性与当事人意思自治。诚如法国著名国际私法学者伯纳德·奥迪教授(Bernard Audit)所言,"面对这些最为棘手问题的解决之道,就是要制定明确而精准的规则",[1] 2005年海牙《选择法院协议公约》的被选法院地

---

[1] Bernard Audit, *Droit international privé*, 4e éd., Paris : Economica, 2006, p. 302, n° 394.

规则正是如此。

对于被选法院地有损于个案正义的批评，反映了追求冲突正义与实体正义的不同理解。选择法院协议以当事人意思自治为语境，只要当事人的合意真实而自由，就应该尽可能地承认。采用其他的法律适用规则并不当然地有助于实现实体正义，反而会有损于判决的一致性。为了保护弱方当事人，更为有效和充分的解决办法，是修改2005年海牙《选择法院协议公约》第3条的形式要件，而不在于修改公约的被选法院地法规则。只要2005年海牙公约给予当事人合意问题更多的关照，被选法院地规则就能促进个案正义。如果能在其形式要件中像欧洲法院那样，明确排除未经实际协商的选择法院条款，就能兼顾判决的一致性和个案的正义。

三 判决的司法确定性考察

减少平行诉讼和不一致判决可以提高判决的司法确定性。减少平行诉讼和不一致判决是"一事不再理"原则的体现，是实现判决流通，确保当事人纠纷有效解决的必然要求。平行诉讼和不一致判决往往不利于当事人纠纷的解决，有碍于国际民事诉讼制度的稳定和发展。对于管辖权和判决公约而言，减少平行诉讼和不一致判决，尽可能地让一个法院解决纠纷，能提高判决的可预见性，确保司法的确定性。

2005年海牙《选择法院协议公约》减少平行诉讼和不一致判决的规则，主要反映在第6条其他法院的义务和第9条拒绝承认与执行的理由。但是其第11条关于赔偿金的规定和第15条判决的可分性规则，由于强调判决的流动而有损于判决的确定性。

（一）减少平行诉讼

2005年海牙《选择法院协议公约》第6条主要避免平行诉讼，该条规定除被选法院之外的缔约国法院必须中止或驳回适用排他性选择法院的诉讼。当然,公约第 6 条第（a）项至第（e）项规定了 5 项具体的例外情形,这 5 项例外情形是为了保证实质正义而对司法确定性原则的矫正。

2005 年海牙《选择法院协议公约》通过保证选择法院协议的效力,对被选法院以外的其他法院施加义务,当不存在公约规定的 5 项例外情形时必须中止或驳回相关诉讼。该规定是对公约第 5 条排他性假设的再次确认,被选法院以外的其他法院必须承认排他性选择法院协议的排他性。

（二）对不一致判决的拒绝承认与执行

2005 年海牙《选择法院协议公约》第 9 条涉及相同当事人由其他法院所作判决与被选法院所作判决不一致的情形,被请求法院可以以此为理由拒绝承认与执行。该条款就不一致判决是否源于被申请执行国而进行区别对待,即不一致判决由被请求执行被选法院判决所在国的其他法院作出,还是由其他国家法院作出。对前者,存在这样的不一致判决就构成拒绝承认被选法院所作判决的理由。对后者,不一致判决要得到承认就必须先于被选法院所作出的判决,还必须涉及相同诉因且满足被请求国承认的必要条件,否则,法院必须承认不一致判决或者拒绝承认被选法院判决。

事实上,减少平行诉讼和不一致判决既体现司法的确定性原则,也体现合理和公正判决的自由流动原则。因为判决的自由流动,必然加强判决结果的可预见性,而减少平行诉讼和不一致判决是实现判决自由流动的前提条件之一。

（三）关于赔偿金与判决的可分性

2005 年海牙《选择法院协议公约》第 11 条规定,当赔偿金不能补偿当事人实际损失或所受伤害时,判决可以拒绝或者达到拒绝的程度,即使该赔偿金包括了惩戒性或惩罚性赔偿金。公约实际上回避对惩罚性赔偿金作统一性的规定,缔约国法院可以援引第 9 条（e）以公共秩序为由拒绝惩罚性赔偿金，或者依公约第 15 条判决的可分性，缔约国法院可以只承认判决中补偿当事人实际损失或所受伤害的赔偿金。

如果被请求法院不援引公共秩序保留的理由，赔偿金只要能够补偿当事人的实际损失或所受伤害，就都应在公约下承认与执行。这里引出两个问题，一个问题是依哪国的法律来审查当事人的损失，公约这里没有明确规定；另一个问题是，如果被请求法院重新对赔偿金进行判决，即使不改变原判决的其他裁定，也实际上减损了原判决的效力。

2005 年海牙《选择法院协议公约》第 15 条规定，对判决可分部分的承认与执行应视为对该部分申请承认与执行，或者根据公约判决仅可部分地被承认与执行。公约 1999 年草案中也有相似的规定。承认判决的部分效力有利于尽可能地保护原判决的效力，进而保护当事人的利益。

对于赔偿金与判决的可分性，由于给法院自由裁量的较大空间，2005 年海牙《选择法院协议公约》在此处的司法确定性原则上是有所削弱的。但是，这种对确定性的减损，却能增加法院对案件的审查，客观上有助于法院承认与执行判决，从而推动判决的自由流动。由此可见，在赔偿金和判决的可分性问题上，2005 年海牙《选择法院协议公约》并不僵化地固守司法确定性原则，这种态度是务实而明智的。

第五节 合理和公正判决的自由流动之考察

对于判决的自由流动，《布鲁塞尔公约》在导言中声称其目的之一就是简化相互承认与执行判决的审查形式，这项声明隐含了对判决自由流动的诉求。毕竟，如果没有判决的流动，当事人的诉讼请求就难以得到实现，而这本身既不符合冲突正义，也不符合实质正义。

欧洲法院多次表达判决自由流动的观念,例如在 Unibank v. Christensen 案中欧洲法院就认为,"《布鲁塞尔公约》的根本目的之一,是最大程度上方便判决的自由流动"。[①] 值得注意的是,《布鲁塞尔公约》的这种自由态度,是完全建立在其对缔约国法院司法功能的信任之上的。对于渴望融合和统一以及有这种能力的欧洲国家来说,通过建立像美国宪法中"充分诚信条款"那样的机制来实现判决的自由流动,无疑是欧洲统一化道路上必须实现的步骤。

与《布鲁塞尔公约》所要求的"判决的自由流动"略有不同,这里要考察的是"合理和公正判决的自由流动"。之所以在判决一词前施加限定词,是因为与布鲁塞尔条例适用于追求欧洲统一的欧洲联盟成员国不同,2005年海牙《选择法院协议公约》必须充分考虑各国经济发展的不均衡与文化、法律传统上的差异。世界各国法院之间的"半信半疑"是客观存在的现实,这种"半信半疑"既有政治与经济上的原因,也有法律传统与法治发展上的原因。即使对于同为普通法系的英国和美国,英国法院对美国法院惩罚性判决的忌惮,英美两国在双边判决承认公约上的失败,就足以说明这种现实,更遑论政治制度与法律制度迥异的世界各国了。

就目前来讲,判决的自由流动必须以判决的公正与合理为前提,自由流动的背景是法院对判决的合理审查。由于公正与合理问题已在前面各原则中加以讨论,本节只讨论判决的流动问题。这里所讨论的判决,为行文方便,不特指时都以假设其公正而合理为前提。

要实现判决自由流动,就需要解决两种类型的困难。其一是

[①] C-260/97 Unibank v. Christensen [1999] E. C. R. I-3715, 14.

缔约国不能随意拒绝承认与执行其他缔约国法院作出的判决，换言之，就是尊重外国法院的判决。其二，判决的自由流动需要扫清承认与执行上的程序障碍。①

一　尊重外国法院的判决

1. 公约三条关键规则

2005年海牙《选择法院协议公约》第5条被选法院的管辖权、第6条其他法院的义务和第8条承认与执行，分别构成了公约管辖权和判决承认与执行的三大支柱，这三大支柱形成稳定的三角结构，其目的非常明确：既构成司法的确定性，也最大化地推动判决的自由流动。

```
                被选法院必须审理案件
                       △
  其他法院必须中止或              被请求法院必须承认与执行
  驳回诉讼                       被选法院作出的判决
```

如上图所示，在不存在公约规定的例外情况下，被选法院必须审理案件，其他法院必须中止或驳回诉讼而避免平行诉讼，而被请求法院必须承认与执行被选法院作出的判决，尊重被选法院的判决，拒绝承认其他法院作出的判决。这三角结构一环扣一环，旨在通过被选法院和其他法院对当事人意思自治的尊重，促进被选法院所作判决的自由流动。由此可见，公约是以司法的确定性和判决的流动为核心框架的，在这基础之上考虑例外条款来

---

① Jannet A. Pontier and Edwige Burg, *EU Principles on Jurisdiction and Recognition and Enforcement of Judgments in Civil and Commercial Matter – According to the Case Law of the European Court of Justice*, T. M. C. Asser Press, 2004, p. 28.

保护弱方当事人，规定法院的审查和对被告的保护。

　　根据2005年海牙《选择法院协议公约》第8条第1款，一项排他性法院选择协议指定的缔约国法院作出的判决，应依本章在其他缔约国得到承认和执行。仅可基于本公约规定的理由而拒绝承认或执行。① 由此，承认与执行的最首要条件是指定缔约国法院的排他性选择法院协议的存在。② 承认与执行的对象是被选法院作出的判决，而不包括其他法院作出的判决。因此，海牙公约所指的尊重外国法院的判决和判决的自由流动，仅指被选法院而已。

　　需要略加注意的是，2005年海牙《选择法院协议公约》不要求被选法院一定依选择法院协议取得管辖，只要协议指定该国法院，该国法院在实际审理时可以依其他管辖权依据审理案件，如依被告的住所（同时为被选法院所在国）。③ 在这种情况下，被选法院作出的判决，不得因为其管辖权依据不是因协议取得而被拒绝承认与执行。公约这项规定，一方面充分尊重被选法院在管辖权依据竞合时的自由裁量，并且认可当事人意思自治的潜在作用，另一方面又扩大判决承认与执行的范围。公约这种精当的规定非常值得赞赏。

　　2. 关于非排他性选择法院协议

　　在扩大公约的适用方面，2005年海牙《选择法院协议公约》并不完全排除适用于非排他性选择法院协议。根据公约第22条，缔约国可以声明适用于非排他性的选择法院协议。在该条中，公约规定其他国家承认与执行的条件为三点：（1）原审法院受协

---

① 在外交会议上，代表们认为缔约国法院没有义务执行其司法制度中不存在的非金钱判决。当然，被请求法院应该给予外国判决在其内国法所可能的最大效力。See Hartley / Dogauchi Report (2007), p. 50, note 201.
② Hartley / Dogauchi Report (2007), p. 50.
③ Ibid..

议所指定；(2) 无冲突性判决或平行诉讼；(3) 原审法院为先受案法院。

由于 2005 年海牙《选择法院协议公约》为适用于非排他性选择法院协议提供了可能，扩大了管辖权公约的适用范围，从客观上讲亦是对外国法院判决的尊重，有利于判决的自由流动。

3. 形式审查

仅对原判决作形式审查，是各国承认与执行外国判决的普遍共识。尽管 2005 年海牙《选择法院协议公约》允许在承认与执行之前对原判决作必要的审查，但是第 8 条第 2 款禁止对判决的实质内容进行审查。

如果没有这一规定，外国判决可能被请求承认与执行的法院进行实质性审查，而使被请求法院变成了外国原判决国法院的上诉法院，这既非对外国法院判决的尊重，也不利于判决的自由流动。

4. 拒绝承认与执行外国判决的有限理由

2005 年海牙《选择法院协议公约》将拒绝承认与执行外国判决的理由完全限定在公约之中，缔约国不能援引公约未加规定的理由。依第 8 条第 1 款规定，被请求法院仅得以公约规定的理由拒绝承认与执行。缔约国法院不能以公约未列举的其他任何理由，如不方便法院原则来拒绝，这使得"拒绝承认与执行"成为公约的例外情况，有利于判决的自由流动。

在这些拒绝承认与执行理由中，公约也注意审查原判决的公正性，例如，判决不得因程序欺诈而取得；承认与执行显然违背被请求国的公共政策，包括产生判决的具体程序违背该国程序公正的根本原则的情形。公约也注意保护当事人的意思自治，保护选择法院协议的效力并规定当事人在移交案件时的权利，明确规定了选择法院协议的独立性。保护当事人程序法上的权利，如被告应被适当地通知以有充足时间准备抗辩，规定程序上的公正和排除程序事项上的欺诈等；公约特别便利当事人，允许被请求法院中止执行程序而待判决效力瑕疵在作出国的消除。

需要指出的是,由于2005年海牙《选择法院协议公约》规定选择法院协议的实质效力主要依被选法院地法(当事人的能力依法院地法),在非被选法院诉讼时以及申请判决承认与执行阶段,将导致被选法院以外的其他法院主要依赖例外条款来否定协议的效力,特别是有可能扩大公共政策条款的适用。就这一点而言,尽管2005年海牙公约与《布鲁塞尔条例I》一样限制拒绝承认与执行的理由,但欧盟条例在限制例外条款方面更为严格。[1]

二 关于承认与执行程序

2005年海牙《选择法院协议公约》第11条特别规定承认与执行的程序。依该条,除公约另有规定外,承认的程序、可执行性声明或执行登记的程序以及判决执行的程序都应受被请求法院的法律支配。被请求法院应行动迅速。该条体现了尊重被请求国的司法主权,同时也提出简化或加速承认与执行程序的要求。

尽管公约提出被请求法院应该行动迅速的要求,但并没有任何实质性的规则。第11条第2句与其说是强制性的,还不如说是建议性的。因为被请求国的承认与执行程序到什么程度才算是迅速或拖沓,殊难衡量。

依欧洲法院的判例,快捷的承认与执行程序有两点要求:其一为,至少在执行初始阶段体现执行程序的单方执行性,确保执行的效果;其二为,要求对执行程序进行严格解释,包括限制上

---

[1] See Jannet A. Pontier and Edwige Burg, *EU Principles on Jurisdiction and Recognition and Enforcement of Judgments in Civil and Commercial Matter – According to the Case Law of the European Court of Justice*, T. M. C. Asser Press, 2004, pp. 32 – 33.

诉途径的次数、禁止援引原先的抗辩理由、第三人不得干涉以及判决执行不受国内程序法的阻挠。[1] 由于2005年海牙《选择法院协议公约》对此未加规定，在公约的适用过程中，承认与执行程序是否有利于判决的自由流动，只能依赖于被请求国的程序法。

第六节 考察结论和建议

一 考察结论

2005年海牙《选择法院协议公约》是海牙国际私法会议在国际民商事管辖权和外国判决承认与执行领域取得的最新和最重大的成果。公约调整基于书面协议管辖而提起的国际民商事诉讼，对各国明示协议管辖权和相关判决的承认与执行规则进行协调。由于海牙公约提供了一种国际法上的保护，管辖权和判决的承认与执行得到保障，判决的可预见性加强，国际商事活动中的当事人将会更加信任涉外诉讼，而不是较多地依赖国际商事仲裁。2005年海牙公约提供当事人一种选择，在仲裁之外选择诉讼亦可以取得争议的解决。2005年海牙《选择法院协议公约》很有可能如起草者希望的那样，与1958年《纽约公约》处理国际仲裁一样成功，成为国际民商事诉讼领域内第一部被广泛接受的全球性多边条约。

2005年海牙《选择法院协议公约》是典型的双重公约，包括直接管辖权和间接管辖权；同时又是单一管辖权公约，只处理明示的协议管辖权。这种双重公约的好处在于同时规范受案法院

---

[1] See Jannet A. Pontier and Edwige Burg, *EU Principles on Jurisdiction and Recognition and Enforcement of Judgments in Civil and Commercial Matter – According to the Case Law of the European Court of Justice*, T. M. C. Asser Press, 2004, p. 44.

和其他法院的管辖权，以及被请求法院对原判决管辖权的审查和对判决的形式审查。

海牙公约提供了三项关键规则来尊重当事人选择法院协议，约束其他法院的管辖权和促进被选法院判决在被请求法院的承认与执行。这三项关键规则构成一种稳定的三角结构来促进司法的稳定性和判决的自治流动。在这三项关键规则之外，公约又规定一些调整性规则来避免公约过度稳定而造成的僵化与不合理。这些调整性规则考虑到法院对管辖权和判决的审查，也部分地考虑到对弱方当事人的保护（如下图所示）。

被选法院必须审理案件
（协议必须符合公约形式要求和被选法院地法）

其他法院必须中止或驳回诉讼
（除非存在公约规定的理由）

被请求法院必须承认与执行被选法院作出的判决
（除非存在公约规定的拒绝理由）

通过对 2005 年海牙《选择法院协议公约》进行的四项原则考察之后可以得出结论，海牙公约以"司法的确定性"和"判决的流动"为基本构架，重视"争议应在适当法院解决"。但是对于保护弱方当事人和被告抗辩权利，公约提供的是间接和较低的保护，其保护程度不如《布鲁塞尔条例 I》。

对于选择法院协议，2005 年海牙《选择法院协议公约》只提供形式要求和法律适用问题的统一规则。值得赞赏的是，公约规定选择法院协议的默示排他性和独立性，有助于提高选择法院协议效力的确定性。公约的形式要求只包括书面或书面为证及功能相当的电子形式，排除默示的当事人习惯和商事惯例，有助于仅接受书面合同的国家加入。但是对于当事人的合意，公约没有提供像欧洲法院对其书面形式进行严格解释来探求当事人真实意思表示的规则。由于公约没有规定选择法院协议的实质要件，只规定其效力的法律适用，弱方当事人的权利是否能得到保护则依赖被选法院地法，或者在其他法院诉讼或者在判决承认与执行阶段来援引例外条款，这是公约的一个明显缺陷。但是缔约国可以利用声明条款对此进行弥补。

在判决的承认与执行规则中，2005年海牙《选择法院协议公约》强行性地规定缔约国法院仅得以公约指定的理由拒绝承认与执行相关判决，由此排除了公约未列举的其他任何理由，如"不方便法院"，这使得"拒绝承认与执行"成为公约的个别或例外情况，从而加强了判决效力的可预见性。公约规定的拒绝理由大多是选择性的，不具有强制性，是否应该拒绝仍要由被缔约国的国内法决定。公约的判决承认与执行规则注意保护当事人的利益，如保护当事人的意思自治，保护选择法院协议的效力并规定当事人在移交案件时的权利，明确规定了选择法院协议的独立性；保护当事人程序法上的权利，如被告应被适当地通知以有充足时间准备抗辩，规定程序上的公正和排除程序事项上的欺诈等；便利当事人，允许被请求法院中止执行程序而待判决效力瑕疵在作出国的消除。规定判决和法院和解是承认与执行的对象，判决是对案件实质内容所作的裁决，明确临时保全措施不是判决，而法院和解则应以判决相同的方式执行。公约尽可能地保证原判决的效力，规定仅应对原判决作非实质审查，规定判决的可分性，尽可能地保证可执行部分的效力。在公约与其他法律文件的关系上，其他条约不应比公约承认与执行的程度更低。

2005年海牙《选择法院协议公约》为缔约国的批准或加入设置了诸多柔性和便利的规则，如免于认证、声明条款、复合法域国家与其他国际文件的关系等。特别值得一提的是，公约的起草者考虑到缔约国对其稳定性和判决流动的担心，预料到缔约国可能会提出保留。在第 21 条中，公约规定缔约国可以规定在与本国有关的强烈利益的事项上提出保留，只要这种事项可以被清楚地定义。对于公约在选择法院协议效力上的缺陷，缔约国同样可以利用该条声明条款排除公约适用于不利于弱方当事人的选择法院条款，如当事人未加实际协商或涉及不公平交易的选择法院条款。

尽管 2005 年海牙《选择法院协议公约》存在着缺陷，但是在其强调司法的稳定性和判决的流动之上，为各国的司法主权保留充分的空间，公约的声明条款有利于缔约国根据本国的实际情况和利益需要适当地加入和批准公约。这种以司法的确定性为基础而留有余地的公约立法模式，反映出公约起草人在国际规则的统一和妥协之间所作的平衡，这种能推动国际司法合作的务实态度令人赞赏。

墨西哥成为最先加入 2005 年海牙《选择法院协议公约》的国家，而美国代表和欧共体代表先后向海牙国际私法会议递交了签署文件，只要第二个国家或地区批准或加入，2005 年海牙《选择法院协议公约》就会生效。诚如参与会议的中国代表所言："国际经济一体化必然导致私法规范和司法制度的一体化，《海牙选择法院协议公约》正是适应这种要求适时制定的国际公约，它是会获得国际社会接受，从而成为国际社会私法统一的一个重要的国际文件。"[1] 2005 年海牙《选择法院协议公约》将会促进国际司法合作，有利于消除世界各国管辖权依据纷繁复杂、任意扩张的现状，将国际民商事管辖权和判决承认与执行纳入到国际协商的统一道路之上。

---

[1] 徐国建：《建立国际统一的管辖权和判决承认与执行制度——海牙〈选择法院协议公约〉述评》，《时代法学》2005 年第 5 期。

二 加入 2005 年海牙《选择法院协议公约》和完善中国立法的建议

中国在判决的承认与执行方面主要采取与一些国家签订双边司法协助协定的方式。尽管这些双边协定促进了有关的司法合作，但是对于一些具体的案件，却不能很好地解决。例如涉及协议管辖的判决承认与执行案件，如果争议涉及第三国，而第三国与中国没有司法合作协定，判决要在该国承认就没有条约保障。另外，中国与这些国家的双边条约规定是不同的，给法官和法律工作者掌握相关规定带来了不便。

2005 年海牙《选择法院协议公约》是海牙国际私法会议在统一国际民商事诉讼领域十余年努力的最新成果，公约充分考虑到了不同法系的差异和各国迫切需要统一国际民事诉讼法的现实，它对各国利益进行充分平衡和协调，是一个非常折衷而又有实质意义的版本。作为迅速融入全球化的大国，中国在游戏规则的制定上应更多主动参与，厕身于国际私法的统一化运动之外将不利于国际民商事交往和司法公正，不利于完善中国市场经济法律保障制度。

就 2005 年海牙《选择法院协议公约》与中国制度的冲突而言，中国积极参与草案的制定，公约的最后文本反映中国的立场，具体规则之间的冲突比较少。另外，由于公约规定了许多弹性规则，例如允许对管辖权、判决的承认与执行作出声明，并可将公约排除于特别事项之外，这些弹性条款为中国加入该公约扫清了障碍。

具体而言，加入 2005 年海牙《选择法院协议公约》将会使缔约国法院和国际民商事交往的当事人获得以下的益处：（1）本公约在一定程度上统一了各国国际选择法院协议的规则，为相关诉讼和判决的承认与执行提供了国际法上的保障；（2）对当事人而言，公约为国际商事案件的当事人解决其争议提供了一种有保障的选择；(3) 本公约为复合法域国家判决的承认与执行提供了方便，并可以作为统一国内法规则的借鉴；(4) 可以提高涉外案件在法院的受案率，促使缔约国提高司法水平；(5) 由于本公约是国际性而非区域性的多边公约，本公约的一些规定将成为今后海牙其他公约的地标性规则，这有助于各国的司法互信和合作。由于中国的涉外民商事方面的立法极为简单，加入2005年海牙《选择法院协议公约》还可加强和完善中国相关立法，加速中国的法制建设。另外，加入海牙公约也可以增强外国当事人在中国法院诉讼的信心。[①]

最高人民法院公布的《关于内地与香港特别行政区法院相互认可和执行当事人协议管辖的民商事案件判决的安排》[②]（简称《内地与香港协议管辖安排》）于2008年8月1日起生效，相对于中国2007年修订的《民事诉讼法》第242条而言，这项《内地与香港协议管辖安排》比较详细地规定了两地之间当事人以书面选择两地法院来解决其民商合同纠纷的管辖权问题和判决的承认与执行问题。从内容和体例上看，尽管《内地与香港协

[①] 关于外国当事人对中国涉外司法制度的担心，可参见 Roy F. Drow, "Resolving Commercial Dispute in China: Foreign Firms and the Role of Contract Law", *Northwestern Journal of International Law & Business*, Vol. 14, No. 1, 1993, p. 182; Stanley B. Lubman, "Bird in a Cage: Chinese Law Reform After Twenty Years", *Northwestern Journal of International Law & Business*, Vol. 20, No. 3, 2000, p. 420; James Hugo Friend, "The Rocky Road Towards Rule of Law in China: 1979–2000", *Northwestern Journal of International Law & Business*, Vol. 20, No. 3, 2000, pp. 379–380; Randall Peerenboom, "The X-files: Past and Present Protrayals of China's Alien 'Legal System'", *Washington University Global Studies Law Review*, Vol. 2, No. 1, 2003, p. 60; William Heye, "Forum Selection for International Dispute Resolution in China – Chinese vs. CIETAC", *Hastings International and Comparative Law Review*, Vol. 27, No. 3, 2004, pp. 535–554.

[②] 2006年6月12日最高人民法院审判委员会第1390次会议通过，法释〔2008〕9号。

议管辖安排》比较明显地借鉴了 2005 年海牙《选择法院协议公约》,但有几处的规则相差较大,特别是在管辖权规则方面。由于区际的《内地与香港协议管辖安排》难免会潜在地影响民事诉讼法在两地之外其他案件上的理解和适用,另外存在中国是否加入该海牙公约,以及如果加入该公约中国法律如何调整的问题,因此,建议中国建立与海牙公约相配套的规则,来完善中国的国际管辖权和判决承认与执行制度。

(一)立法政策之建议

在国际民商事诉讼中,一国法院判决在另一国的承认与执行问题往往困扰着诉讼当事人,而选择法院协议这种机制通过利用当事人的意思自治来实现管辖权的确定性,从而提高案件结果的可预见性,减少甚至避免平行诉讼和冲突性判决。

尽管选择法院协议存在上述优点,但是并非所有的诉讼都适用于当事人选择法院,而那些未能反映当事人真实意思的选择法院协议,如未经实际协商和涉及不公正交易,则不应承认其效力。在广泛应用格式合同的今天,不能因为片面追求司法的确定性而忽视对弱方当事人的保护。进而言之,就选择法院协议而言,我们需要在尊重当事人意思自治、合理的法院审查、司法的确定性、判决的必要流动与保护弱方当事人的理念之间寻求平衡。

(二)关于选择法院协议适用范围的建议

中国《民事诉讼法》第 242 条规定涉外合同或者涉外财产权益纠纷的当事人可以选择法院,这条规定并不当然地排除其他可以选择法院的情形。而《内地与香港协议管辖安排》特别规定"特定法律关系"是指当事人之间的民商事合同,不包括雇佣合同以及自然人因个人消费、家庭事宜或者其他非商业目的而作为协议一方的合同。《内地与香港协议管辖安排》将适用范围限定在以商业为目的的合同,比《民事诉讼法》更为明确,有利于保护弱方当事人。

但是否包括合同引起的侵权问题，在没有明确的相反证明时，美国法院通常将条款解释为同时包括合同和侵权诉讼。而《布鲁塞尔条例Ⅰ》将此问题留由各国国内法来解决。与美国的做法相同，2005年海牙《选择法院协议公约》不仅适用于合同争议，还适用于与合同有关的某些侵权案件。公约第2条（k）项仅排除公约适用于非因合同关系引起的侵犯有形财产或侵权损害赔偿，因此由合同关系引起的其他侵权案件属于公约的适用范围。《内地与香港协议管辖安排》尽管对此未加明确，从字面来看并不排除因合同引起的侵权诉讼。在现阶段，适合中国国情的做法是将涉外合同引起的侵权问题作为违约问题，仅允许当事人在中国法院提起违约之诉。

中国《民事诉讼法》第34条和第242条规定对以下几类案件行使专属管辖权：（1）因在中国履行中外合资经营企业合同、中外合作经营企业合同、中外合作勘探开发自然资源合同发生纠纷提起的诉讼；（2）不动产所在地在中国的因不动产纠纷提起的诉讼；（3）在中国的港口作业发生纠纷提起的诉讼；（4）被继承人死亡时的住所地或主要遗产所在地在中国的因继承纠纷提起的诉讼。另外海商法也规定了几种专属管辖权。这几类案件对于中国具有重要利益，属于中国人民法院专属管辖的范围，当事人不得用书面协议选择其他国家法院管辖。由于这些事项并没有排除在本公约第2条的适用范围之外，在加入公约时，中国可以利用第21条将其归到特殊事项中而作出排除性的特别声明。另外，鉴于2005年海牙《选择法院协议公约》对选择法院协议的适用范围极为清晰明确，建议在修改或者解释相关法条时借鉴此种分类方式。

（三）关于选择法院协议效力的建议

1. 关于形式要件

选择法院协议的形式是对当事人之间合意的外部可见的要

求,是当事人真实合意表示的重要保证,如果选择法院协议未能满足一定的形式要求,受案法院将拒绝执行此协议。一般而言,形式要件涉及选择法院协议的形式、内容、书写的位置、证明的方式和语言要求。

《布鲁塞尔条例 I》没有规定选择法院协议的实质要件和法律适用问题,只在第 23 条中规定必须满足四种特定形式,即(1)以书面;(2)口头但有书面证明;(3)形式符合当事人之间已经建立的习惯;(4)符合商业惯例。在 1976 年"科尔扎尼诉鲁瓦案"(Colzani v. RÜWA)中,欧洲法院要求书面协议的要件必须得到严格解释,即使外在证据显示当事人意图选择法院。法院最终判定一般销售条件中包含的选择法院条款不被视为书面协议,除非合同文本的正面明确提示在文本背面存在一般销售条款。法院特别强调,这种书面要求的目的正是为了保证当事人选择法院的合意得到清楚明白的证明。欧洲法院的判例说明,《布鲁塞尔条例 I》第 23 条第 1 款不仅确保司法的确定性,也保证当事人之间实际达成合意,保护未知悉合同中选择法院条款的当事人。[①] 在"卡斯泰莱蒂诉雨果案"(Trasporti Castelletti v. Hugo Trumpy)的判决中,欧洲法院直截了当地表示,第 23 条的目的是为了保护合同的弱方当事人免受未加注意的管辖权条款。[②]

事实上,欧洲法院的解释实际改变了规则的规定,也就是说,在《布鲁塞尔条例 I》不规定选择法院协议实质效力的语境下,欧洲法院采用严格解释其形式要件的方法来保护弱方当事人。2005 年海牙《选择法院协议公约》仅允许当事人书面或类

[①] Case 24/76 Estasis Salotti and Colzani v. RÜWA [1976] E. C. R. 1831, p. 7.

[②] Case C-159/97 Trasporti Castelletti v. Hugo Trumpy [1999] E. C. R. I-1597, p. 30.

似形式，而不规定当事人的习惯和商业惯例，就此而言有利于保护第三世界国家的当事人。但是海牙公约和《内地与香港协议管辖安排》对书面等要求未吸纳欧洲法院的严格做法，不能保护格式合同中的弱方当事人。

建议中国一方面采纳 2005 年海牙《选择法院协议公约》的书面和电子信息方式，另一方面也吸纳欧洲法院的做法，即对选择法院协议的形式作严格的规定，探求当事人的真实合意，建立在加入公约时提出保留性的声明，排除当事人未实际协商的选择法院条款。

2. 关于实质要件

法院可能拒绝执行一条外部证据说明当事人并未实际同意的选择法院协议。美国法院强调，当事人的合意应调整选择法院协议的有效性。欧洲法院同样强调，欧盟《布鲁塞尔条例 I》的形式要件正是为了保证当事人合意的真实性而设计。而法国法院要求当事人在合同形成时知晓协议，并提出非常严格的书面要求。在"斯坦伯格公司诉蒙特和斯公司案"（Soc. Placage Export Steinberg v. Soc. J. – H. Montheath）中，法国法院拒绝执行提单背面以法语印制的选择法院条款，因为被要求执行的当事人母语为英语，提单的其他条款皆以英语书写，并且当事人的商业活动全部使用英语。[①]

即使当事人的合意是真实的，合意上的瑕疵也可能影响协议的效力，例如当事人的能力欠缺、错误、欺诈、胁迫、不合理或显失公平、违反强行性规定等等。在"不来梅号案"中，美国最高法院特别指出"欺诈或诈骗"、"不当压迫"和"强势议价能力"使选择法院协议不可执行。[②] 另外，在非商事案件中，如

---

① Soc. Placage Export Steinberg v. Soc. J. – H. Montheath, CA Paris, Dec. 18, 1987 somm. 343.

② The Bremen v. Zapata Offshore Co., 407 U. S. 1, 12, 15 (1972).

果合同或合同条款极不公正而不可能有理性且诚实的人同意此合同,美国法院也可能使用"显失公平"理论。①《布鲁塞尔条例 I》对此没有规定,欧洲法院对此也没有回答。法国法院很少运用合意的瑕疵来使选择法院协议无效,但德国和英格兰法院承认"滥用经济权力"或"经济上胁迫"是回避合同义务的有效理由。

由此可见,一般合同法原则仍应该适用于选择法院协议的实质效力。建议中国采用严格探求当事人真实意思的规则,来避免国际民商事诉讼中的弱方当事人受不公平条款的影响。因此,对于保险合同中的选择法院条款,如果当事人未实际协商就应该拒绝承认这种条款的效力。在加入2005年海牙《选择法院协议公约》时,建议对于被选法院的管辖权,声明排除当事人未实际达成合意以及涉及不公平交易的选择法院条款。

3. 选择法院协议的独立性

在国际商事仲裁方面,仲裁条款的独立性已被广泛接受。对于选择法院协议,承认其独立性可以防止一方当事人"仅以整个合同无效为由而使其中的选择法院协议无效",从而促进司法的确定性。欧洲法院同意将独立性适用于选择法院协议,但欧洲各国法院是否把独立性扩展至选择法院协议却不明朗。

美国联邦最高法院在"普利马涂料公司诉弗勒德与康克林制造公司案"(Prima Paint Corp. v. Flood & Conklin Mfg. Co.)中明确接受国际仲裁条款的独立性原则,②后来美国法院不断重申此原则,并将其扩展至非仲裁的选择法院协议。③ 2005年海牙《选择法院协议公约》第3条肯定了这一做法,并被《内地与香

---

① See Restatement (Second) of Contracts 208 (1981).

② Prima Paint corp. v. Flood & Conklin Mfg. Co., 388 U.S. 399, 403 - 404 (1967).

③ Scherk v. Alerto - Culver Co., 417 U.S. 506, 519 n. 14 (1974).

港协议管辖安排》采纳。承认选择法院协议的独立性有助于当事人之间纠纷的解决，能确保司法的稳定性。

4. 选择法院协议的排他性

选择法院协议是否具有排他性，也会影响协议的效力。例如 2001 年"中安置业有限公司与招商银行等借款、担保合同纠纷案"，中国最高人民法院认为，"从当事人管辖条款的约定内容看，香港法院拥有的是'非专属管辖权'，当事人选择管辖的法院并非唯一，不应排斥其他有管辖权的法院对案件行使管辖权"。①

《布鲁塞尔条例Ⅰ》第 23 条假定条款是排他性的，除非当事人做另外的表示。2005 年海牙《选择法院协议公约》第 3 条做了与《布鲁塞尔条例Ⅰ》同样的规定。值得注意的是，《内地与香港协议管辖安排》第 3 条规定："本安排所称'书面管辖协议'，是指……以书面形式明确约定内地人民法院或者香港特别行政区法院具有唯一管辖权的协议。"由此可见，《内地与香港协议管辖安排》并不假定协议具有当然的排他性，判断选择法院协议的排他性需要依协议的字面解释，并依其准据法。在弱方当事人得到保护的情况下，建议采纳海牙公约的做法，除非当事人有明确的另外表示，应视选择法院协议为排他性。

5. 选择法院协议实质效力的法律适用问题

在 2005 年海牙《选择法院协议公约》之外，很难找到任何其他规则能像被选法院地法规则这样能同时兼顾判决结果的确定性与当事人意思自治。《内地与香港协议管辖安排》以海牙公约为蓝本，其第 9 条规定不予认可和执行的理由其一为，"根据当事人协议选择的原审法院地的法律，管辖协议属于无效，但选择法院已经判定该管辖协议为有效的除外。"其二，"内地人民法

---

① 中华人民共和国最高人民法院（2001）民四终字第 1 号。

院认为在内地执行香港特别行政区法院判决违反内地社会公共利益，或者香港特别行政区法院认为在香港特别行政区执行内地人民法院判决违反香港特别行政区公共政策的，不予认可和执行"。《内地与香港协议管辖安排》第9条拒绝承认与执行理由与海牙公约大体一致，以被选法院地法为其效力的法律适用规则。

对于当事人的行为能力的法律适用，《内地与香港协议管辖安排》未直接规定，但根据其第6条第4款规定身份的提交材料来看，实际互相承认双方公共机构对当事人行为能力的确认，而不再强调法院地法的重叠判断。《内地与香港协议管辖安排》的这项规定与2005年海牙《选择法院协议公约》相比较，更利于当事人选择法院协议的有效性，一定程度上反映了两地司法互信增强。但是对于国际选择法院协议，仍建议采用法院地法来判决当事人的行为能力，因为以法院地法来判决有助于交易安全和法院审查。

6. 争议与法院的联系问题

多数国家的国内法以及国际公约都未对当事人协议与争议的联系问题作出限制。当事人选择一个中立的法院来解决其争议，与当事人选择一个中立的裁决庭一样，应该得到尊重。在国际商事诉讼中，当事人可以选择适用的法律，也可以选择解决争议的场所，规定争议与法院有实质联系与当事人意思自治的通常做法是相矛盾的。在2005年海牙《选择法院协议公约》有限的适用范围内，当事人获得司法救济的权利得到保障的条件之下，基于公约适用争议的商事性质，无须要求争议与法院地具有实际的联系。

7. 关于涉及第三人

尽管原则上选择法院协议只能约束那些实际同意协议的当事人，但是如果未同意选择法院协议的第三人由于取得协议一方当事人的合同项下权利，他有可能被视为受该选择法院协议的约束，因为一般认为，第三人不能只取得合同的权利，却不受合同义务的约束。如欧洲法院在"蒂莉·拉斯诉诺瓦案"(Tilly Russ v. Nova)[①] 中认为,如果选择法院协议满足欧共体法对原当事人的要件,并且第三人取得原合同中的权利与义务,那么选择法院协议约束提单持有人。

在涉及第三人时,合同当事人一方不变,另一方改变,苛求新当事人之间的真实合意不利于保护原合同当事人,不利于交易安全。因此有必要尊重原始合同中的选择法院条款,但是为了适当保护第三人利益,应允许新的合同当事人在合理的期限内作出新的约定。建议中国在选择法院协议涉及第三人时,在新的合同当事人未对争议解决方式作出约定时,承认原选择法院协议的有效性。

8. 关于限制管辖权的第 19 条声明

2005 年海牙《选择法院协议公约》第 19 条允许缔约国作出声明,排除争议与被选法院国毫无联系的情形,以限制自己的管辖权。但是,即使中国作出该声明,这并不能排除在中国有居所的当事人选择与争议无关且不按第 19 条作出声明的国家的法院对案件进行管辖。因为该声明是一项片面声明,仅约束本国法院,中国没有必要依第 19 条作出声明。

(四)判决承认与执行规则的建议

1. 关于承认与执行的第 20 条声明

2005 年海牙《选择法院协议公约》第 1 条第 3 款规定,寻求外国判决的承认与执行的案件是国际性的,这并不当然地排除属于缔约国内国案件的判决在外国的承认与执行,因此公约第 20 条允许缔约国对此声明。

[①] Case 71/83, Partenreederei ms. Tilly Russ and Ernest Russ v. NV Haven – & Vervoerbedrijf Nova and NV Goeminne Hout. [1984] E. C. R. 2417; [1984] 3 CMLR 499; [1985] 3 WLR 179.

因为这种情况涉及一国的司法主权,正如国内仲裁案件一般不指定外国仲裁庭裁决一样,大多数国家不允许内国案件交由外国法院管辖,中国法律也不允许内国商事案件选择外国法院管辖。因此,中国应依第 20 条作出声明,拒绝承认与执行外国法院对本来属于中国内国案件而作的判决。

2. 接受程序上欺诈的拒绝理由

法谚"欺诈使一切归于无效"曾影响了很多国家的立法,但新近受到越来越多的挑战。有学者认为,以欺诈作为拒绝的理由表现了对原审法院的不信任,有干涉原审法院的司法程序的嫌疑,并认为欺诈的概念过于模糊。[1]

尽管的确存在这些问题,但不必对此规则过分担心。2005 年海牙《选择法院协议公约》解释报告对程序上的欺诈作了举例:原告故意地向错误地址传送传票或故意导致传票被传至错误地址,或者原告故意向被告提供错误的审理时间和地点信息;一方当事人向法官、陪审员或证人行贿;隐瞒证据;原告在伪造文件上假冒被告的签名。报告认为欺诈可能由任何一方当事人所为或者法院所为。[2] 上述公约报告列举的理由可以归入程序公正和公共秩序的概念中来理解。如果我们将这些举例视为穷尽性的,则这个概念的性质就会显得更加清楚。

由于 2005 年海牙《选择法院协议公约》将程序上的欺诈作为可以拒绝的理由,而非应该拒绝的理由,原判决程序上的欺诈并不一定引起判决的被拒绝。另一方面,尽管审查原判决是否存在程序上的欺诈这一规定加重了被请求国的负担,但这无疑有助于保护当事人的利益。

---

[1] 参见韩德培主编《国际私法问题专论》,武汉大学出版社 2004 年版,第 310 页。

[2] Hartley / Dogauchi Report (2007), p. 55, para. 188.

（五）关于加入 2005 年海牙《选择法院协议公约》需采取的措施

1. 公约是否适用于港澳台地区的问题

依 2005 年海牙《选择法院协议公约》第 28 条规定，如果缔约国不按本条作出声明，则公约扩展适用于缔约国的所有领土区域。从公约规定上，如果中国加入公约而不作第 28 条声明，则将使公约适用于中国香港、澳门和台湾地区。

尽管内地与香港地区之间有《内地与香港协议管辖安排》，内地与澳门特区之间有《内地与澳门特别行政区关于相互认可和执行民商事判决的安排》，但该安排仅适用于两地之间，是区际之间的司法合作。对于国际选择法院协议，仍需要国际公约上的保障。根据《中华人民共和国香港特别行政区基本法》第 153 条，中华人民共和国缔结的国际协议，中央人民政府可根据香港特别行政区的情况和需要，在征询香港特别行政区政府的意见后，决定是否适用于香港特别行政区。澳门的情况与此相同。据此，中央政府应先征询香港和澳门特区政府的意见后才能决定是否将缔结的国际协议适用于特区。如果香港或澳门地方政府不同意适用且中央政府同意不将公约适用于特区，中国就应作出不适用于香港或澳门地区的声明。

在内地与台湾地区之间的关系方面，从法理上讲，世界上只有一个中国，台湾是中国的一部分，中华人民共和国中央人民政府是代表全中国的唯一合法政府。因此，中华人民共和国中央人民政府缔结的条约，除非特别规定，也应适用于台湾地区。但是，目前海峡两岸仍处于分离状态，造成了中国缔结的条约无法实际适用于台湾地区的现实困难，有关问题需要通过"一国两制"的模式加以解决。建议中国在加入公约时依第 28 条作出不适用于中国台湾地区的声明。声明的作用在于一方面可以明确表明台湾是中国的领土区域，另一方面也可以表明将"一国两制"

适用于台湾地区的姿态。

2. 建议制定实施公约的细则

由于2005年海牙《选择法院协议公约》将相当多的问题交由缔约国的国内法来解决，如果中国加入该公约，应规定实施公约的细则，将公约与中国现行规定结合起来，方便法院和当事人操作。首先，公约的规定需要与国内法的规定相配套，例如判决作出后在多长期限内申请为有效以及是否允许间接申请的问题，需要规定实施细则加以补充。其次，尽管公约的规则与中国现行的规定之间冲突较少，但具体的规则存在差异，例如公约中某些允许拒绝的理由在中国是应当拒绝的，这就需要制定实施细则加以明确。

中国30多年来市场经济的成熟，对外开放与交流的广泛性和深度，特别是中国加入世界贸易组织（WTO）之后与世界各国经济的严重依存度，都促使我们正视国际私法立法的现实需要。建设和谐的社会主义市场经济需要与之相适应的法律保障机制，如何确保国际民商事诉讼判决的承认与执行，进而保障国际民商事秩序，值得中国立法机关重视。

结　　论

　　海牙国际私法会议在建立统一的国际民事诉讼规则方面作出了多年的艰苦尝试。2005 年海牙《选择法院协议公约》是在吸取以往失败经验的基础上所作的新的努力，起草者数易其稿，公约的诞生来之不易。各国与会代表积极参与公约的起草工作，中国代表也对该公约提出了很多建议性的意见。2005 年海牙《选择法院协议公约》反映了不同国家的立场，在统一规则的同时又体现了各国的妥协，很有可能成为国际民商事诉讼领域中关于管辖权和判决承认与执行的全球性的第一部多边条约。

　　尽管目前各国普遍承认选择法院协议在解决国际民事商管辖权冲突中的作用，但是对于选择法院协议，各国的理论与实践仍或多或少地存在差异，甚至在选择法院协议内容的定性上都存在不小的分歧。例如对于选择法院协议所适用的范围、选择法院协议的成立和生效、法律适用问题、协议的排他效力和独立性问题，各国的做法并不一致。

　　2005 年海牙《选择法院协议公约》规定排他性选择法院协议指定的法院应该有权审理协议适用的争议，除非依被选法院地法协议无效。被选法院不应以争议应由其他国家的法院审理为由而拒绝实施管辖。被选法院作出判决之后，其他法院不得对判决的实体问题进行审查，并且应该执行其判决。非被选法院只得以公约规定的理由拒绝承认以执行被选法院作出的判决。

　　通过建立一个符合中国价值取向的理论模型，将"争议应在适当法院解决原则"、"保护被告抗辩权原则"、"司法的确定性原则"和"合理和公正判决的自由流动原则"对2005年海牙《选择法院协议公约》进行考察之后可以得出结论,海牙公约以"司法的确定性"和"判决的流动"为基本架构,重视"争议应在适当法院解决"。但是对于保护弱方当事人和被告抗辩权利,公约提供的是间接和较低的保护,其保护程度不如《布鲁塞尔条例1》。

对于选择法院协议,2005年海牙《选择法院协议公约》只提供形式要求和法律适用问题的统一规则。值得赞赏的是,公约规定选择法院协议的默示排他性和独立性,有助于提高选择法院协议效力的确定性。公约的形式要求只包括书面或书面为证及功能相当的电子形式,排除默示的当事人习惯和商事惯例,有助于仅接受书面合同的国家加入。但是对于当事人的合意,公约没有提供像欧洲法院对其书面形式进行严格解释来探求当事人真实意思表示的规则。由于公约没有规定选择法院协议的实质要件,只规定其效力的法律适用,弱方当事人的权利是否能得到保护则依赖被选法院地法,或者在其他法院诉讼或者在判决承认与执行阶段来援引例外条款,这是公约的一个明显缺陷。但是缔约国可以利用声明条款对此进行弥补。

在判决的承认与执行规则中,2005年海牙《选择法院协议公约》强行性地规定,缔约国法院仅得以公约指定的理由拒绝承认与执行相关判决,由此排除了公约未列举的其他任何理由,如"不方便法院",这使得"拒绝承认与执行"成为公约的个别或例外情况,从而加强了判决效力的可预见性。公约规定的拒绝理由大多是选择性的,不具有强制性,是否应该拒绝仍要由被缔约国的国内法决定。公约尽可能地保证原判决的效力,规定仅应对原判决作非实质审查,规定判决的可分性,尽可能地保证可执行部分的效力。在公约与其他法律文件的关系上,其他条约不应比公约承认与执行的程度更低。值得一提的是，公约对赔偿金的规定充满了妥协精神，承认程度虽然以能弥补当事人的实际损失或所受伤害为标准，无论赔偿金是否包括惩罚性赔偿金，但是公约并不禁止被请求国在这种情况下对赔偿金作出新的裁决。

由于2005年海牙《选择法院协议公约》为缔约国的批准或加入设置了诸多柔性和便利的规则，如免于认证、声明条款、复合法域国家和与其他国际文件的关系等。特别值得一提的是，公约的起草者考虑到缔约国对其稳定性和判决流动的担心，预料到缔约国可能会提出保留，公约规定缔约国可以在与本国有关的重要利益的事项上提出保留，只要这种事项可以被清楚地定义。对于公约在选择法院协议效力上的缺陷，缔约国同样可以利用该条声明条款排除公约适用于不利于弱方当事人的选择法院条款，如当事人未加实际协商或涉及不公平交易的选择法院条款。

尽管2005年海牙《选择法院协议公约》存在着缺陷，但是在其强调司法的稳定性和判决的流动之上，为各国的司法主权保留充分的空间，公约的声明条款有利于缔约国根据本国的实际情况和利益需要适当地加入和批准公约。这种以司法的确定性为基础而留有余地的公约立法模式，反映出公约起草人在国际规则的统一和妥协之间所作的平衡，这种能推动国际司法合作的务实态度令人赞赏。

墨西哥成为最先加入2005年海牙《选择法院协议公约》的国家，而美国代表和欧盟代表先后向海牙国际私法会议递交了签署文件，只要第二个国家或地区批准或加入公约就会生效。2005年海牙《选择法院协议公约》将会促进国际司法合作，有利于消除世界各国管辖权依据纷繁复杂、任意扩张的现状，将国际民商事管辖权和判决承认与执行纳入到国际协商的统一道路之上。

作为迅速融入全球化的大国，中国在游戏规则的制定上应更多地主动参与，厕身于国际私法的统一化运动之外不利于国际民商事交往和司法公正，不利于完善中国市场经济下的法律保障制度。建议中国加入 2005 年海牙《选择法院协议公约》，利于其声明条款排除中国特有的专属管辖权，同时对于被选法院的管辖权排除当事人未实际达成合意以及涉及不公平交易的选择法院条款，这种声明将有利于保护社会经济地位上的弱方当事人。另外，因为公约将许多问题交由国内法来解决，中国有必要建立与海牙公约相配套的管辖权及判决规则。

2005 年海牙《选择法院协议公约》已对中国区际管辖权和判决相互承认与执行产生重大影响，公约对国际民商事管辖权的统一不只是改革，而是一场革命。

附　录

公约资料

（一）2005年海牙《选择法院协议公约》中英文对照[①]

选择法院协议公约
CONVENTION ON CHOICE OF COURT AGREEMENTS

本公约成员方

The States Parties to the present Convention,

希望通过加强司法合作以促进国际贸易和投资，

Desiring to promote international trade and investment through enhanced judicial co-operation,

相信可以通过统一民商事管辖权和外国判决承认和执行的规

[①] 本公约有多个中译本，如中华人民共和国外交部条约法律司编：《海牙国际私法会议公约集》，法律出版社2012年版，第204—214页。有的译本将本公约第2条第4款译为"仲裁及相关程序"是不妥的。仲裁程序自当不受公约调整，无须公约特别排除，本公约在该款中明确排除的是仲裁以及与仲裁有关的法院诉讼。本书中译文参考了宋连斌、孙劲、徐国建以及中华人民共和国外交部条约法律司的翻译版本。

则加强这种合作，

Believing that such co-operation can be enhanced by uniform rules on jurisdiction and on recognition and enforcement of foreign judgments in civil or commercial matters,

相信这种强化合作尤其需要稳定的国际法律制度，以确保商事交易当事人达成的排他性选择法院协议的效力，并规范根据这种协议进行诉讼所形成的判决的承认与执行，

Believing that such enhanced co-operation requires in particular a secure international legal regime that ensures the effectiveness of exclusive choice of court agreements by parties to commercial transactions and that governs the recognition and enforcement of judgments resulting from proceedings based on such agreements,

兹缔结本公约并同意以下条款：

Have resolved to conclude this Convention and have agreed upon the following provisions –

第一章 范围和定义
CHAPTER I – SCOPE AND DEFINITIONS

第一条 范围
Article 1 Scope

第一款 本公约应适用于国际案件中就民商事项订立的排他性选择法院协议。

This Convention shall apply in international cases to exclusive choice of court agreements concluded in civil or commercial matters.

依第二章之目的，除非协议当事人居住在同一缔约

国，并且当事人的关系和其他与争议有关的所有因素仅与该国有关，不论被选法院处于何处，案件是国际性的。

For the purposes of Chapter II, a case is international unless the parties are resident in the same Contracting State and the relationship of the parties and all other elements relevant to the dispute, regardless of the location of the chosen court, are connected only with that State.

第二款　依第三章之目的，寻求外国判决的承认或执行的案件是国际性的。

For the purposes of Chapter III, a case is international where recognition or enforcement of a foreign judgment is sought.

第二条　非适用范围

Article 2　Exclusions from scope

第一款　本公约不应适用于以下排他性选择法院协议：

This Convention shall not apply to exclusive choice of court agreements –

a) 当事人一方是主要以个人、家庭或家务生活目的的自然人（消费者）；

to which a natural person acting primarily for personal, family or household purposes (a consumer) is a party;

b) 涉及雇佣合同，包括集体雇佣协议。

relating to contracts of employment, including collective agreements.

第二款　本公约不适用于以下事项：

This Convention shall not apply to the following matters –

a) 自然人的身份和法律能力;
the status and legal capacity of natural persons;
b) 扶养义务;
maintenance obligations;
c) 其他家庭法事项,包括婚姻财产制和因婚姻或相似关系而引起的其他权利或义务;
other family law matters, including matrimonial property regimes and other rights or obligations arising out of marriage or similar relationships;
d) 遗嘱和继承;
wills and succession;
e) 破产、和解和类似事项;
insolvency, composition and analogous matters;
f) 客运和货运;
the carriage of passengers and goods;
g) 海洋污染、海事诉讼的责任限制、共同海损以及紧急拖船和救助;
marine pollution, limitation of liability for maritime claims, general average and emergency towage and salvage;
h) 反托拉斯(竞争)事项;
anti-trust (competition) matters;
i) 核损害责任;
liability for nuclear damage;
j) 由自然人提起的或代表自然人提起的人身伤害之诉;
claims for personal injury brought by or on behalf of natural persons;
k) 对非因合同关系引起的有形财产损害的侵权或不法

之诉；

　　tort or delict claims for damage to tangible property that do not arise from a contractual relationship;

l) 不动产物权和不动产租赁，

　　rightsin rem in immovable property, and tenancies of immovable property;

m) 法人的有效性、无效或解散及其机构所作决定的有效性；

　　the validity, nullity, or dissolution of legal persons, and the validity of decisions of their organs;

n) 版权及邻接权以外的知识产权的有效性；

　　the validity of intellectual property rights other than copyright or related rights;

o) 版权及邻接权以外的知识产权之侵害，除非侵权诉讼是因当事人之间涉及这些权利的合同违约而引起，或者可能因该合同违约而提起的侵权诉讼；

　　infringement of intellectual property rights other than copyright or related rights, except where infringement proceedings are brought for breach of a contract between the parties relating to such rights, or could have been brought for breach of that contract;

p) 在公共登记机关注册的有效性。

　　the validity of entries in public registers.

第三款　除第二款规定之外，当与该款有关的问题仅为先决问题且并非诉讼对象时，诉讼并不排除在本公约范围之外。特别是当被第二款排除的事项仅作为抗辩方式，若该事项并非诉讼对象，则不排除在本公约之外。

Notwithstanding paragraph 2, proceedings are not excluded from the scope of the Convention where a matter excluded under that paragraph arises merely as a preliminary question and not as an object of the proceedings. In particular, the mere fact that a matter excluded under paragraph 2 arises by way of defence does not exclude proceedings from this Convention, if that matter is not an object of the proceedings.

第四款 本公约不适用于仲裁及与其有关的诉讼。

This Convention shall not apply to arbitration and related proceedings.

第五款 诉讼并不仅仅因为政府、政府性机构或任何代表国家的个人作为协议当事人的事实而排除于本公约范围之外。

Proceedings are not excluded from the scope of this Convention by the mere fact that a State, including a government, a governmental agency or any person acting for a State, is a party thereto.

第六款 本公约不影响国家或国际组织自身及其财产的特权和豁免。

Nothing in this Convention shall affect privileges and immunities of States, or of international organisations, in respect of themselves and of their property.

第三条 排他性选择法院协议

Article 3 Exclusive choice of court agreements

依本公约目的:

For the purposes of this Convention –

a)"排他性选择法院协议"是指,两个或两个以上的当事人在满足第(c)款的要求下,为了决定将已经引起的或可能引起的与特定法律关系有关的争议指定给缔约国的法院或者一个或几个特别是法院,由此排除任何其他法院管辖而订立的协议;

"exclusive choice of court agreement" means an agreement concluded by two or more parties that meets the requirements of paragraph c) and designates, for the purpose of deciding disputes which have arisen or may arise in connection with a particular legal relationship, the courts of one Contracting State or one or more specific courts in one Contracting State to the exclusion of the jurisdiction of any other courts;

b)指定给缔约国法院或缔约国的一个或几个特别法院的选择法院协议,将被认为是排他性的,除非当事人另有明确约定;

a choice of court agreement which designates the courts of one Contracting State or one or more specific courts in one Contracting State shall be deemed to be exclusive unless the parties have expressly provided otherwise;

c)排他性选择法院协议必须以如下方式订立或备有证明文件:

an exclusive choice of court agreement must be concluded or documented -

 1)以书面;或

  in writing; or

 2)其他任何提供可获取的信息以备日后援用的通信方式;

by any other means of communication which renders information accessible so as to be usable for subsequent reference;

d) 作为合同一个部分的排他性选择法院协议应被视为一项独立于合同其他条款的协议。排他性选择法院协议的效力不得仅因合同无效而被质疑。

an exclusive choice of court agreement that forms part of a contract shall be treated as an agreement independent of the other terms of the contract. The validity of the exclusive choice of court agreement cannot be contested solely on the ground that the contract is not valid.

第四条 其他定义
Article 4 Other definitions

第一款 本公约中"判决"是指由法院对实质内容作出的、无论其名称的、包括法令或命令在内的任何决定,以及在本公约下可被承认与执行的与法院决定实质内容有关的法院(包括法院办公人员)对诉讼成本或费用的判定。临时保全措施不是判决。

In this Convention, "judgment" means any decision on the merits given by a court, whatever it may be called, including a decree or order, and a determination of costs or expenses by the court (including an officer of the court), provided that the determination relates to a decision on the merits which may be recognised or enforced under this Convention. An interim measure of protection is not a judgment.

第二款 依本公约目的,除自然人之外的实体或法人应被认为居住在以下国家：

For the purposes of this Convention, an entity or person other than a natural person shall be considered to be resident in the State –

a) 其法定的所在地；

where it has its statutory seat;

b) 其成立或组建所依据的法律所属地；

under whose law it was incorporated or formed;

c) 其管理中心所在地；或

where it has its central administration; or

d) 其主要营业地所在地。

where it has its principal place of business.

第二章　管辖权　CHAPTER II – JURISDICTION

第五条　被选法院的管辖权

Article 5　Jurisdiction of the chosen court

第一款　排他性法院选择协议指定的缔约国的一个或几个法院对协议提交的争议应具有管辖权，除非根据该国法律此协议无效。

The court or courts of a Contracting State designated in an exclusive choice of court agreement shall have jurisdiction to decide a dispute to which the agreement applies, unless the agreement is null and void under the law of that State.

第二款　根据第一款有管辖权的法院不得以争议应由另一国法院审理为由而拒绝行使管辖权。

A court that has jurisdiction under paragraph 1 shall not decline to exercise jurisdiction on the ground that the dispute should be decided in a court of another State.

第三款　前款不影响以下规则：

The preceding paragraphs shall not affect rules –

a) 与争议事项或请求数额有关的管辖权规则；

on jurisdiction related to subject matter or to the value of the claim;

b) 缔约国法院之间的国内管辖权分配规则。但是，如果被选择的法院对于是否移送案件有自由裁量权，应对当事人的选择予以适当考虑。

on the internal allocation of jurisdiction among the courts of a Contracting State. However, where the chosen court has discretion as to whether to transfer a case, due consideration should be given to the choice of the parties.

第六条　未被选法院的义务

Article 6　Obligations of a court not chosen

除被选法院之外的其他缔约国法院应该中止或驳回排他性选择法院协议适用的诉讼，除非：

A court in a Contracting State other than that of the chosen court shall suspend or dismiss proceedings to which an exclusive choice of court agreement applies unless –

a) 根据被选法院所在国的法律，该协议无效；

the agreement is null and void under the law of the State of the chosen court;

b) 根据受理案件的法院所在国的法律，一方当事人缺乏订立该协议的能力；

a party lacked the capacity to conclude the agreement under the law of the State of the court seised；

c）使协议生效将导致明显的不公正或明显违背受理案件的法院地国的公共政策；

giving effect to the agreement would lead to a manifest injustice or would be manifestly contrary to the public policy of the State of the court seised；

d）因当事人不可控制的异常原因，协议不能被合理地履行；或

for exceptional reasons beyond the control of the parties, the agreement cannot reasonably be performed；or

e）被选法院已决定不审理该案件。

the chosen court has decided not to hear the case.

第七条 临时保全措施

Article 7　Interim measures of protection

临时保全措施不受本公约调整。本公约既不要求也不妨碍缔约国法院对临时保全措施的准许、拒绝或撤销，也不影响一方当事人是否可以请求或法院是否应该准许、拒绝或撤销这种措施。

Interim measures of protection are not governed by this Convention. This Convention neither requires nor precludes the grant, refusal or termination of interim measures of protection by a court of a Contracting State and does not affect whether or not a party may request or a court should grant, refuse or terminate such measures.

第三章 承认与执行　CHAPTER III – RECOGNITION AND ENFORCEMENT

第八条　承认与执行
Article 8　Recognition and enforcement

第一款　依本章，由排他性选择法院协议指定的缔约国法院作出的判决，应得到其他缔约国法院的承认与执行。只能以本公约规定的理由拒绝承认或执行。

A judgment given by a court of aContracting State designated in an exclusive choice of court agreement shall be recognised and enforced in other Contracting States in accordance with this Chapter. Recognition or enforcement may be refused only on the grounds specified in this Convention.

第二款　在不影响将审查作为对本章条款的必要适用的情况下，被请求法院不应对原审法院所做判决的实质内容进行审查。除非缺席判决，被请求法院应将审查限定于对原审法院如何产生管辖权基础这种事实的认定。

Without prejudice to such review as is necessary for the application of the provisions of this Chapter, there shall be no review of the merits of the judgment given by the court of origin. The court addressed shall be bound by the findings of fact on which the court of origin based its jurisdiction, unless the judgment was given by default.

第三款　如果判决在原审国生效，该项判决应予以承认；如果判决在原审国可执行，该项判决也应予以执行

A judgment shall be recognised only if it has effect in

the State of origin, and shall be enforced only if it is enforceable in the State of origin.

第四款　如果判决是原审国的审查对象或者要求普通审查的时限已经届满，承认与执行可被推延或拒绝。一项拒绝并不妨碍随后的对该判决承认与执行的申请。

Recognition or enforcement may be postponed or refused if the judgment is the subject of review in the State of origin or if the time limit for seeking ordinary review has not expired. A refusal does not prevent a subsequent application for recognition or enforcement of the judgment.

第五款　本条也应适用于缔约国法院作出的依照被选法院在第五条第三款允许下将案件移交而作出的判决。然而，若被选法院有任意决定权去决定是否移交案件至另一法院时，判决的承认与执行可予拒绝而不顾当事一方在原审国曾以适时的方式反对移交案件。

This Article shall also apply to a judgment given by a court of a Contracting State pursuant to a transfer of the case from the chosen court in that Contracting State as permitted by Article 5, paragraph 3. However, where the chosen court had discretion as to whether to transfer the case to another court, recognition or enforcement of the judgment may be refused against a party who objected to the transfer in a timely manner in the State of origin.

第九条　对承认与执行的拒绝

Article 9　Refusal of recognition or enforcement

承认与执行可因以下理由而被拒绝：

Recognition or enforcement may be refused if –

   a) 根据被选法院地国的法律协议是无效的，除非被选法院认定协议是有效的；

   the agreement was null and void under the law of the State of the chosen court, unless the chosen court has determined that the agreement is valid;

   b) 根据被请求国法律，当事人无订立该协议的能力；

   a party lacked the capacity to conclude the agreement under the law of the requested State;

   c) 包括申诉要件在内的提起诉讼的文件或相同文件

   the document which instituted the proceedings or an equivalent document, including the essential elements of the claim,

   　1) 通知给被告时未给予被告足够的时间和使其由此安排辩护，除非如果原法院地国法律允许对通知提出抗辩而被告在原法院到场和出庭时未对通知提出抗辩，或者

   was not notified to the defendant in sufficient time and in such a way as to enable him to arrange for his defence, unless the defendant entered an appearance and presented his case without contesting notification in the court of origin, provided that the law of the State of origin permitted notification to be contested, or

   　2) 以与被请求国关于域外文书送达的基本原则不相容的方式通知给在被请求国的被告；

   was notified to the defendant in the requested State in a manner that is incompatible with fundamental principles of the requested State concerning service of documents;

d) 该判决因程序事项上的欺诈行为而获得；

the judgment was obtained by fraud in connection with a matter of procedure;

e) 承认与执行将明显地与被请求国的公共秩序不相容，包括导致判决的特别诉讼程序与被请求国程序公正的基本原则不相容的情形；

recognition or enforcement would be manifestly incompatible with the public policy of the requested State, including situations where the specific proceedings leading to the judgment were incompatible with fundamental principles of procedural fairness of that State;

f) 判决与被请求国对相同当事人之间争议作出的判决不一致，或者

the judgment is inconsistent with a judgment given in the requested State in a dispute between the same parties; or

g) 假如先前判决满足被请求国对其承认的必要条件，判决与另一国对相同当事人之间就同一诉因作出的先前判决不一致。

the judgment is inconsistent with an earlier judgment given in another State between the same parties and involving the same cause of action, provided that the earlier judgment fulfils the conditions necessary for its recognition in the requested State.

第十条　先决问题

Article 10　Preliminary questions

第一款 对于第二条第二款或第二十一条中排除的事项所引起的先决问题,对此问题的裁决在本公约下不应被承认与执行。

Where a matter excluded under Article 2, paragraph 2, or under Article 21, arose as a preliminary question, the ruling on that question shall not be recognised and enforced under this Convention.

第二款 若就判决是基于第二条第二款排除的事项作出的裁决而言,判决的承认与执行可予拒绝。

Recognition or enforcement of a judgment may be refused if, and to the extent that, the judgment was based on a ruling on a matter excluded under Article 2, paragraph 2.

第三款 但是,在对除版权及邻接权之外的知识产权的有效性进行裁决时,判决的承认与执行仅可在以下情况时予以拒绝和延期:

However, in the case of a ruling on the validity of an intellectual property right, other than copyright or related rights, recognition or enforcement of a judgment may be refused or postponed under the preceding paragraph only where –

a) 裁决与知识产权产生国的主管当局根据其法律就此作出的判决或决定不一致,或

that ruling is inconsistent with a judgment or a decision of a competent authority on that matter given in the State under the law of which the intellectual property right arose, or

b) 关于知识产权效力的诉讼在该国是未决的。

proceedings concerning the validity of the intellectual property right are pending in that State.

第四款 　若就判决是依照被请求国根据第二十一条作出的声明所排除的事项作出的裁决而言，判决的承认与执行可予以拒绝。

Recognition or enforcement of a judgment may be refused if, and to the extent that, the judgment was based on a ruling on a matter excluded pursuant to a declaration made by the requested State under Article 21.

第十一条　赔偿金
Article 11　Damages

第一款 　若就判决作出的包括惩戒性或惩罚性赔偿金在内的赔偿金并不能补偿当事人实际损失或所受伤害而言，判决的承认与执行可予以拒绝。

Recognition or enforcement of a judgment may be refused if, and to the extent that, the judgment awards damages, including exemplary or punitive damages, that do not compensate a party for actual loss or harm suffered.

第二款 　被请求法院应考虑原审国法院判出的赔偿金是否和在何种程度上包含了涉及诉讼的成本和费用。

The court addressed shall take into account whether and to what extent the damages awarded by the court of origin serve to cover costs and expenses relating to the proceedings.

第十二条　法院和解

Article 12　Judicial settlements (transactions judiciaires)

排他性选择法院协议指定的缔约国法院认可的法院和解，或者该法院在诉讼过程之前就已决定的法院和解，且该法院和解在原审国作为与判决的相同方式是可执行的，应在本公约中按与判决相同的方式给予执行。

Judicial settlements (*transactions judiciaries*) which a court of a Contracting State designated in an exclusive choice of court agreement has approved, or which have been concluded before that court in the course of proceedings, and which are enforceable in the same manner as a judgment in the State of origin, shall be enforced under this Convention in the same manner as a judgment.

第十三条　出示的文书

Article 13　Documents to be produced

第一款　寻求承认或申请执行的当事人应出示：

The party seeking recognition or applying for enforcement shall produce -

a) 完整的和经核准的副本；

a complete and certified copy of the judgment；

b) 排他性选择法院协议及其经核准的副本或其存在的证据；

the exclusive choice of court agreement, a certified copy thereof, or other evidence of its existence；

c) 如果判决是缺席所致，确定提起诉讼的文书或类似文书已通知给缺席当事人的文书的原件或经鉴定的复印件；

if the judgment was rendered by default, the original or a certified copy of a document establishing that the document which instituted the proceedings or an equivalent document was notified to the defaulting party;

d) 确定判决已经生效或在适当时判决在原审国可强制执行的任何必要文书；

any documents necessary to establish that the judgment has effect or, where applicable, is enforceable in the State of origin;

e) 涉及第十二条时，法院和解或其部分和解在原审国可以用与判决相同的方式强制执行的原审法院的证明书。

in the case referred to in Article 12, a certificate of a court of the State of origin that the judicial settlement or a part of it is enforceable in the same manner as a judgment in the State of origin.

第二款　若判决词不允许被请求法院核实是否遵照本章的限定条件，则该法院可以要求任何的必要文书。

If the terms of the judgment do not permit the court addressed to verify whether the conditions of this Chapter have been complied with, that court may require any necessary documents.

第三款　承认与执行的申请可以附加由原审国法院（包括法院办公人员）以海牙国际私法会议推荐和公布的格式签发的文书。

An application for recognition or enforcement may be accompanied by a document, issued by a court (including an officer of the court) in the State of origin, in the form recommended and published by the Hague Conference on Private International Law.

第四款　如果本条所涉文书未用被请求国的官方语言，则应附加翻译成官方语言的证明文书，除非被请求国另有规定。

If the documents referred to in this Article are not in an official language of the requested State, they shall be accompanied by a certified translation into an official language, unless the law of the requested State provides otherwise.

第十四条　程序

Article 14　Procedure

除本公约另有规定外，承认的程序、可执行性声明或执行登记的程序以及判决执行的程序都应受被请求法院的法律支配。被请求法院应行动迅速。

The procedure for recognition, declaration of enforceability or registration for enforcement, and the enforcement of the judgment, are governed by the law of the requested State unless this Convention provides otherwise. The court addressed shall act expeditiously.

第十五条　判决的可分性

Article 15　Severability

对判决可分部分的承认与执行应视为对该部分申请的承认与执行，或者根据在本公约判决仅部分可被承认与执行。

Recognition or enforcement of a severable part of a judgment shall be granted where recognition or enforcement of that part is applied for, or only part of the judgment is capable of being recognised or enforced under this Convention.

第四章　一般条款　CHAPTER IV – GENERAL CLAUSES

第十六条　过渡条款

Article 16　Transitional provisions

第一款　本公约应适用于在被选法院地国生效后订立的排他性选择法院协议。

This Convention shall apply to exclusive choice of court agreements concluded after its entry into force in the State of the chosen court.

第二款　本公约不应适用于在有合法管辖权法院地国生效前提起的诉讼。

This Convention shall not apply to proceedings instituted before its entry into force in the State of the court seised.

第十七条　保险及再保险合同

Article 17　Contracts of insurance and reinsurance

第一款　根据保险或再保险合同的诉讼不因公约不适用于的事项与保险或再保险合同有关系而排除在本公约之外。

Proceedings under a contract of insurance or reinsurance are not excluded from the scope of this Convention on the ground that the contract of insurance or reinsurance relates to a matter to which this Convention does not apply.

第二款　对保险或再保险合同中责任条款的判决的承认与执行，不可以因合同之责任包含以下与保险或再保险赔付责任有关的事项而被限制或拒绝：

Recognition and enforcement of a judgment in respect of liability under the terms of a contract of insurance or reinsurance may not be limited or refused on the ground that the liability under that contract includes liability to indemnify the insured or reinsured in respect of -

a）本公约不适用的事项；或者

a matter to which this Convention does not apply; or

b）可能适用第十一条的对赔偿金的裁决。

an award of damages to which Article 11 might apply.

第十八条　免于认证

Article 18　No legalisation

根据本公约发送或递交的所有文件都无须认证或包括加注在内的任何类似形式。

All documents forwarded or delivered under this Convention shall be exempt from legalisation or any analogous formality, including an Apostille.

第十九条　限制管辖权的声明

Article 19　Declarations limiting jurisdiction

一国可声明，如果除被选法院所在地之外该国和当事人或争议之间并无联系，其法院可以拒绝裁决排他性选择法院协议所适用的争议。

A State may declare that its courts may refuse to determine disputes to which an exclusive choice of court agreement applies if, except for the location of the chosen court, there is no connection between that State and the parties or the dispute.

第二十条　限制承认和执行的声明
Article 20　Declarations limiting recognition and enforcement

一国可声明，如果当事人居住在被请求国，除被选法院所在地之外当事人之前的关系和所有与争议有关的其他因素仅与被请求国有联系，其法院可拒绝承认与执行另一缔约国法院所做的判决。

A State may declare that its courts may refuse to recognise or enforce a judgment given by a court in another Contracting State if the parties were resident in the requested State, and the relationship of the parties and all other elements relevant to the dispute, other than the location of the chosen court, were connected only with the requested State.

第二十一条　对特殊事项的声明
Article 21　Declarations with respect to specific matters

第一款　如果一国有重大利益不适用本公约于特殊事项，该国可声明不将本公约适用于该事项。作出此项声明的国家应确保该声明在必要范围之内且被排除的特殊事项定义清晰明确。

Where a State has a strong interest in not applying this Convention to a specific matter, that State may declare that it will not apply the Convention to that matter. The

State making such a declaration shall ensure that the declaration is no broader than necessary and that the specific matter excluded is clearly and precisely defined.

第二款　关于该事项，本公约不应适用于：

With regard to that matter, the Convention shall not apply -

a) 作出该项声明的缔约国；

in the Contracting State that made the declaration;

b) 其他缔约国，如果排他性选择法院协议指定的法院或者一个或多个特别法院在作出该项声明的国家。

in other Contracting States, where an exclusive choice of court agreement designates the courts, or one or more specific courts, of the State that made the declaration.

第二十二条　关于非排他性选择法院协议的互惠声明

Article 22　Reciprocal declarations on non - exclusive choice of court agreements

第一款　缔约国可声明，其法院将承认和执行由两个或多个当事人在满足第三条第（c）款要求下，以决定将已经引起或可能引起的与特定法律关系有联系的争议指定给一个或多个缔约国的一个或几个法院为目的而订立的选择法院协议（非排他性选择法院协议）所指定的其他缔约国法院作出的判决。

A Contracting State may declare that its courts will recognise and enforce judgments given by courts of other Contracting States designated in a choice of court agreement concluded by two or more parties that meets the requirements of Article 3, paragraph c), and designates, for the purpose of deciding disputes which have arisen or may arise in connection with a particular legal relationship, a court or courts in one or more Contracting States (a non-exclusive choice of court agreement).

第二款 如果作出此声明的缔约国作出的判决是为得到另一作出该声明的缔约国的承认与执行,根据本公约该判决应在以下情况下予以承认和执行:

Where recognition or enforcement of a judgment given in a Contracting State that has made such a declaration is sought in another Contracting State that has made such a declaration, the judgment shall be recognised and enforced under this Convention, if -

a) 如果原审国法院由非排他性选择法院协议所指定;

the court of origin was designated in a non-exclusive choice of court agreement;

b) 如果既不存在依照非排他性选择法院协议可能提出诉讼之前的任何其他法院作出的判决,也不存在在相同当事人之间就同一诉因在任何这些法院进行的未决诉讼;和

there exists neither a judgment given by any other court before which proceedings could be brought in accordance with the non-exclusive choice of court agreement, nor a proceeding pending between the same parties in any other such court on the same cause of action; and

c) 如果原审国法院为第一顺序的有合法管辖权的

法院。

the court of origin was the court first seised.

第二十三条　统一性解释
Article 23　Uniform interpretation

对本公约的解释，应考虑到本公约的国际性质并能促进公约适用的统一性。

In the interpretation of this Convention, regard shall be had to its international character and to the need to promote uniformity in its application.

第二十四条　对公约实施的回顾
Article 24　Review of operation of the Convention

海牙国际私法会议的秘书长应每隔一定间隔做以下安排：

The Secretary General of the Hague Conference on Private International Law shall at regular intervals make arrangements for –

a) 回顾本公约的实施，包括任何声明，并且

  review of the operation of this Convention, including any declarations; and

b) 考虑是否对本公约进行适当的修订。

  consideration of whether any amendments to this Convention are desirable.

第二十五条　不统一法域
Article 25　Non – unified legal system

第一款　在本公约中涉及与具有两个或多个法律体制适用于其不同领土区域的缔约国的所有相关问题：

In relation to a Contracting State in which two or more

systems of law apply in different territorial units with regard to any matter dealt with in this Convention –

a) 任何涉及一国的法律或程序，在适当时应被解释为是指在相关领土区域内施行的法律或程序；

any reference to the law or procedure of a State shall be construed as referring, where appropriate, to the law or procedure in force in the relevant territorial unit;

b) 任何涉及一国的住所，在适当时应被解释为是指在相关领土区域内的住所；

any reference to residence in a State shall be construed as referring, where appropriate, to residence in the relevant territorial unit;

c) 任何涉及一国的一个或几个法院，在适当时应被解释为是指在相关领土区域内的一个或几个法院；

any reference to the court or courts of a State shall be construed as referring, where appropriate, to the court or courts in the relevant territorial unit;

d) 任何涉及与一国的联系，在适当时应被解释为是指与在相关领土区域的联系。

any reference to a connection with a State shall be construed as referring, where appropriate, to a connection with the relevant territorial unit.

第二款 尽管有前款规定，有两个或多个适用不同法律体制的领土区域的缔约国不一定要将本公约适用于仅仅牵涉这些不同领土区域的情形。

Notwithstanding the preceding paragraph, a Contracting State with two or more territorial units in which different systems of law apply shall not be bound to apply this Convention to situations which involve solely such different territorial units.

第三款　有两个或多个适用不同法律体制的领土区域的缔约国的其中一个领土区域的法院，不一定仅仅因为该判决已被另一缔约国的另一领土区域的法院根据本公约已经承认与执行而承认与执行该缔约国的判决。

A court in a territorial unit of a Contracting State with two or more territorial units in which different systems of law apply shall not be bound to recognise or enforce a judgment from another Contracting State solely because the judgment has been recognised or enforced in another territorial unit of the same Contracting State under this Convention.

第四款　本条不适用于区域经济一体化组织。

This Article shall not apply to a Regional Economic Integration Organisation.

第二十六条　与其他法律文件的关系

Article 26　Relationship with other international instruments

第一款　本公约应尽可能地解释成与对缔约国有效的其他条约相一致，而无论该条约订立于本公约之前或之后。

This Convention shall be interpreted so far as possible to be compatible with other treaties in force in Contracting States, whether concluded before or after this Convention.

第二款　如果没有一个协议成员方居住在并非一条约当事人的缔约国，则本公约不影响在缔约国有效的该条约的适用，无论该条约缔结于本公约之前或之后。

This Convention shall not affect the application of a treaty in force in a Contracting State, whether concluded before or after this Convention, in cases where none of the parties is resident in a Contracting State that is not a Party to the treaty.

第三款　如果适用本公约可能与缔约国对任何非缔约国的义务不一致，本公约不应影响缔约国在本公约对该国生效之前缔结的任何条约对该缔约国的适用。对于修正或代替一项缔结于本公约对该国生效之前的条约，本款也予适用，除非修订或代替造成与本公约新的不一致。

This Convention shall not affect the application by a Contracting State of any treaty that was concluded before this Convention entered into force for that Contracting State, if applying this Convention would be inconsistent with the obligations of that Contracting State to any non-Contracting State. This paragraph also applies to treaties that revise or replace a treaty concluded before this Convention entered into force for that Contracting State, except to the extent that the revision or replacement creates new inconsistencies with this Convention.

第四款　为了获得也是某条约成员方的本公约缔约国的法院作出的判决的承认与执行，本公约不应影响在缔约国有效的该条约的适用，无论其缔结于本公约之前或之后。但是判决不应比在本公约下承认与执行的程度更低。

This Convention shall not affect the application of a treaty in force in a Contracting State, whether concluded before or after this Convention, for the purposes of obtaining recognition or enforcement of a judgment given by a court of a Contracting State that is also a Party to that treaty. However, the judgment shall not be recognised or enforced to a lesser extent than under this Convention.

第五款 本公约不影响缔约国与特殊事项有关的规制管辖权或判决的承认与执行的条约的适用,即使条约缔结于本公约之后,即使与条约有关的所有国家都是本公约的成员。本款仅因缔约国在本款下作出关于该条约的声明才予以适用。在该声明的情况下,其他缔约国无须将本公约适用于该特殊事项到任何不一致的程度,如果排他性选择法院协议指定的法院或者一个或几个特别法院所在的缔约国作出该声明。

This Convention shall not affect the application in a Contracting State of a treaty which, in relation to a specific matter, governs jurisdiction or the recognition or enforcement of judgments, even if concluded after this Convention and even if all States concerned are Parties to this Convention. This paragraph shall apply only if the Contracting State has made a declaration in respect of the treaty under this paragraph. In the case of such a declaration, other Contracting States shall not be obliged to apply this Convention to that specific matter to the extent of any inconsistency, where an exclusive choice of court agreement designates the courts, or one or more specific courts, of the Contracting State that made the declaration.

第六款 本公约不应影响作为本公约成员的区域经济一体化组织规则在以下情况的适用,无论其采纳在本公约之前或之后:

This Convention shall not affect the application of the rules of a Regional Economic Integration Organisation that is a Party to this Convention, whether adopted before or after this Convention –

a) 当成员方全部不居住在并非该区域经济一体化组织成员国的缔约国时;

where none of the parties is resident in a Contracting State that is not a Member State of the Regional Economic Integration Organisation;

b) 关于该区域经济一体化组织成员国之间判决的承认与执行。

as concerns the recognition or enforcement of judgments as between Member States of the Regional Economic Integration Organisation.

第 5 章 最后条款

CHAPTER V – FINAL CLAUSES

第二十七条 签署、批准、接受、承认或加入

Article 27 Signature, ratification, acceptance, approval or accession

第一款 本公约开放给所有国家签字。

	The Convention is open for signature by all States.
第二款	本公约有赖于签署国的批准、接受或承认。
	This Convention is subject to ratification, acceptance or approval by the signatory States.
第三款	本公约开放给所有国家加入。
	This Convention is open for accession by all States.
第四款	批准、接受、承认和加入的文书应存放于本公约保管者处荷兰王国外交部。
	Instruments of ratification, acceptance, approval and accession shall be deposited with the Ministry of Foreign Affairs of the Kingdom of the Netherlands, Depositary of the Convention.

第二十八条　关于不统一法律制度的声明

Article 28　Declarations with respect to non-unified legal systems

第一款	如果一国具有一个或多个领土区域且在涉及本公约处理的事项上采用不同的法律制度，在签署、批准、接受、承认或加入时，该国可声明，本公约应扩展至其所有领土区域，或者仅适用于其中一个或多个区域，并且可在任何时间递交另一声明以修改此声明。
	If a State has two or more territorial units in which different systems of law apply in relation to matters dealt with in this Convention, it may at the time of signature, ratification, acceptance, approval or accession declare that the Convention shall extend to all its territorial units or only to one or more of them and may

第二款　modify this declaration by submitting another declaration at any time.

第二款　声明应通报给保管者，并应明确表明适用本公约的领土区域。

A declaration shall be notified to the Depositary and shall state expressly the territorial units to which the Convention applies.

第三款　如果一国未按本条作出声明，则本公约扩展适用于其所有领土区域。

If a State makes no declaration under this Article, the Convention is to extend to all territorial units of that State.

第四款　本条不应适用于区域经济一体化组织。

This Article shall not apply to a Regional Economic Integration Organisation.

第二十九条　区域经济一体化组织

Article 29　Regional Economic Integration Organisations

第一款　仅由主权国家组成的并有一定或完全资格将有关问题受本公约支配的区域经济一体化组织，可同样地签署、接受、批准或加入本公约。如果区域经济一体化组织有资格将有关问题受本公约支配，则该组织具有缔约国的权利和义务。

A Regional Economic Integration Organisation which is constituted solely by sovereign States and has competence over some or all of the matters governed by this Convention may similarly sign, accept, approve or accede to this Convention. The Regional Economic Integration Organisation shall in that case have the rights and obligations of a Contracting State, to the extent that the Organisation has competence over matters governed by this Convention.

第二款　区域经济一体化组织在签署、接受、批准或加入时，应书面通报保管者其成员国已将有关问题受本公约支配之资格转交给该组织。该组织应依据本款即时地将其资格最近发生的任何详细变化书面通报保管者。

The Regional Economic Integration Organisation shall, at the time of signature, acceptance, approval or accession, notify the Depositary in writing of the matters governed by this Convention in respect of which competence has been transferred to that Organisation by its Member States. The Organisation shall promptly notify the Depositary in writing of any changes to its competence as specified in the most recent notice given under this paragraph.

第三款　为使本公约生效，区域经济一体化组织存放的任何法律文件不应计算在内，除非该区域经济一体化组织依照第三十条声明其成员国不是本公约的当事人。

For the purposes of the entry into force of this Convention, any instrument deposited by a Regional Economic Integration Organisation shall not be counted unless the Regional Economic Integration Organisation declares in accordance with Article 30 that its Member States will not be Parties to this Convention.

第四款　本公约中任何涉及"缔约国"或"国家"在适当时应平等地适用于作为公约当事人的区域经济一体化组织。

Any reference to a "Contracting State" or "State" in this Convention applies equally to a Regional Economic Integration Organisation that is a Party to it, where appropriate.

第三十条　区域经济一体化组织加入而其成员国不加入本公约时

Article 30　Accession by a Regional Economic Integration Organisation without its Member States

第一款　区域经济一体化组织在签署、接受、承认或加入时，可以声明它对受本公约规制的所有事项行使资格，其成员国不是本公约的当事人却因该组织签署、接受、承认或加入而受公约约束。

At the time of signature, acceptance, approval or accession, a Regional Economic Integration Organisation may declare that it exercises competence over all the matters governed by this Convention and that its Member States will not be Parties to this Convention but shall be bound by virtue of the signature, acceptance, approval or accession of the Organisation.

第二款　在区域经济一体化组织依照第一款作出声明的情况下，本公约中任何涉及"缔约国"或"国家"在适当时应平等地适用于该组织的成员国。

In the event that a declaration is made by a Regional

Economic Integration Organisation in accordance with paragraph 1, any reference to a "Contracting State" or "State" in this Convention applies equally to the Member States of the Organisation, where appropriate.

第三十一条 公约的生效
Article 31 Entry into force

第一款 本公约应在按第二十七条批准、接受、承认或加入的第二份文件提交三个月期满后,接下来那个月的第一天生效。

This Convention shall enter into force on the first day of the month following the expiration of three months after the deposit of the second instrument of ratification, acceptance, approval or accession referred to in Article 27.

第二款 本公约在以下情况生效:

Thereafter this Convention shall enter into force –

a) 对于后来批准、接受、承认或加入的各国或区域经济一体化组织,在其批准、接受、承认或加入的文件保管三个月期满后,接下来那个月的第一天;

for each State or Regional Economic Integration Organisation subsequently ratifying, accepting, approving or acceding to it, on the first day of the month following the expiration of three months after the deposit of its instrument of ratification, acceptance, approval or accession;

b) 对于依照第二十八条第一款将本公约扩展适用的领土区域,在该条所涉及的声明被通报后的三个月期满后接下来那个月的第一天。

for a territorial unit to which this Convention has been extended in accordance with Article 28, paragraph 1, on the first day of the month following the expiration of three months after the notification of the declaration referred to in that Article.

第三十二条 条约的声明
Article 32 Declarations

第一款 涉及第十九条、第二十条、第二十一条、第二十二条和第二十六条的声明可在签署、批准、接受、承认或加入时或其后的任何时候作出，并可在任何时间修改或撤回。

Declarations referred to in Articles 19, 20, 21, 22 and 26 may be made upon signature, ratification, acceptance, approval or accession or at any time thereafter, and may be modified or withdrawn at any time.

第二款 声明、修改和撤回应向保管者通报。

Declarations, modifications and withdrawals shall be notified to the Depositary.

第三款 在签署、批准、接受、承认或加入时所做的声明应与本公约对该国生效的同时生效。

A declaration made at the time of signature, ratification, acceptance, approval or accession shall take effect simultaneously with the entry into force of this Convention for the State concerned.

第四款 在其后作出的声明和对声明的任何修改或撤回，应在保管者收到通报当天后三个月期满的接下来那个月的第一天生效。

A declaration made at a subsequent time, and any modification or withdrawal of a declaration, shall take effect on the first day of the month following the expiration of three months after the date on which the notification is received by the Depositary.

第五款　按照第十九条、第二十条、第二十一条和第二十六条所做的声明不应适用于在其生效前订立的排他性选择法院协议。

A declaration under Articles 19, 20, 21 and 26 shall not apply to exclusive choice of court agreements concluded before it takes effect.

第三十三条　废约声明
Article 33　Denunciation

第一款　可以向保管者书面通报本公约的废除。废除可被限制于适用本公约的不统一法域的一定领土区域。

This Convention may be denounced by notification in writing to the Depositary. The denunciation may be limited to certain territorial units of a non-unified legal system to which this Convention applies.

第二款　废约声明应在保管者收到通报当天后十二个月期满后的接下来那个月的第一天生效。若通报中指定废约声明在更长的期间生效，则该废约声明在保管者收到通报后的此段更长期间后生效。

The denunciation shall take effect on the first day of the month following the expiration of twelve months after the date on which the notification is received by the

Depositary. Where a longer period for the denunciation to take effect is specified in the notification, the denunciation shall take effect upon the expiration of such longer period after the date on which the notification is received by the Depositary.

第三十四条 公约保管者的通报

Article 34　Notifications by the Depositary

公约的保管者应将如下事项通报给海牙国际私法会议的成员国和已经依照第二十七条、第二十九条和第三十条签署、批准、接受、承认或加入的其他国家和区域经济一体化组织：

The Depositary shall notify the Members of the Hague Conference on Private International Law, and other States and Regional Economic Integration Organisations which have signed, ratified, accepted, approved or acceded in accordance with Articles 27, 29 and 30 of the following.

　　a) 涉及第二十七条、第十九条和和第三十条的签署、批准、接受、承认或加入之事项；

the signatures, ratifications, acceptances, approvals and accessions referred to in Articles 27, 29 and 30;

　　b) 依照第三十一条本公约生效的日期；

the date on which this Convention enters into force in accordance with Article 31;

　　c) 涉及第十九条、第二十条、第二十一条、第二十二条、第二十六条、第二十八条、第二十九条和第三十条的通报、声明、修改和撤回声明；

the notifications, declarations, modifications and withdrawals of declarations referred to in Articles 19, 20,

21, 22, 26, 28, 29 and 30;
d) 涉及第三十三条的废约声明。
the denunciations referred to in Article 33.

以下面的签名作为见证并另外适时地予以批准而签署本公约。
In witness whereof the undersigned, being duly authorised thereto, have signed this Convention.

二〇〇五年六月三十日本公约以英文和法文完成于海牙，两文本具有同等权威，唯一副本将存放于荷兰王国政府档案馆，经核准的复印件在第二十届会议召开时将通过外交渠道发送给海牙国际私法会议的每个成员国和参与会议的每个国家。
Done at The Hague, on 30 June 2005, in the English and French languages, both texts being equally authentic, in a single copy which shall be deposited in the archives of the Government of the Kingdom of the Netherlands, and of which a certified copy shall be sent, through diplomatic channels, to each of the Member States of the Hague Conference on Private International Law as of the date of its Twentieth Session and to each State which participated in that Session.

（二）2005年海牙《选择法院协议公约》的预备文件清单

Hague Conference on Private International Law, *Proceedings of the Twentieth Session 14 to 30 June 2005, Tome III, Choice of Court*, Intersentia 2010.

2005　Prel. Doc. No. 32 of June 2005 – The future Convention on exclusive choice of court agreements and arbitration

2005　Prel. Doc. No. 31 of June 2005 – The American instruments on private international law – a paper on their relation to a future Hague Convention on exclusive choice of court agreements

2005　Prel. Doc. No. 30 of June 2005 – Note on forms for the recognition and enforcement of a foreign judgment

2005　Prel. Doc. No. 29 of May 2005 – Comments on the preliminary draft Convention on exclusive choice of court agreements (+ addendum)

2005　Prel. Doc. No. 28 of April 2005 – Report on the meeting of the Drafting Committee of 18 – 20 April 2005 in preparation of the Twentieth Session of June 2005

2005　Information Document submitted by the delegation of the Russian Federation – The Convention on Legal Assistance and Legal Relations in Civil, Family and Criminal Matters

2005　Prel. Doc. No. 27 of April 2005 – The relationship between the Judgments Project and certain regional instruments in the arena of the Commonwealth of Independent States

2004　Prel. Doc. No. 26 of December 2004 – Draft report on the preliminary draft Convention on exclusive choice of court agreements, drawn up by Trevor C. Hartley and Masato Dogauchi

2004　Draft on exclusive choice of court agreements (Work. Doc. No. 110, revised April 2004)

2004　Prel. Doc. No. 25 of March 2004 – Draft Report on the Preliminary Draft Convention on Choice of Court Agreements, drawn up by Trevor C. Hartley and Masato Dogauchi

2003	Work. Doc. No. 49 of December 2003 - Draft on exclusive choice of court agreements
2003	Prel. Doc. No. 24 of December 2003 - The relationship between the judgments project and other international instruments
2003	Prel. Doc. No. 23 of October 2003 - Mechanisms for the transfer of cases within federal systems
2003	Prel. Doc. No. 22 of June 2003 - Report on the work of the Informal Working Group on the Judgments Project, in particular on the preliminary text achieved at its third meeting of March 2003
2003	Preliminary Result of the Work of the Informal Working Group on the Judgments Project (Prel. Doc. No. 8 of March 2003 for the Special Commission on General Affairs)
2003	Prel. Doc. No. 21 of January 2003 - Report on the Second Meeting of the Informal Working Group on the Judgments Project of January 2003
2002	Prel. Doc. No. 20 of November 2002 - Report on the first meeting of the Informal Working Group on the Judgments Project of October 2002
2002	Prel. Doc. No. 19 of August 2002 - Reflection Paper to Assist in the Preparation of a Convention on Jurisdiction and Recognition and Enforcement of Foreign Judgments in Civil and Commercial Matters
2002	Prel. Doc. No. 18 of February 2002 - Choice of court agreements in international litigation: their use and legal problems to which they give rise in the context of the in-

terim text

2002　Prel. Doc. No. 17 of February 2002 – The impact of the Internet on the Judgments Project: thoughts for the future

2002　Prel. Doc. No. 16 of February 2002 – Some reflections on the present state of negotiations on the judgments project in the context of the future work programme of the Conference

2001　Summary of the Outcome of the Discussion in Commission II of the First Part of the Diplomatic Conference (6 – 22 June 2001) – Interim Text, prepared by the Permanent Bureau and the Co – reporters

2001　Prel. Doc. No. 15 of May 2001 – Informational note on the work of the informal meetings held since October 1999 to consider and develop drafts on outstanding items

2001　Prel. Doc. No. 14 – Comments on the preliminary draft Convention, adopted by the Special Commission on 30 October 1999, and on the Explanatory Report by Peter Nygh and Fausto Pocar

2001　Prel. Doc. No. 13 of April 2001 – Report of the experts meeting on the intellectual property aspects of the future Convention on Jurisdiction and Foreign Judgments in Civil and Commercial Matters, Geneva, February 2001

2000　Prel. Doc. No. 12 of August 2000 – Electronic Commerce and International Jurisdiction, Ottawa 2000, Summary of discussions

2000　Prel. Doc. No. 11 of August 2000 – Report on the preliminary draft Convention on Jurisdiction and Foreign Judgments in Civil and Commercial Matters, drawn up by Peter Nygh and Fausto Pocar

1998 Prel. Doc. No. 10 of October 1998 – Note on provisional and protective measures in private international law and comparative law

1998 Prel. Doc. No. 9 of March 1998 – Synthesis of the work of the Special Commission of March 1998 on international jurisdiction and the effects of foreign judgments in civil and commercial matters

1997 Prel. Doc. No. 8 of November 1997 – Synthesis of the work of the Special Commission of June 1997 on international jurisdiction and the effects of foreign judgments in civil and commercial matters

1997 Prel. Doc. No. 7 of April 1997, revised translation of October 1997 – International jurisdiction and foreign judgments in civil and commercial matters

1996 Prel. Doc. No. 6 of August 1996 – Conclusions of the second Special Commission meeting

1996 Prel. Doc. No. 5 of June 1996 – A case for The Hague (document submitted by the Swiss delegation)

1996 Prel. Doc. No. 4 of May 1996 – Note on the recognition and enforcement of decisions in the perspective of a double convention with special regard to foreign judgments awarding punitive or excessive damages

1996 Prel. Doc. No. 3 of April 1996 – Note on the question of *forum non conveniens* in the perspective of a double convention on judicial jurisdiction and the enforcement of decisions (+ annexes)

1995 Prel. Doc. No. 2 of December 1995 – Conclusions of the

Special Commission of June 1994

1994 Prel. Doc. No. 1 of May 1994 – Annotated checklist of issues to be discussed at the meeting of the Special Commission of June 1994

（三）最高人民法院关于内地与香港特别行政区法院相互认可和执行当事人协议管辖的民商事案件判决的安排

（2006年6月12日最高人民法院审判委员会第1390次会议通过，法释〔2008〕9号）

根据《中华人民共和国香港特别行政区基本法》第九十五条的规定，最高人民法院与香港特别行政区政府经协商，现就当事人协议管辖的民商事案件判决的认可和执行问题作出如下安排：

第一条 内地人民法院和香港特别行政区法院在具有书面管辖协议的民商事案件中作出的须支付款项的具有执行力的终审判决，当事人可以根据本安排向内地人民法院或者香港特别行政区法院申请认可和执行。

第二条 本安排所称"具有执行力的终审判决"：

（一）在内地是指：

1. 最高人民法院的判决；

2. 高级人民法院、中级人民法院以及经授权管辖第一审涉外、涉港澳台民商事案件的基层人民法院（名单附后）依法不准上诉或者已经超过法定期限没有上诉的第一审判决，第二审判决和依照审判监督程序由上一级人民法院提审后作出的生效判决。

（二）在香港特别行政区是指终审法院、高等法院上诉法庭及原诉讼法庭和区域法院作出的生效判决。

本安排所称判决，在内地包括判决书、裁定书、调解书、支付令；在香港特别行政区包括判决书、命令和诉讼费评定证明书。

当事人向香港特别行政区法院申请认可和执行判决后，内地人民法院对该案件依法再审的，由作出生效判决的上一级人民法院提审。

第三条 本安排所称"书面管辖协议"，是指当事人为解决与特定法律关系有关的已经发生或者可能发生的争议，自本安排生效之日起，以书面形式明确约定内地人民法院或者香港特别行政区法院具有唯一管辖权的协议。

本条所称"特定法律关系"，是指当事人之间的民商事合同，不包括雇佣合同以及自然人因个人消费、家庭事宜或者其他非商业目的而作为协议一方的合同。

本条所称"书面形式"是指合同书、信件和数据电文（包括电报、电传、传真、电子数据交换和电子邮件）等可以有形地表现所载内容、可以调取以备日后查用的形式。

书面管辖协议可以由一份或者多份书面形式组成。

除非合同另有规定，合同中的管辖协议条款独立存在，合同的变更、解除、终止或者无效，不影响管辖协议条款的效力。

第四条 申请认可和执行符合本安排规定的民商事判决，在内地向被申请人住所地、经常居住地或者财产所在地的中级人民法院提出，在香港特别行政区向香港特别行政区高等法院提出。

第五条 被申请人住所地、经常居住地或者财产所在地在内地不同的中级人民法院辖区的，申请人应当选择向其中一个人民法院提出认可和执行的申请，不得分别向两个或者两个以上人民法院提出申请。

被申请人的住所地、经常居住地或者财产所在地，既在内地又在香港特别行政区的，申请人可以同时分别向两地法院提出申请，两地法院分别执行判决的总额，不得超过判决确定的数额。已经部分或者全部执行判决的法院应当根据对方法院的要求提供已执行判决的情况。

第六条 申请人向有关法院申请认可和执行判决的，应当提交以下文件：

（一）请求认可和执行的申请书；

（二）经作出终审判决的法院盖章的判决书副本；

（三）作出终审判决的法院出具的证明书，证明该判决属于本安排第二条所指的终审判决，在判决作出地可以执行；

（四）身份证明材料：

1. 申请人为自然人的，应当提交身份证或者经公证的身份证复印件；

2. 申请人为法人或者其他组织的，应当提交经公证的法人或者其他组织注册登记证书的复印件；

3. 申请人是外国籍法人或者其他组织的，应当提交相应的公证和认证材料。

向内地人民法院提交的文件没有中文文本的，申请人应当提交证明无误的中文译本。

执行地法院对于本条所规定的法院出具的证明书，无须另行要求公证。

第七条 请求认可和执行申请书应当载明下列事项：

（一）当事人为自然人的，其姓名、住所；当事人为法人或者其他组织的，法人或者其他组织的名称、住所以及法定代表人或者主要负责人的姓名、职务和住所；

（二）申请执行的理由与请求的内容，被申请人的财产所在地以及财产状况；

（三）判决是否在原审法院地申请执行以及已执行的情况。

第八条 申请人申请认可和执行内地人民法院或者香港特别行政区法院判决的程序，依据执行地法律的规定。本安排另有规定的除外。

申请人申请认可和执行的期间为二年。

前款规定的期间，内地判决到香港特别行政区申请执行的，从判决规定履行期间的最后一日起计算，判决规定分期履行的，从规定的每次履行期间的最后一日起计算，判决未规定履行期间的，从判决生效之日起计算；香港特别行政区判决到内地申请执行的，从判决可强制执行之日起计算，该日为判决上注明的判决日期，判决对履行期间另有规定的，从规定的履行期间届满后开始计算。

第九条 对申请认可和执行的判决，原审判决中的债务人提供证据证明有下列情形之一的，受理申请的法院经审查核实，应当裁定不予认可和执行：

（一）根据当事人协议选择的原审法院地的法律，管辖协议属于无效。但选择法院已经判定该管辖协议为有效的除外；

（二）判决已获完全履行；

（三）根据执行地的法律，执行地法院对该案享有专属管辖权；

（四）根据原审法院地的法律，未曾出庭的败诉一方当事人未经合法传唤或者虽经合法传唤但未获依法律规定的答辩时间。但原审法院根据其法律或者有关规定公告送达的，不属于上述情形；

（五）判决是以欺诈方法取得的；

（六）执行地法院就相同诉讼请求作出判决，或者外国、境外地区法院就相同诉讼请求作出判决，或者有关仲裁机构作出仲裁裁决，已经为执行地法院所认可或者执行的。

内地人民法院认为在内地执行香港特别行政区法院判决违反

内地社会公共利益,或者香港特别行政区法院认为在香港特别行政区执行内地人民法院判决违反香港特别行政区公共政策的,不予认可和执行。

第十条 对于香港特别行政区法院作出的判决,判决确定的债务人已经提出上诉,或者上诉程序尚未完结的,内地人民法院审查核实后,可以中止认可和执行程序。经上诉,维持全部或者部分原判决的,恢复认可和执行程序;完全改变原判决的,终止认可和执行程序。

内地地方人民法院就已经作出的判决按照审判监督程序作出提审裁定,或者最高人民法院作出提起再审裁定的,香港特别行政区法院审查核实后,可以中止认可和执行程序。再审判决维持全部或者部分原判决的,恢复认可和执行程序;再审判决完全改变原判决的,终止认可和执行程序。

第十一条 根据本安排而获认可的判决与执行地法院的判决效力相同。

第十二条 当事人对认可和执行与否的裁定不服的,在内地可以向上一级人民法院申请复议,在香港特别行政区可以根据其法律规定提出上诉。

第十三条 在法院受理当事人申请认可和执行判决期间,当事人依相同事实再行提起诉讼的,法院不予受理。

已获认可和执行的判决,当事人依相同事实再行提起诉讼的,法院不予受理。

对于根据本安排第九条不予认可和执行的判决,申请人不得再行提起认可和执行的申请,但是可以按照执行地的法律依相同案件事实向执行地法院提起诉讼。

第十四条 法院受理认可和执行判决的申请之前或者之后,可以按照执行地法律关于财产保全或者禁止资产转移的规定,根据申请人的申请,对被申请人的财产采取保全或强制措施。

第十五条 当事人向有关法院申请执行判决，应当根据执行地有关诉讼收费的法律和规定交纳执行费或者法院费用。

第十六条 内地与香港特别行政区法院相互认可和执行的标的范围，除判决确定的数额外，还包括根据该判决须支付的利息、经法院核定的律师费以及诉讼费，但不包括税收和罚款。

在香港特别行政区诉讼费是指经法官或者司法常务官在诉讼费评定证明书中核定或者命令支付的诉讼费用。

第十七条 内地与香港特别行政区法院自本安排生效之日（含本日）起作出的判决，适用本安排。

第十八条 本安排在执行过程中遇有问题或者需要修改，由最高人民法院和香港特别行政区政府协商解决。

参考文献

专著

1. 中国国际私法学会：《中华人民共和国国际私法示范法》，法律出版社2000年版。
2. 倪征㠭：《国际法中的司法管辖问题》，世界知识出版社1985年版。
3. 倪征㠭：《倪征㠭法学文集》，施觉怀、倪乃先、高积顺编，法律出版社2006年版。
4. 韩德培主编：《国际私法》，高等教育出版社、北京大学出版社2000年版。
5. 韩德培、韩健：《美国国际私法（冲突法）导论》，法律出版社1994年版。
6. 韩德培主编：《国际私法问题专论》，武汉大学出版社2004年版。
7. 韩德培：《韩德培文集》，武汉大学出版社2007年版。
8. 刘振江：《国际民事诉讼法原理》，法律出版社1985年版。
9. 李浩培：《国际民事程序法概论》，法律出版社1996年版。
10. 李浩培：《李浩培文选》，法律出版社2000年版。
11. 李浩培：《条约法概论》，法律出版社2003年版。
12. 李双元、谢石松：《国际民事诉讼法概论》，武汉大学出版社 2001 年版。

13. 李双元主编:《中国与国际私法统一化进程》,武汉大学出版社 1993 年版。

14. 费宗祎、唐承元主编:《中国司法协助的理论与实践》,人民法院出版社 1992 年版。

15. 张仲伯主编:《国际私法学》,中国政法大学出版社 2007 年版。

16. 黄进主编:《国际司法协助与区际冲突法论文集》,武汉大学出版社 1989 年版。

17. 黄进、黄风主编:《区际司法协助研究》,中国政法大学出版社 1993 年版。

18. 黄进主编:《区际司法协助的理论与实务》,武汉大学出版社 1994 年版。

19. 黄进、刘卫翔等编:《当代国际私法问题——庆祝韩德培教授八十五华诞论文集》,武汉大学出版社 1997 年版。

20. 黄进主编:《国际私法》,法律出版社 2005 年版。

21. 李玉泉主编:《国际民事诉讼与国际商务仲裁》,武汉大学出版社 1994 年版。

22. 金彭年:《国际民商事程序法》,杭州大学出版社 1995 年版。

23. 徐宏:《国际民事司法协助》,武汉大学出版社 2006 年第 2 版。

24. 谢石松:《国际民商事纠纷的法律解决程序》,广东人民出版社 1996 年版。

25. 肖永平:《肖永平论冲突法》,武汉大学出版社 2002 年版。

26. 肖永平主编:《欧盟统一国际私法研究》,武汉大学出版社 2002 年版。

27. 肖永平：《国际私法原理》，法律出版社 2007 年版。

28. 陈卫佐：《瑞士国际私法法典研究》，法律出版社 1998 年版。

29. 张茂：《美国国际民事诉讼法》，中国政法大学出版社 1999 年版。

30. 刘仁山主编：《国际民商事程序法通论》，中国法制出版社 2000 年版。

31. 刘仁山：《加拿大国际私法研究》，法律出版社 2001 年版。

32. 刘仁山主编：《国际私法》，中国法制出版社 2007 年版。

33. 袁泉：《荷兰国际私法研究》，法律出版社 2000 年版。

34. 彭世忠：《国际民商事诉讼法原理》，中国法制出版社 2000 年版。

35. 徐卉：《涉外民商事诉讼管辖权冲突研究》，中国政法大学出版社 2001 年版。

36. 刘卫翔：《欧洲联盟国际私法》，法律出版社 2001 年版。

37. 徐伟功：《不方便法院原则研究》，吉林人民出版社 2002 年版。

38. 罗剑雯：《欧盟民商事管辖权比较研究》，法律出版社 2003 年版。

39. 孙劲：《美国的外国法院判决承认与执行制度研究》，中国人民公安大学出版社 2003 年版。

40. 何其生：《电子商务的国际私法问题》，法律出版社 2004 年版。

41. 宋晓：《当代国际私法的实体取向》，武汉大学出版社 2004 年版。

42. 杜涛：《国际经济贸易中的国际私法问题》，武汉大学出版社 2005 年版。

43. 欧福永：《英国民商事管辖权制度研究》，法律出版社2005年版。

44. 杜焕芳：《国际民商事司法与行政合作研究》，武汉大学出版社2007年版。

45. 孙建：《国际关系视角下的国际私法问题》，人民出版社2007年版。

46. 邹国勇：《德国国际私法的欧盟化》，法律出版社2007年版。

47. 王保莳：《国际私法中的先决问题研究》，法律出版社2007年版。

48. 李颖：《美国商事仲裁制度研究——以仲裁协议和仲裁裁决为中心》，武汉大学出版社2007年版。

49. 高晓力：《国际私法上公共政策的运用》，中国民主法制出版社2008年版。

50. 粟烟涛：《冲突法上的法律规避》，北京大学出版社2008年版。

51. 贺晓翊：《英国的外国法院判决承认与执行制度研究》，法律出版社2008年版。

52. 李广辉：《〈民商事管辖权及外国判决公约〉研究》，中国法制出版社2008年版。

53. 李国清：《美国证券法域外管辖权问题研究》，厦门大学出版社2008年版。

54. 钱锋：《外国法院民商事判决承认与执行研究》，中国民主法制出版社2008年版。

55. 李晶：《国际民事诉讼中的挑选法院》，北京大学出版社2008年版。

56. 高凤仙：《美国国际私法之发展趋势》，台北：商务印书馆1990年版。

57. 陈隆修：《2005年海牙法院选择公约评析》，台北：五南图书出版公司2009年版。

58. ［德］马丁·沃尔夫：《国际私法》（1950年英文第2版），李浩培、汤宗舜译，北京大学出版社2009年第2版。

59. ［英］施米托夫：《国际贸易法文选》（1988年英文版），赵文秀选译，中国大百科全书出版社1993年版。

60. ［德］拉德布鲁赫：《法学导论》（1929年德文第7/8版），米健、朱林译，中国大百科全书出版社1997年版。

61. ［英］J. H. C. 莫里斯主编：《戴西和莫里斯论冲突法》（1980年英文第10版），李双元、胡振杰、杨国华、张茂译，中国大百科全书出版社1998年版。

62. ［美］弗里德里希·K. 荣格：《法律选择与涉外司法》，霍政欣、徐妮娜译，北京大学出版社2007年版。

63. ［德］格哈德·克格尔：《冲突法的危机》，萧凯、邹国勇译，武汉大学出版社2008年版。

64. Andrea Bucher, *Droit international privé suisse*, Bâle et Francfort-sur-le-Main: Helbing & Lichtenhahn, 1998.

65. Andreas F. Lowenfeld, *International Litigation and the Quest for Reasonableness*, Oxford: Clarendon Press, 1996.

66. Andrew Bell, *Forum Shopping and Venue in Transnational Litigation*, Oxford University Press, 2003.

67. Arnaud Nuyts and Nadine Watté (eds.), *International Civil Litigation in Europe and Relations with Third States*, Bruxelles: Bruylant, 2005.

68. Arthur Taylor von Mehren, *Theory and Practice of Adjudicatory Authority in Private International Law: A Comparative Study of the Doctrine, Policies and Practices of Common- and Civil-Law Systems*, General Course on Private International Law (1996), Collected Cour-

ses of the Hague Academy of International Law, Vol. 295, Martinus Nijhoff Publishers, 2003.

69. Arthur Taylor von Mehren, *Adjudicatory Authority in Private International Law: A Comparative Study*, Martinus Nijihoff Publisher, 2007.

70. Audit Bernard, *Droit international privé*, 4e éd, Paris : Economica, 2006.

71. Bertrand Ancelet Yves Lequette, *Les grands arrêts de la jurisprudence française de droit international privé*, 5e éd, Paris : Dalloz, 2006.

72. David Joseph Q. C. , *Jurisdiction and Arbitration Agreements and Their Enforcement*, London: Sweet & Maxwell, 2005.

73. E. Scoles, P. Hay, P. Borchersand S. Symeonides, *Conflict of Laws*, 4th ed. , St. Paul, Minn. & West Group, 2004.

74. Eckart Gottschalk, Ralf Michaels, Giesela Rühl and Jan von Hein (eds.), *Conflict of Laws in a Globalized World*, Cambridge University Press, 2007.

75. Fausto Pocar and Costanza Honorati (eds.), *The Hague Preliminary Draft Convention on Jurisdiction and Judgments*, CEDAM, 2005.

76. Friedrich K. Juenger, *Choice of Law and Multistate Justice*, Martinus Nijhoff Publishers, 1993.

77. Gary B. Born, *International Arbitration and Forum Selection Agreements: Drafting and Enforcing*, 2nd ed. , Kluwer Law International, 2006.

78. Gene R. Shreve (ed.), *A Conflict - of - Laws Anthology*, Cincinnati, Ohio: Anderson Pub. Co. 1997.

79. Hélène Gaudemet – Tallon, *Compétence et exécution des juge-*

ments en Europe, Règlement n° 44/2001, Conventions de Bruxelles et de Lugano, 3e éd, Paris: LGDJ, 2002.

80. Jack L. Goldsmith (ed.), *International Dispute Resolution: The Regulation of Forum Selection*, New York: Transnational Publishers, Inc., 1997.

81. James J. Fawcett (ed.), *Declining Jurisdiction in Private International Law: Reports to the XIVth Congress of the International Academy of Comparative Law*, Oxford: Clarendon Press, 1995.

82. James J. Fawcett (ed.), *Reform and Development of Private International Law: Essays in Honour of Sir Peter North*, Oxford University Press, 2002.

83. Jannet A. Pontierand Edwige Burg, *EU Principles on Jurisdiction and Recognition and Enforcement of Judgments in Civil and Commercial Matters: According to the Case Law of the European Court of Justice*, T. M. C. Asser Press, 2004.

84. John J. Barceló III and Kevin M. Clermont (eds.), *A Global Law of Jurisdiction and Judgments: Lessons from the Hague*, Kluwer Law International, 2002.

85. Lawrence Collins, *Essay in International Litigation and the Conflict of Laws*, Oxford: Clarendon Press, 1996.

86. Luther L. McDougal III, Robert L. Felix and Ralph U. Whitten, *American Conflicts Law: Case and Materials*, Fourth Edition, LexisNexis, 2004.

87. Nathalie Coipel – Cordonnier, *Les conventions d'arbitrage et D'élection de for en droit international privé*, Paris: LGDJ, 1999.

88. Peter H. Pfund, *Contributing to Progressive Development of Private International Law: The International Process and the United States Approach*, Collected Courses of the Hague Academy of Interna-

tional Law, Vol. 249, Martinus Nijhoff Publishers, 1994.

89. Peter Northand James J. Fawcett, *Cheshire & North 's Private International Law*, 13th ed., London: Butterworths, 1999.

90. Peter North, *Essays in Private International Law*, Oxford: Clarendon Press, 1993.

91. Peter Nyghand Martin Daies, *Conflict of Laws in Australia*, 7th ed., LexisNexis Butterworths 2002.

92. Pierre Mayer et Vincent Heuzé, *Droit international privé*, 7e éd., Paris: Montchrestien, 2001.

93. Ronald A. Brand and Paul Herrup, *The 2005 Hague Convention on Choice of Court Agreements: Commentary and Documents*, Cambridge University Press, 2008.

94. Ronald A. Brand and Scott R. Jablonski, *Forum Non Conveniens: History, Global Practice, and Future under the Hague Convention on Choice of Court Agreements*, Oxford: University Press, 2007.

95. Samuel P. Baumgartner, *The Proposed Hague Convention on Jurisdiction and Foreign judgments: Trans – atlantic Lawmaking for Transnational Litigation*, Mohr Siebeck, 2003.

96. Stefania Bariatti, *Case and Materials on EU Private International Law*, Hart Publishing, 2011.

97. Stephen O 'malley and Alexander Layton, *European Civil Practice*, Sweet & Maxwell, 1989.

98. Suzanne Rodriguezand Bertrand Prell (eds.), *International Judicial Assistance in Civil Matters*, Ardsley, N. Y.: Transnational Publishers, 1999.

99. T. Einhorn and K. Siehr (eds.), *Intercontinental Cooperation Through Private International Law – Essays in Memory of Peter E. Nygh*, The Hague: T. M. C. Asser Press, 2004.

100. Trevor C. Hartley, *The Modern Approach to Private Internationalal Law*: *International Litigation and Transactions from a Common - Law Perspective*, Collected Courses of the Hague Academy of International Law, Vol. 319, Martinus Nijhoff Publishers, 2006.

101. William W. Park, *International Forum Selection*, Kluwer Law International, 1995.

102. 本间靖规、中野俊一郎、酒井一：《国际民事手续法》，东京：有斐阁 2005 年版。

103. 木棚照一、松岗博、渡辺惺之：《国际私法概论（第 5 版）》，东京：有斐阁 2007 年版。

期刊

1. 黄进：《国家及其财产豁免问题刍议》，《政治与法律》1985 年第 6 期。

2. 卢峻、方之寅：《国际私法统一化运动的发展和趋向》，《政治与法律》1986 年第 1 期。

3. 黄进、肖永平：《中国国际私法领域内重要理论问题综述》，《中国社会科学》1990 年第 6 期。

4. 黄进：《国际私法上的公共秩序问题》，《武汉大学学报（社会科学版）》1991 年第 6 期。

5. 韩德培：《海牙国际私法会议与中国》，《武汉大学学报（社会科学版）》1993 年第 3 期，《法学评论》1993 年第 4 期全文转载。

6. 徐宏：《论承认与执行外国民事判决的管辖权条件》，《中国国际法年刊》1993 年卷，中国对外翻译出版公司 1994 年版。

7. 盛勇强：《涉外民事诉讼管辖权冲突的国际协调》，《人民司法》1993 年第 9 期。

8. 刘卫翔：《国际民事管辖权的根据及限制》，《比较法研究》1996年第4期。

9. 卢松：《关于涉外民事管辖权的几项原则》，黄进、刘卫翔等编：《当代国际私法问题——庆祝韩德培教授八十五华诞论文集》，武汉大学出版社1997年版。

10. 徐宏：《海牙国际私法会议讨论制订民商事管辖权和相互执行判决的新公约》，《中国国际法年刊》1996年卷，法律出版社1997年版。

11. 王国征：《我国涉外民事诉讼程序中协议管辖若干问题探讨》，《中国人民大学学报》1997年第5期。

12. 徐宏、郭晓梅：《海牙国际私法会议关于民商事管辖权和判决承认与执行问题特委会会议情况》，《中国国际私法与比较法年刊》创刊号，法律出版社1998年版。

13. 袁泉：《国际私法中的管辖权问题探讨——兼评我国立法关于国际民事管辖权的规定》，《法商研究》1998年第2期。

14. 袁泉：《论海牙国际私法会议与荷兰国际私法》，《法学评论》1998年第2期。

15. 赵健、孙晓虹、张茂：《国际民事诉讼法统一化运动评述》，《法学评论》1998年第3期。

16. 杨栋：《外国法院惩罚性赔偿判决的承认与执行》，《政治与法律》1998年第5期。

17. 程晓莲、吕国民：《国际民事管辖中的选购法院与选择法院》，《河北法学》1998年第5期。

18. 胡斌、孙昂：《海牙"国际民商事管辖权和判决的承认与执行"特委会1998年会议情况》，《中国国际私法与比较法年刊》1999年卷，法律出版社1999年版。

19. 沈涓：《中国国际民事诉讼程序的协调》，《中国国际私法与比较法年刊》1999年卷，法律出版社1999年版。

20. 程卫东：《区际法院判决承认与执行条约之比较》，《中国国际私法与比较法年刊》1999 年卷，法律出版社 1999 年版。

21. 孙南申：《论国际私法中协议管辖的法律效力》，《政治与法律》1999 年第 2 期。

22. ［荷］汉斯·范·鲁：《迈向一个关于民商事件国际管辖权及外国判决效力的世界性公约》，粟烟涛译，黄进校，《中国国际私法与比较法年刊》2000 年卷，法律出版社 2000 年版。

23. 李先波：《论国际民事案件管辖权协调的基本原则》，《中国国际私法与比较法年刊》2000 年卷，法律出版社 2000 年版。

24. 李先波：《国际民事管辖权的协调》，《法学研究》2000 年第 2 期。

25. 李薇薇：《论〈布鲁塞尔公约〉与外国民商事判决的承认与执行》，《中国司法》2000 年第 5 期。

26. 郭树理：《中国有关国际民商事管辖权冲突问题实践之检讨》，《法学》2000 年第 7 期。

27. 张晓梅：《我国涉外海事诉讼管辖权之研究》，《法律适用》2000 年第 7 期。

28. ［美］Roy Goldberg：《Vimar Seguros 诉 M/V. Sky Reefer 案后撤销外国法院管辖条款的尝试》，万仁善、许民强译，《中国海商法年刊》2000 年第 11 卷，法律出版社 2000 年版。

29. 田妮：《面向 21 世纪的海牙国际私法会议》，《中国国际私法与比较法年刊》2001 年卷，法律出版社 2001 年版。

30. 沈涓：《存异以求同 他石可攻玉——海牙〈民商事管辖权和外国判决公约〉（草案）与中国相关法律之比较研究》，《中国国际私法与比较法年刊》2001 年卷，法律出版社 2001 年版。

31. 肖永平、何其生：《对海牙〈民商事管辖权和外国判决公约〉（草案）的分析》，《中国国际私法与比较法年刊》2001

年卷,法律出版社2001年版。

32. 张兰兰:《国际协议管辖合意要件立法的比较分析——兼评我国〈民事诉讼法〉第244条》,《中国国际私法与比较法年刊》2001年卷,法律出版社2001年版。

33. 胡斌、田妮:《十字路口的海牙管辖权公约》,《中国国际私法与比较法年刊》2002年卷,法律出版社2002年版。

34. 吕晓莉:《欧盟国际民事诉讼中的协议管辖制度》,《中国国际私法与比较法年刊》2002年卷,法律出版社2002年版。

35. 郭玉军、向在胜:《欧盟〈民商事管辖权及判决承认与执行条例〉介评》,《法学评论》2002年第2期。

36. 奚晓明:《论我国涉外民商事诉讼中协议管辖条款的认定(上)》,《法律适用》2002年第3期。

37. 奚晓明:《论我国涉外民商事诉讼中协议管辖条款的认定(下)》,《法律适用》2002年第4期。

38. 刘卫国:《论国际民商事司法管辖条款的独立性》,《法商研究》2002年第6期。

39. 邓杰:《论国际民事诉讼中的协议管辖制度》,《武汉大学学报(社会科学版)》2002年第6期。

40. 孙劲:《迈向关于外国判决承认与执行的新公约——海牙民商事管辖和外国判决公约草案的新发展》,《中国国际私法与比较法年刊》2003年卷,法律出版社2003年版。

41. 曾涛:《外国法院判决承认和执行条件领域的新发展》,《法治论丛》2003年第4期。

42. 粟烟涛:《欧盟国际私法统一化进程的新突破——阿姆斯特丹条约相关规定评析》,《华中科技大学学报(社会科学版)》2003年第5期。

43. 章尚锦:《国际民事诉讼管辖权制度研究》,《北京政法职业学院学报》2004年第1期。

44. 朱志晟：《国际民事诉讼中的协议管辖原则比较研究》，《时代法学》2004年第5期。

45. 何其生：《〈海牙排他性法院选择协议公约（草案）〉有关知识产权问题的建议》，《武汉大学学报（哲学社会科学版）》2005年第1期。

46. 李广辉：《外国惩罚性损害赔偿判决的承认与执行研究》，《比较法研究》2005年第2期。

47. 杨弘磊、范晓华：《涉外民事诉讼协议管辖条款的性质及法律适用》，《人民司法》2005年第3期。

48. 孙劲：《海牙〈选择法院协议公约〉评介》，中国国际私法学会2005年年会论文集，2010年10月。

49. 徐国建：《建立国际统一的管辖权和判决承认与执行制度——海牙〈选择法院协议公约〉述评》，《时代法学》2005年第5期。

50. 贺晓翊：《论我国关于承认与执行外国法院判决制度的立法改革与完善》，《法律适用》2005年第7期。

51. 乔仕彤、张一弛：《〈海牙选择协议法院公约〉评述》，《人民法院报》2006年3月27日第B03版。

52. 郭玉军、蒋剑伟：《论协议管辖制度采用公共政策例外》，《河南省政法管理干部学院学报》2006年第2期。

53. 高晓力：《海牙国际私法会议〈选择法院协议公约〉与对我国涉外民商事审判的影响》，《人民司法》2006年第3期。

54. 叶斌：《2005年海牙〈选择法院协议公约〉适用范围之评析》，《华中农业大学学报（社会科学版）》2006年第2期。

55. 蒋剑伟：《国际民商事合同管辖权条款适用规则比较研究》，武汉大学2006年博士论文。

56. 房沫：《法院选择协议对临时措施管辖权之影响》，《中国国际私法与比较法年刊》2006年卷，北京大学出版社2007

年版。

57. 黄进、邹国勇：《欧盟民商事管辖权规则的嬗变——〈从布鲁塞尔公约〉到〈布鲁塞尔条例〉》，《东岳论丛》2006年第5期。

58. 邹国勇：《论欧洲联盟国际私法的统一化》，《法学评论》2007年第1期。

59. 乔仕彤、何其生：《电子格式合同中仲裁条款的效力——以中国消费者市场中 Microsoft 软件最终用户许可协议为例》，《武大国际法评论》2007年第2期。

60. 欧海燕：《如何在国际民商事诉讼中适用对等原则》，《人民法院报》2008年1月3日第6版。

61. 廖中洪：《协议管辖：问题、原因及其改革设想》，《西南政法大学学报》2008年第1期。

62. 王吉文：《损害赔偿判决承认与执行的一种新机制——2005年海牙〈选择法院协议公约〉第11条评析》，《安徽大学法律评论》2008年第1期。

63. 徐伟功、蔡鑫：《美国冲突法中的分割方法评析》，《武汉大学学报》2008年第3期。

64. 李依茵：《论法国国际私法中协议管辖权条款的转移》，《辽宁大学学报（哲学社会科学版）》2008年第5期。

65. 许庆坤：《论国际合同中当事人意思自治的限度》，《清华法学》2008年第6期。

66. 黄亚英：《论〈纽约公约〉与仲裁协议的法律适用——兼评中国加入〈纽约公约〉二十年的实践》，《法律科学》2009年第2期。

67. 黄进、宋连斌：《国际民商事争议解决机制的几个重要问题》，《政法论坛》2009年第4期。

68. 叶斌：《2005年〈选择法院协议公约〉拒绝承认与执行

外国判决的理由》,《河北法学》2009 年第 4 期。

69. 叶斌:《我国涉外选择法院协议制度的完善》,《人民法院报》2009 年 4 月 9 日第 6 版。

70. 陈隆修:《由欧盟经验论中国式国际私法》,《中国国际私法与比较法年刊》2010 年卷,北京大学出版社 2011 年版。

71. 叶斌:《国际选择法院协议效力的法律冲突与法律适用——海牙"被选法院地法"规则的优与劣》,《中国国际私法与比较法年刊》2010 年卷,北京大学出版社 2011 年版。

72. 叶斌:《欧盟国际私法的新发展:权能扩张与欧洲化》,《欧洲研究》2010 年第 5 期。

73. 钟丽:《欧盟知识产权跨境侵权案件的司法管辖问题》,《欧洲研究》2010 年第 6 期。

74. 黄进:《中国涉外民事关系法律适用法的制定与完善》,《政法论坛》2011 年第 3 期。

75. 刘仁山:《中国国际私法学养成意识之培育》,《法学研究》2011 年第 6 期。

76. 钟丽:《如何完善外国法院判决的承认与执行》,《法制日报》2012 年 1 月 17 日第 10 版。

77. 甘勇:《国际民事管辖权制度比较研究的大家力作:〈国际私法上裁判管辖权的比较研究〉》,《武汉大学学报(哲学社会科学版)》2012 年第 5 期。

78. Adam E. Kerns, "The Hague Convention and Exclusive Choice of Court Agreements: An Imperfect Match", *Temple International & Comparative Law Journal*, Vol. 20, No. 2, 2006, pp. 509 – 528.

79. Allan Philip, "The Global Hague Judgments Convention: Some Comments", in T. Einhorn and K. Siehr (eds.), *Intercontinental Cooperation Through Private International Law - Essays in Memory of Peter E. Nygh*, The Hague: T. M. C. Asser Press, 2004.

80. Andrea Schulz, "The Hague Convention of 30 June 2005 on Choice of Court Agreements", *European Journal of Law Reform*, Vol. 8, No. 2, 2006, pp. 77 – 92.

81. Andrea Schulz, "The Accession of the European Community to the Hague Conference on Private International Law", *International and Comparative Law Quarterly*, Vol. 56, No. 4, 2007, pp. 939 – 949.

82. Andreas F. Lowenfeld, "Thoughts about a Multinational Judgments: A Reaction to the von Mehren Report", *Law and Contemporary Problems*, Vol. 57, No. 3, 1994, pp. 289 – 303.

83. Anna Gardella and Luca G. Radicati di Brozolo, "Civil Law, Common Law and Market Integration: The EC Approach to Conflicts of Jurisdiction", *American Journal of Comparative Law*, Vol. 51, No. 3, 2003, pp. 611 – 638.

84. Arthur T. von Mehren and Donald T. Trautman, "Jurisdiction to Adjudicate: A Suggested Analysis", *Harvard Law Review*, Vol. 79, No. 6, 1966, pp. 1121 – 1179.

85. Arthur T. von Mehren and Donald T. Trautman, "Recognition of Foreign Adjudications: A Survey and a Suggested Approach", *Harvard Law Review*, Vol. 81, No. 8, 1968, pp. 1601 – 1696.

86. Arthur T. von Mehren, "Recognition and Enforcement of Sister – state Judgments: Reflections on General Theory and Current Practice in the European Economic Community and the United States", *Columbia Law Review*, Vol. 81, No. 5, 1981, pp. 1044 – 1060.

87. Arthur T. von Mehren, "Recognition and Enforcement of Foreign Judgments: A New Approach for the Hague Conference?", *Law and Contemporary Problems*, Vol. 57, No. 3, 1994, pp. 271 – 287.

88. Arthur T. von Mehren, "Enforcing Judgments Abroad: Reflections on the Design of Recognition Convention", *Brooklyn Journal*

of International Law, Vol. 24, No. 1, 1998, pp. 17 – 29.

89. Arthur T. von Mehren, "Drafting a Convention on International Jurisdiction and the Effects of Foreign Judgments Acceptable World – wide: Can the Hague Conference Project Succeed?", *American Journal of Comparative Law*, Vol. 49, No. 2, 2001, pp. 191 – 202.

90. Bernard Audit, "Observations sur la convention de la Haye du 30 juin 2005 relative aux accords d'élection de for", Hélène Gaudemet – Tallon (éd.), *Vers de nouveaux équilibres entre ordres juridiques. Liber Amicorum Hélène Gaudemet – Tallon*, Paris : Dalloz, 2008.

91. Burkhard Hess, "The Draft Hague Convention on Choice of Court Agreements, External Competencies of the European Union and Recent Case Law of the European Court of Justice", in Arnaud Nuyts and Nadine Watté (eds.), *International Civil Litigation in Europe and Relations with Third States*, Bruxelles: Bruylant, 2005.

92. Christian Heinze, "Choice of Court Agreements, Coordination of Proceedings and Provisional Measures in the Reform of the Brussels I Regulation", Max Planck Private Law Research Paper No. 11/5, *Rabels Zeitschrift fuer auslaendisches und internationales Privatrecht*, Vol. 75, No. 3, 2011, pp. 581 – 618.

93. Christopher Tate, "American *Forum Non Conveniens* in Light of the Hague Convention on Choice – of – Court Agreements", *University of Pittsburgh Law Review*, Vol. 69, No. 1, 2007, pp. 165 – 188.

94. Christian Thiele, "The Hague Convention on Choice – of – Court Agreements: Was It Worth the Effort?", in Eckart Gottschalk, Ralf Michaels, Giesela Rühl and Jan von Hein (eds.), *Conflict of Laws in a Globalized World*, Cambridge University Press, 2007, pp. 63 – 88.

95. Dana Stringer, "Choice of Law and Choice of Forum in Brazilian International Commercial Contracts: Party Autonomy, International Jurisdiction, and the Emerging Third Way", *Columbia Journal of Transnational Law*, Vol. 44, No. 3, 2006, pp. 959 - 991.

96. Daniel Tan, "Damages for Breach of Forum Selection Clauses, Principled Remedies, and Control of International Civil Litigation", *Texas International Law Journal*, Vol. 40, No. 4, 2005, pp. 623 - 662.

97. David H. Taylor, "The Forum Selection Clause: A Tale of Two Concepts", *Temple Law Review*, Vol. 66, No. 3, 1993, pp. 785 - 856.

98. David Luther Woodward, "Reciprocal Recognition and Enforcement of Civil Judgments in the United States, the United Kingdom and the European Economic Community", *North Carolina Journal of International Law and Commercial Regulation*, Vol. 8, No. 3, 1983, pp. 299 - 334.

99. Emilio Gonzalez de Castilla del Valle, "The Hague Convention on Choice of Court Agreements of June 30, 2005: A Mexican View", *Southwestern Journal of Law and Trade in the Americas*, Vol. 13, No. 1, 2006, pp. 37 - 62.

100. Erin Ann O' Hara, "The Jurisprudence and Politics of Forum - Selection Clauses", *Chicago Journal of International Law*, Vol. 3, No. 2, 2002, pp. 301 - 316.

101. Esq. Tom McNamara, "International Forum Selection and *Forum Non Conveniens*", *International Lawyer*, Vol. 34, No. 2, 2000, pp. 558 - 563.

102. Friedrich K. Juenger, "Judicial Jurisdiction in the United States and in the European Communities: A Comparison", *Michigan*

Law Review, Vol. 82, Nos. 5&6, 1984, pp. 1195 – 1212.

103. Friedrich K. Juenger, "The Recognition of Money Judgments in Civil and Commercial Matters", *American Journal of Comparative Law*, Vol. 36, No. 1, 1988, pp. 1 – 39.

104. Friedrich K. Juenger, "American Jurisdiction: A Story of Comparative Neglect", *University of Colorado Law Review*, Vol. 65, No. 1, 1993, pp. 1 – 23.

105. Friedrich K. Juenger, "A Shoe Unfit for Globetrotting", *U. C. Davis Law Review*, Vol. 28, No. 3, 1995, pp. 1027 – 1046.

106. Friedrich K. Juenger, "A Hague Judgments Convention?", *Brooklyn Journal of International Law*, Vol. 24, No. 1, 1998, pp. 111 – 123.

107. Friedrich K. Juenger, "The Lex Mercatoria and Private International Law", *Louisiana Law Review*, Vol. 60, No. 4, 2000, pp. 1133 – 1150.

108. Friedrich K. Juenger, "The American Law of General Jurisdiction", *University of Chicago Legal Forum*, Vol. 2001, pp. 141 – 170.

109. Georges A. L. Droz, "Preliminary Draft of the Convention on Jurisdiction and Foreign Judgments in Civil and Commercial Matters: Provisions of Jurisdiction", in J. J. Barcelóand K. M. Clermont (eds.), *A Global Law of Jurisdiction and Judgments: Lessons from The Hague*, Kluwer Law International, 2002, pp. 15 – 36.

110. Gilles Cuniberti, "*Forum Non Conveniens and the Brussels Convention*", *International and Comparative Law Quarterly*, Vol. 54, No. 4, 2005, pp. 973 – 981.

111. Gloria F. DeHart, "Hague Conference on Private International Law: Final Act of the Eighteenth Session with the Convention On Jurisdiction, Applicable Law, Recognition, Enforcement and Cooperation in

Respect of Parental Responsibility and Measures for the Protection of Children, and Decisions on Matters Pertaining to the Agenda of the Conference", *International Legal Materials*, Vol. 35, No. 6, 1996, pp. 1391 -1405.

112. Guangjian Tu, "The Hague Choice of Court Convention – A Chinese Perspective", *American Journal of Comparative law*, Vol. 55, No. 2, 2007, pp. 347 -365.

113. "Hague Conference Approves Uniform Rules of Enforcement for International Forum Selection Clauses – Convention on Choice of Court Agreements, Concluded June 30, 2005", *Harvard Law Review*, Vol. 119, No. 3, 2006, pp. 931 -938.

114. Hannah L. Buxbaum, "Forum Selection in International Contract Litigation: The Role of Judicial Discretion", *Willamette Journal of International Law and Dispute Resolution*, Vol. 12, 2004, pp. 185 -210.

115. Hans van Loon and Andrea Schulz, "The European Community and the Hague Conference on Private International Law", in Bernd Martenczuk and Servaas van Thiel (eds.), *Justice, Liberty, Security: New Challenges for EU External Relations*, Brussels University Press, 2008, pp. 257 -299.

116. J. D. Becker, "Forum Selection and Anglo – American Unity", *International and Comparative Law Quarterly*, Vol. 22, No. 2, 1973, pp. 329 -332.

117. James Hugo Friend, "The Rocky Road Towards Rule of Law in China: 1979 -2000", *Northwestern Journal of International Law & Business*, Vol. 20, No. 3, 2000, pp. 369 -382.

118. James J. Fawcett, "General Report", in James J. Fawcett (ed.), *Declining Jurisdiction in Private International Law*, Clarendon

Press Oxford, 1995, pp. 10 – 21.

119. James Zimerman, "Restrictions on Forum Selection Clauses in Franchise Agreements and the Federal Arbitration Act: Is State Law Preempted?", *Vanderbilt Law Review*, Vol. 51, No. 3, 1998, pp. 759 – 786.

120. Jason Webb Yackee, "Choice of Law Considerations in the Validity & Enforcement of International Forum Selection Agreements: Whose Law Applies?", *UCLA Journal of International Law and Foreign Affairs*, Vol. 9, No. 1, 2004, pp. 43 – 96.

121. Jeffrey Talpis and Nick Krnjevic, "The Hague Convention on Choice of Court Agreements of June 30, 2005: The Elephant that Gave Birth to a Mouse", *Southwestern Journal of Law and Trade in the Americas*, Vol. 13, No. 1, 2006, pp. 1 – 35.

122. John Adams, "Digital Age Standard Form Contracts under Australian Law: 'Wrap' Agreements, Exclusive Jurisdiction, and Binding Arbitration Clauses", *Pacific Rim Law & Policy Journal*, Vol. 13, No. 3, 2004, pp. 503 – 546.

123. Jonathan H. Pittman, "The Public Policy Exception to the Recognition of Foreign Judgments", *Vanderbilt Journal of Transnational Law*, Vol. 22, No. 4, 1989, pp. 969 – 996.

124. Keri Bruce, "The Hague Convention on Choice – of – Court Agreements: Is the Public Policy Exception Helping Click – away the Security of Non – Negotiated Agreements", *Brooklyn Journal of International Law*, Vol. 32, No. 3, 2007, pp. 1103 – 1130.

125. Kevin M. Clermont, "Jurisdictional Salvation and the Hague Treaty", *Cornell Law Review*, Vol. 85, No. 1, 1999, pp. 89 – 133.

126. Kevin M. Clermont, "An Introduction to the Hague Convention", in John J. Barceló III and Kevin M. Clermont (eds.), *A*

Global Law of Jurisdiction and Judgments: *Lessons from The Hague*, The Hague, London, New York: Kluwer Law International, 2002.

127. Kevin M. Clermont, "A Global Law of Jurisdiction and Judgments: Views from the United States and Japan", *Cornell International Law Journal*, Vol. 37, No. 1, 2004, pp. 1 – 26.

128. Kurt H. Nadelmann, Joseph M. Perillo, Jr. , Michael A. Schwind, Hilding Eek, Zelman Cowen, Derek Mendes Da Costa and Willis L. M. Reese, "The Validity of Forum Selecting Clauses: Proceedings of the 1964 Annual Meeting of the American Foreign Law Association", *American Journal of Comparative Law*, Vol. 13, No. 1, 1964, pp. 157 – 192.

129. Kurt H. Nadelmann, "Choice – of – Court Clauses in the United States: The Road to Zapata", *American Journal of Comparative Law*, Vol. 21, No. 1, 1973, pp. 124 – 135.

130. Kurt Lipstein, "One Hundred Years of Hague Conferences on Private International Law", *International and Comparative Law Quarterly*, Vol. 42, No. 3, 1993, pp. 553 – 653.

131. L. Radicati di Brozolo, "Antitrust Claims: WhyExclude Them from the Hague Jurisdiction and Judgments Convention", *European Competition Law Review*, Vol. 25, No. 12, 2004, pp. 780 – 788.

132. Laurence Usunier, "La Convention de La Haye du 30 juin 2005 sur les accords d'élection de for: Beaucoup de bruit pour rien?", *Revue critique de droit international privé*, Vol. 99, No. 1, 2010, pp. 37 – 81.

133. Lawrence Collins, "Forum Selection and an Anglo – American Conflict – The Sad Case of the Chaparal", *International and Comparative Law Quarterly*, Vol. 20, No. 3, 1971, pp. 550 – 557.

134. Lawrence Collins, "Choice of Forum and the Exercise of Ju-

dicial Discretion: The Resolution of an Anglo – American Conflict", *International and Comparative Law Quarterly*, Vol. 22, No. 2, 1973, pp. 332 – 343.

135. Lea Brilmayer, "Consent, Contract, and Territory", *Minnesota Law Review*, Vol. 74, No. 1, 1989, pp. 1 – 35.

136. Lee Goldman, "My Way and the Highway: The Law and Economics of Choice of Forum Clauses in Consumer Form Contracts", *Northwestern University Law Review*, Vol. 86, No. 3, 1992, pp. 700 – 741.

137. Linda Silberman, "Comparative Jurisdiction in the International Context: Will the Proposed Hague Judgments Convention be Stalled?", *DePaul Law Review*, Vol. 52, No. 2, 2002, pp. 319 – 349.

138. Louise Ellen Teitz, "Both Sides of the Coin: A Decade of Parallel Proceedings and Enforcement of Foreign Judgments in Transnational Litigation", *Roger Williams University Law Review*, Vol. 10, No. 1, 2004, pp. 1 – 71.

139. Louise Ellen Teitz, "The Hague Choice of Court Convention: Validating Party Autonomy and Providing an Alternative to Arbitration", *American Journal of Comparative Law*, Vol. 53, No. 3, 2005, pp. 543 – 558.

140. Louise Merrett, "The Enforcement of Jurisdiction Agreements within the Brussels Regime", *International and Comparative Law Quarterly*, Vol. 55, No. 2, 2006, pp. 315 – 336.

141. Louise Merrett, "Article 23 of the Brussels I Regulation: A Comprehensive Code for Jurisdiction Agreements?", *International and Comparative Law Quarterly*, Vol. 58, No. 3, 2009, pp. 545 – 564.

142. Matthew H. Adler and Michele Crimaldi Zarychta, "The Hague Convention on Choice of Court Agreements: The United States

Joins the Judgments Enforcement Band", *Northwestern Journal of International Law & Business*, Vol. 27, No. 1, 2006, pp. 1 – 37.

143. Max Planck Institute for Foreign Private and Private International Law, "Comments on the European Commission's Green Paper on the Conversion of the Rome Convention of 1980 on the Law Applicable to Contractual Obligations into a Community Instrument and Its Modernization", *Rabels Zeitschrift fuer auslaendisches und internationales Privatrecht*, Vol. 68, No. 1, 2004, pp. 1 – 118.

144. Michael E. Solimine, "Forum – Selection Clauses and the Privatization of Procedure", *Cornell International Law Journal*, Vol. 25, No. 1, 1992, pp. 51 – 101.

145. Michael Mousa Karayanni, "The Public Policy Exception to the Enforcement of Forum Selection Clauses", *Duquesne Law Review*, Vol. 34, No. 4, 1996, pp. 1009 – 1055.

146. Michael Pryles, "Comparative Aspects of Prorogation and Arbitration Agreements", *International and Comparative Law Quarterly*, Vol. 25, No. 3, 1976, pp. 543 – 582.

147. Moritz Keller, "Lessons for the Hague: Internet Jurisdiction in Contract and Tort Cases in the European Community and the United States", *John Marshall Journal of Computer and Information Law*, Vol. 23, No. 1, 2004, pp. 1 – 74.

148. Otta Kahn – Freund, "Jurisdiction Agreements: Some Reflections", *International and Comparative Law Quarterly*, Vol. 26, No. 4, 1977, pp. 825 – 856.

149. P. R. H. Webb, "Decisions – England: The Fehmarn", *International and Comparative Law Quarterly*, Vol. 7, No. 3, 1958, pp. 599 – 610.

150. P. Vlas, M. Zilinsky and F. Ibili, "Civil Jurisdiction and

Enforcement of Judgments in Europe", *Netherlands International Law Review*, Vol. 52, No. 1, 2005, pp. 109 – 129.

151. Patrick J. Borchers, "Forum Selection Agreements in the Federal Courts after Carnival Cruise: A Proposal for Congressional Reform", *Washington Law Review*, Vol. 67, No. 1, 1992, pp. 55 – 111.

152. Paul Beaumont, "Great Britain: *Forum Non Conveniens*", in James J. Fawcett (ed.), *Declining Jurisdiction in Private International Law*, Clarendon Press Oxford, 1995, pp. 207 – 221.

153. Paul R. Beaumont, "A United Kingdom Perspective on the Proposed Hague Judgments Convention", *Brooklyn Journal of International Law*, Vol. 24, No. 1, 1998, pp. 75 – 109.

154. Peter D. Trooboff, "Choice – of – Court Clauses", *National Law Journal*, January 19, 2004.

155. Peter H. Pfund, "The Project of the Hague Conference on Private International Law to Prepare a Convention on Jurisdiction and the Recognition/Enforcement of Judgments in Civil and Commercial Matters", 24 Brook. J. Intl L. 7 (1998 – 1999).

156. Peter Hay, "The Common Market Preliminary Draft Convention on the Recognition and Enforcement of Judgments – Some Considerations of Policy and Interpretation", *American Journal of Comparative Law*, Vol. 16, No. 1/2, 1968, pp. 149 – 174.

157. Peter Hayand Robert J. Walker, "The Proposed Recognition – of – Judgments Convention between the United States and the United Kingdom", *Texas International Law Journal*, Vol. 11, No. 3, 1976, pp. 421 – 459.

158. Peter M. North, "The Draft U. K. /U. S. Judgments Conventions: A British Viewpoint", *Northwestern Journal of International Law & Business*, Vol. 1, No. 1, 1979, pp. 219 – 239.

159. Philip S. Thorsen et al. , "Forum Selection Agreements under Danish Civil Law", in Suzanne Rodriguez and Bertrand Prell (eds.), *International Judicial Assistance in Civil Matters*, Ardsley, N. Y. , Transnational Publishers, 1999.

160. Phillip A. Buhler, "Forum Selection and Choice of Law Clauses in International Contracts, A United States Viewpoint with Particular Reference to Maritime Contracts and Bills of Lading", *University of Miami Inter - American Law Review*, Vol. 27, No. 1, 1995, pp. 1 - 44.

161. Randall Peerenboom, "The X - files: Past and Present Protrayals of China's Alien 'Legal System'", *Washington University Global Studies Law Review*, Vol. 2, No. 1, 2003, pp. 37 - 96.

162. "Recent Case Notes: Contracts - Illegality - Ousting Court's Jurisdiction", *Yale Law Journal*, Vol. 28, 1918, pp. 190 - 191.

163. Richard Fentiman, "Jurisdiction - When Non - Exclusive Means Exclusive", *Cambridge Law Journal*, Vol. 51, No. 2, 1992, pp. 234 - 236.

164. Richard Szawlowski, "Choice - of - law and Choice - of - forum Clauses in New York", *International and Comparative Law Quarterly*, Vol. 38, No. 1, 1989, pp. 167 - 207.

165. Robert A. de By, "Forum Selection Clauses: Substantive or Procedural for *Erie* Purposes", *Columbia Law Review*, Vol. 89, No. 5, 1989, pp. 1068 - 1084.

166. Robert M Kossick, "The Internet in Latin America: New Opportunities, Developments, and Challenges", *Florida Journal of International Law*, Vol. 13, No. 3, 2001, pp. 263 - 288.

167. Rochelle Cooper Dreyfuss, "An Alert to the Intellectual Property Bar: The Hague Judgments Convention", *University of Illi-*

nois Law Review, Vol. 2001, No. 1, 2001, pp. 421 – 456.

168. Ronald A. Brand, "Enforcement of Foreign Money – Judgments in the United States: in Search of Uniformity and International Acceptance", Notre Dame Law Review, Vol. 67, No. 2, 1991, pp. 253 – 334.

169. Ronald A. Brand, "Enforcement of Judgments in the United States and Europe", Journal of Law and Commerce, Vol. 13, 1994, pp. 193 – 209.

170. Ronald A. Brand, "Punitive Damages and the Recognition of Judgments", Netherlands International Law Review, Vol. 43, No. 2, 1996, pp. 143 – 186.

171. Ronald A. Brand, "Due Process, Jurisdiction and a Hague Judgment Convention", University of Pittsburgh Law Review, Vol. 60, No. 3, 1999, pp. 661 – 706.

172. Ronald A. Brand, "Community Competence for Matters of Judicial Cooperation at the Hague Conference on Private International Law: A View from the United States", Journal of Law and Commerce, Vol. 21, No. 2, 2002, pp. 191 – 208.

173. Ronald A. Brand, "Comparative Forum Non Conveniens and the Hague Convention on Jurisdiction and Judgments", Texas International Law Journal, Vol. 37, No. 3, 2002, pp. 467 – 498.

174. Ronald A. Brand, "A Global Convention on Choice of Court Agreements", ILSA Journal of International & Comparative Law, Vol. 10, No. 2, 2004, pp. 345 – 351.

175. Ronald A. Brand, "The New Hague Convention on Choice of Court Agreements", ASIL Insights, Vol. 10, July 26, 2005.

176. Roy F. Drow, "Resolving Commercial Dispute in China: Foreign Firms and the Role of Contract Law", Northwestern Journal of

International Law & Business, Vol. 14, No. 1, 1993, pp. 161 – 183.

177. Russell J. Weintraub, "How Substantial is Our Need for a Judgments – Recognition Convention and What Should We Bargain Away to Get It?", *Brooklyn Journal of International Law*, Vol. 24, No. 1, 1998, pp. 167 – 220.

178. Stanley B. Lubman, "Bird in a Cage: Chinese Law Reform After Twenty Years", *Northwestern Journal of International Law & Business*, Vol. 20, No. 3, 2000, pp. 383 – 424.

179. Stephen B. Burbank, "Jurisdiction to Adjudicate: End of the Century or Beginning of the Millennium?", *Tulane Journal of International and Comparative Law*, Vol. 7, 1999, pp. 111 – 123.

180. Stuart C. Gauffreau, "Foreign Arbitration Clause in Maritime Bills of Lading: The Supreme Court's Decision in Vimar Seguros Y Reaseguros v. M/V Sky Reefer", *North Carolina Journal of International Law and Commercial Regulation*, Vol. 21, No. 2, 1996, pp. 395 – 420.

181. T. T. Arvind, "The Draft Hague Judgments Convention: Some Perspectives from Arbitration", *Netherlands International Law Review*, Vol. 51, No. 3, 2004, pp. 337 – 362.

182. Thalia Kruger, "The 20th Session of the Hague Conference: A New Choice of Court Convention and the Issue of EC Membership", *International and Comparative Law Quarterly*, Vol. 55, No. 2, 2006, pp. 447 – 455.

183. Trevor C. Hartley, "The Hague Choice – of – Court Convention", *European Law Review*, Vol. 31, No. 3, 2006, pp. 414 – 424.

184. Ved P. Nanda, "The Landmark 2005 Hague Convention on Choice of Court Agreements", *Texas International Law Journal*, Vol. 42, No. 3, 2007, pp. 773 – 788.

185. Volker Behr, "Enforcement of United States Money Judgments in Germany", *Journal of Law and Commerce*, Vol. 13, 1994, pp. 211-232.

186. William Heye, "Forum Selection for International Dispute Resolution in China - Chinese vs. CIETAC", *Hastings International and Comparative Law Review*, Vol. 27, No. 3, 2004, pp. 535-554.

187. William J. Woodward, Jr., "Saving the Hague Choice of Court Convention", *University of Pennsylvania Journal of International Law*, Vol. 29, No. 3, 2008, pp. 657-723.

188. William M. Richman, "Carnival Cruise Lines: Forum Selection Clauses in Adhesion Contracts", *American Journal of Comparative Law*, Vol. 40, No. 4, 1992, pp. 977-984.

189. William W. Park, "Bridging the Gap in Forum Selection: Harmonizing Arbitration and Court Selection", *Transnational Law & Contemporary Problems*, Vol. 8, 1998, pp. 19-56.

190. William W. Park, "Illusion and Reality in International Forum Selection", *Texas International Law Journal*, Vol. 30, No. 1, 1995, pp. 135-204.

191. Willis L. M. Reese, "Dépeçage: A Common Phenomenon in Choice of Law", *Columbia Law Review*, Vol. 73, No. 1, 1973, pp. 58-75.

192. Young Lee, "Forum Selection Clauses: Problems of Enforcement in Diversity Cases and State Courts", *Columbia Journal of Transnational Law*, Vol. 35, No. 3, 1997, pp. 663-695.

193. Zheng Sophia Tang, "Effectiveness of Exclusive Jurisdiction Clauses in the Chinese Courts - A Pragmatic Study", *International and Comparative Law Quarterly*, Vol. 61, No. 2, 2012, pp. 459-484.

2005年海牙《选择法院协议公约》的几种中文译文

1. 孙劲译:《选择法院协议公约》,中国国际私法学会2005年年会论文集。

2. 徐国建译:《海牙选择法院(协议)公约》,中国国际私法学会2005年年会论文集。

3. 宋连斌译:《协议选择法院公约》,《中国国际私法与比较法年刊》2005年卷,法律出版社2006年版。

4. 中华人民共和国外交部条约法律司译:《选择法院协议公约》,中华人民共和国外交部条约法律司编:《海牙国际私法会议公约集》,法律出版社2012年版。

后 记

在重回校园读书前，我曾在日记中写道，时光在枝头跳跃，下了层楼，下了层楼。一晃时间过去十来年，那时的茫然和强说愁早已难觅踪影，倒是现时的自己多了不少惶恐。看着眼前修订后的博士论文付梓，惟恐自己能力不逮，空付了这些年的光阴。

本书是在我的博士论文基础上修改完成的。2004年底，我的硕士生导师刘仁山教授在中南财经政法大学专题讲授海牙国际私法会议的排他性选择法院协议公约草案。那时正值公约草案协商的尾声，海牙会议网站上不时更新公约的最新进展。在刘老师的指引下，我开始关注海牙会议网站上公约的进展，并尝试自己翻译公约草案。尽管当时能力有限，翻译错漏百出，但是在小心斟酌、前后思量和查阅有关资料之后逐句译出，痛苦便转化成了一种愉悦。那时未曾想过，对2005年海牙《选择法院协议公约》的初步研究成为了我日后学术生涯的起点。

进入武汉大学国际法研究所攻读博士学位，是我人生的一个转折。导师韩德培先生虽年近百岁，但思维敏捷，令人赞叹。与我们谈心时，他常常会提及自己早年的求学经历和后来的工作和生活遭遇。对于生活中的坎坷，韩老如述他人事，一付笑谈中。泰山崩于前而不变色，这种胸怀岂非常人能有？在笑着感慨时间飞快时，韩老总是提醒我们珍惜时光。能成为韩老的学生，真是人生幸事！2009年3月，那时我的博士论文写作正在收尾，在从武汉赴北京参加社科院欧洲所的工作面试前，我去医院向病中的韩老辞行。在病床上，韩老十分郑重地握着我的双手，祝我学业有成、工作顺利、家庭幸福。当时心下感动，却又生出一丝不安。韩老的这句祝福，竟成了对我的遗言。谨慎治学，用心做事，一定不能辜负韩老的殷殷期盼。

在本书的写作和修改当中，我得到了很多良师益友的教诲、帮助和提携，这里需要一一表达谢意。感谢黄进教授对我的关照和指导，特别是在联合培训博士项目上的大力推荐，使我2007年至2008年的留法交流成为可能。黄进老师的儒雅和平易作风，也使我获得学术之外的熏陶。感谢肖永平教授，他在我论文开题时提出的结构调整的建议使本书的论证逻辑更加清晰，更具有针对性，其益处我在后来的写作过程才深深地体会到。感谢宋连斌教授对我论文选题的支持，特别在得知两位同行已经出版研究公约的专著之后，当我倍感压力的时候，宋老师的指导使我深受启发，加深了我对完成选题的信心。感谢郭玉军教授，除去学业上的指导之外，记得那年在法国过春节，郭老师的越洋电话疏解了我的思乡之情。感谢徐祥和邓朝晖老师，他们犹如兄长一般辛勤地关照我们几位同门的学业和生活。

也要感谢国家留学基金委中法博士生学院项目的资助和法国巴黎第二大学的伯纳德·奥迪教授（Bernard Audit），使我有幸前往巴黎大学的古老法学院学习。在法国留学交流的短暂一年，不只是丰富了我的研究资料，更是深化了我对学术研究的理解。在我回国之后，奥迪先生还向我邮寄来他本人对海牙公约的评论。

还要感谢台湾东海大学的陈隆修教授对我选题和写作思路的肯定。陈先生对海牙公约的洞见颇深，他首次访问武汉大学的演讲题目正好是他关于海牙公约的新作。那时我的博士论文写作正陷入胶着，在他演讲后我冒昧地提出了自己的看法。我们观点相左，但是陈先生毫无门户之见，当场肯定了我的思路和想法。

2010年海峡两岸国际私法会议期间,陈先生再次访汉,席间我有幸作陪。陈先生又提及当年我的提问,竟然褒扬有加,将之作为对大陆学生的整体印象,这是我不期的评价,是我不曾奢望的。

还要感谢外交部的徐宏大使。徐宏大使最早参与海牙判决公约的谈判,在我修订论文期间,徐大使特意帮我请来了参与海牙公约谈判的几位中国代表一起座谈。感谢外交部孙劲处长,他参与公约谈判的时间最长,在第一时间向我提供了2005年海牙公约谈判的会议纪要集。感谢参加过公约谈判的最高人民法院民四庭高晓力法官和国家知识产权局条法司姜丹明处长,与他们的交流使我获得宝贵的实务经验,这是仅从书本和资料中难以得到的。

由此,一并感谢我求学路上的所有老师们,无论小学、中学、大学老师,还是一字之师,尽管我难以在这里列举他们的名字。一日为师,终身为师。师恩难忘,无以为报,谨此以只言片语聊表敬意。

同时感谢我的同窗们。我的同门王立武老师、帅颖、付文佚和邢娜同学,那时我们每月定期去看望韩老,每周相约在校园的某个角落讨论选题和学习进度。感谢崔相龙、肖芳、吴贤静、李洁、杨玲等在我留法期间的帮助,使得欧洲之行愉悦且充实。在珞珈山下和塞纳河畔与同学们共度的美好时光,已藏在我的记忆里。

感谢我的家人,这些年来,一直是家人们鼓励我继续学业,在精神和物质上给予我无数的支持。我的父母,有着不畏艰难、坚韧不拔的品质,是我最值得珍视的精神财富。严父叶讳方春先生击退了病魔六年,虽然看到我取得学位,顺利走上学术岗位,却没能看到本书出版。慈母罗桃芝女士性格乐观开朗,在大姐、父亲患病的时候都不曾放弃。祝愿母亲健康长寿,一起见证我今后的成长和成熟。

本书得以出版，要感谢作者在中国社会科学院欧洲研究所的领导和同事。特别感谢周弘所长、罗京辉书记、江时学副所长和程卫东副所长在工作和生活上给予的指导和支持；感谢李靖堃、宋晓敏、蔡雅洁、刘衡等同事为我提供的各种形式的帮助。感谢徐宏大使和刘仁山教授为本书作序，他们的序使拙作油然增色。

感谢中国社会科学院创新工程博士文库的资助，使本书得以顺利出版。感谢中国社会科学出版社的田文主任和赵丽编辑为本书付出的辛勤工作和热心帮助。本书的缺陷和不足自不待言，由作者本人承担，见教于学界同仁了。

叶　斌

2013 年 6 月 3 日